幼兒教保活動設計與實務

王心慈◎編著

準備要領

本書為一具有代表性之基礎教科書，共分為二大部分，第一部分為幼兒教保活動設計，包括：幼兒教保課程組織與活動的型態、幼兒教保過程的領域、幼兒教保的原則與方法、幼兒單元活動設計及評量，內容涵蓋了有關教保之意義、目的、重要性及其基本概念和精神。第二部分為幼兒教保實務，內容包括：參觀與見習、教學實習與職業輔導、幼兒行為觀察與記錄。在瞭解相關幼保活動設計「知」的學習後，當有教保實務「行」的貫徹，知行合一，學理實務相互印證。

本書每章均涵蓋：一、重點整理——將每單元之重點加以系統分類、整理；二、模擬試題——以多樣化的題庫模擬命題趨勢；三、歷屆試題——蒐集歷屆相關試題，使讀者能瞭解考試趨向，並從實際練習中培養實戰經驗。本書適合四技二專、二技、普考一試等幼保相關科系之各類考試，希望本書能提供給讀者一些實際上的幫助。

目錄

第一篇　幼兒教保活動設計　　　1

第一章　緒論　　　3

重點整理　　　4
模擬試題　　　23
歷屆試題　　　27

第二章　幼兒教保課程組織與活動的型態　　　39

重點整理　　　40
模擬試題　　　50
歷屆試題　　　64

第三章　幼兒教保課程的領域　　　83

重點整理　　　84
模擬試題　　　125
歷屆試題　　　134

第四章　幼兒教保的原則與方法　　　163

重點整理　　　164
模擬試題　　　190
歷屆試題　　　198

第五章　幼兒單元活動的設計及評量　225

重點整理　226

模擬試題　233

歷屆試題　236

第二篇　幼兒教保實務　245

第一章　緒論　247

重點整理　248

模擬試題　251

歷屆試題　252

第二章　參觀與見習　255

重點整理　256

模擬試題　260

歷屆試題　263

第三章　教學實習與職業輔導　267

重點整理　268

模擬試題　286

歷屆試題　295

第四章　幼兒行為觀察與記錄　319

重點整理　320

模擬試題　331

歷屆試題　336

附錄——試題詳解 349

附錄一：92年四技二專專業科目（二）試題詳解　　351
附錄二：92年二技專業科目（二）試題詳解　　359
附錄三：91年四技二專專業科目（二）試題詳解　　369
附錄四：91年二技專業科目（二）試題詳解　　377
附錄五：90年四技二專專業科目（二）試題詳解　　385
附錄六：90年二技專業科目（二）試題詳解　　393

第一篇
幼兒教保活動設計

第一章　緒論

第二章　幼兒教保課程組織與活動的型態

第三章　幼兒教保課程的領域

第四章　幼兒教保的原則與方法

第五章　幼兒單元活動的設計及評量

第一章

緒 論

一分鐘提示

　　本章所述，有關教保的意義、目的、重要性、範圍、目標、發展趨勢，可說涵蓋有關幼兒教保活動的所有基本概念和精神。把兒所的宗旨和教保目標、教保的範圍、目標的尋求方法、目標的層次、水平教育目標、教學目標、單元目標、行為目標、教保活動設計的特點等，歷屆皆有考題出現，宜多加注意。

重點整理

模擬試題

歷屆試題

重點整理

壹、認識幼兒教保

一、幼兒教保的意義

（一）廣義

　　1.從出生到入小學前（即六歲以前）的一切教保稱之。

　　2.凡是對幼兒成長與學習有影響的均屬之。

　　3.較無目的、組織、計畫、選擇的一種教育方式。

　　4.家庭教育、托兒所教育、幼稚園教育、社會教育均可包括在內。

（二）狹義

　　1.特別為幼兒設立的教育場所。

　　2.有目的、有組織、有計畫、有選擇的一種教育方式。

　　3.目前社會上，泛稱為「幼兒教育」的幼稚園、托兒所教育均可稱之。

二、幼兒教保的目的

　　1.協助父母照顧幼兒的生活。

　　2.協助幼兒疾病的預防與缺陷的矯治。

　　3.培養幼兒良好的學習、生活習慣。

　　4.開發幼兒的潛能、平衡幼兒的身心發展、擴大幼兒的生活經驗。

三、幼兒教保的重要性

（一）幼兒教保與幼兒發展

　　1.人的一生當中，發展最快的時期為嬰兒期、胎兒期、幼兒期與青春期。而幼兒期最富可塑性、模仿性，是「個體成長學習的關鍵期」。

2. 學童心理學家認爲，所謂的「關鍵期」，或稱爲「敏感期」，乃指幼兒無論在情緒上、智力上都有其發展最快速、最有效的時期，若超過了這個時期，就不會發展或者發展得很慢了。

（二）幼兒教保與家庭

1. 家庭是幼兒成長和受教的第一個場所。

2. 家庭是幼兒教保的基礎。

3. 幼兒教保是家庭教育的補助和延伸。

（三）幼兒教保與社會國家

1. 幼兒除了家庭外，受社會的影響也很大。

2. 幼兒學校是經過設計良好的社會環境，幫助幼兒將來能適應社會生活，成爲健全的國民。

（四）幼兒教保與國民教育

1. 幼稚園、托兒所在課程設計上儘可能和國民小學義務教育的課程互相銜接。

2. 受過正常幼兒教育的兒童，在知識的吸收及適應上會有良好的基礎。

四、幼兒教保的範圍

（一）以幼教機構來區分

1. 育嬰中心：

（1）照顧出生1個月到2歲的幼兒。

（2）多屬私人機構。

（3）工作人員有醫護人員、保育等資格。

2. 育幼院或教養院：

（1）對象：貧苦幼兒或孤兒。

（2）年齡：各院不同，最常見的是從出生到18歲。

（3）公立與私立二種。

（4）除收正常兒童之外，有的機構也收身體有殘障的。

3. 托兒所：

（1）協助職業婦女，使其安心工作。

（2）公立：政府公立學校附設的托兒所。

（3）私立學校、私人機關、工廠、公司附設的托兒所。

4.幼稚園：

（1）教育性的機構。

（2）公立：由政府、師資培育機關及公立國民小學附設。

（3）私立：除公立外，其餘皆為私立，由私人設立。

5.安親班：

（1）合法化。

（2）列入兒童福利體系。

（3）過去多附設於托兒所、幼稚園、才藝補習班，現在單獨
　　　成立者逐漸增加。

（4）課程多集中在下午以後，為幼兒安排才藝課程。

6.合作性的幼教機構：

（1）大部分住在同一地區。

（2）由母親合作辦理、輪流照顧。

（二）以教保方式來區分

1.半日制：每日在園裡的時間為3～6小時，上午來，中午回。

2.全日制：每日在園裡的時間為7～12小時，即上午來，下午家
　　　　　長下班時接回。

3.全托制：一日24小時全在園裡，目前育嬰中心、托兒所、育
　　　　　幼院有此制度。

（三）以年齡來區分

1.育嬰中心：1足月到未足2歲嬰兒。

2.育幼院：出生到未足15歲，有必要時可延伸至18歲。

3.托兒所：1足月到未足6歲。又依民70，托兒所設置辦法第3
　　　　　條，可分托嬰部（1足月到未足2歲）和托兒部（2足歲到未足
　　　　　6歲）。

4.幼稚園：4歲到入國民小學前的兒童。（依民70，幼稚教育法
　　　　　第2條）

（四）以主管機關來區分

　　1.育嬰中心、育幼院、托兒所、安親班（兒童托育中心）、合作性機構：

　　　（1）中央屬內政部。

　　　（2）省屬社會處。

　　　（3）直轄市屬社會局。

　　　（4）縣（市）屬社會科或局。

　　2.幼稚園：

　　　（1）中央屬教育部。

　　　（2）省屬教育廳。

　　　（3）直轄市屬教育局。

　　　（4）縣（市）屬教育局。

（五）幼兒教保的發展趨勢

　　1.開放理念的實踐。

　　2.提高師資水準：專科以上。

　　3.降低師生比例：1：15。

　　4.以幼兒為本位。

　　6.注重特殊幼兒與貧窮子女的照顧與學習。

　　7.重視幼兒安全、衛生與福利工作。

　　8.強調親職教育。

　　9.注重幼教整體的研究與發展。

　　10.加強幼稚園（所）與小學的銜接。

　　11.政府普設學前教育機構。

幼稚園與托兒所的比較

項目	幼稚園	托兒所
法令	幼稚教育法及幼稚教育法施行細則	托兒所設置辦法及托兒所設施規範
宗旨	依幼稚教育法第1條：幼兒教育以促進兒童身心健全發展為宗旨	依托兒所設施規範第1章：以促進幼兒身心健康及平衡發展，並配合家庭需要，協助婦女工作，以增進兒童福祉為宗旨
設置主體	依幼稚教育法第4條：由政府設立或由師資培育機構及公立國民小學附設者為公立，其餘為私立	依托兒所設置辦法第2條：（中央法令）托兒所設立主體可分為： 1.政府設立 2.私立學校、私人機關、團體、工廠、公司開設 3.私人創設
主管機關	1.中央——教育部 2.省——教育廳 3.直轄市——教育局 4.縣（市）——教育局	1.中央——內政部 2.省——社會處 3.直轄市——社會局 4.縣（市）——社會科或局 5.鄉鎮（市）——民政課
教保目標	依幼稚教育法第3條：幼稚教育之實施，應以健康教育、生活教育、倫理教育為主，並與家庭教育配合，達成下列目標： 1.維護兒童身心健康 2.養成兒童良好習慣 3.充實兒童生活經驗 4.增進兒童倫理觀念 5.培養兒童合群習性	依托兒所設施規範第3章：為滿足嬰幼兒生活經驗，其教保目標如下： 1.增進兒童身心健康 2.培養幼兒良好習慣 3.啟發兒童基本生活知能 4.增進兒童之快樂與幸福
收托對象	依幼稚教育法第2條：4足歲～入國民小學前之兒童	依托兒所設置辦法之第3條：出生滿1個月～未滿2歲為托嬰部；滿2歲～未滿6歲為托兒部
課程內容	根據幼稚園課程標準：語文、健康、常識（數的概念、自然、社會）	根據托兒所設施規範： 1.生活習慣的培養：飲食、衣服、洗澡、運動、睡眠、排泄習慣

課程內容	音樂、工作、遊戲	2.知能訓練：遊戲、音樂、工作、故事歌謠、常識、創造性、社會性、語文、認知、肢體
班級編制	依幼稚教育法第8條、施行細則第7條：以年齡分組，4歲組為小班，5歲組為大班，沒有中班，每班以30人為限，教師2位	依台灣省托兒所設置標準與設立辦法第17條：（地方法令）托嬰業務：收托1個月以上未滿2歲之兒童，每5人置護理人員或保育人員或助理保育員或保姆人員一人，未滿5人，以5人計，收托2歲以上兒童，每15～30人置保育人員或助理保育人員1人，未滿15人以15人計
教保方式	半日制或全日制	依台灣省托兒所設置標準與設立辦法第5條： 1.半日托：每日收托時間未滿6小時者 2.日托：每日收托時間為6小時以上未滿12小時者 3.全托：收托時間一日為12小時以上者 4.臨時托：家長因臨時事故送托，每次不得超過12小時。備註：育幼院、育嬰中心、合作性機構教保收托時間比照托兒所設置辦法
資格規定	1.師範學院幼稚教育師資系畢業者 2.專科以上學校有關幼稚教育科系畢業者 3.高級中學以上學校畢業並曾在教育主管行政機關指定之校修習幼稚專業科目二十學十學分以上成績及格者 4.幼稚教育法實施以前已依規定取得幼稚教師資格者	1.中華民國84年7月5日公布之「兒童福利專業人員資格要點」第11條第2項規定，對兒童福利專業人員（保育人員、助理保育人員、社工人員、保母人員、主管人員）之資格任用有詳細的規定 2.依兒童福利法第9條第2款及第22條第1款對托兒所機構兒童福利保育人員規定應具下列資格之一者： （1）專科以上學校幼兒保育科（系）、兒童福利科（系）或相關科（系）畢業者 （2）專科以上學校畢業，並經主管機關主（委）辦之兒童福利保育人員專業訓練（540小時）及格者 （3）高中（職）學校幼保科，家政、護理等相關科系畢業，經主觀機關主（委）之辦理，兒童福利保育人員專業訓練（360小時）及格者

		(4) 高中（職）學校畢業並經主管機關主（委）辦之兒童福利保育人員專業訓練（360小時）及格者，得聘爲助理保育人員
資格規定		
		(5) 普通考試丙種特種考試或委任職升等考試社會行政職系升等考試及格，並經主管機關主（委）之辦理，兒童福利保育人員專業訓練（360小時）及格者

※參考資料：陳千惠著，《幼兒教保活動設計》（上）（台北：啓英文化，1998年）。
　　註：民國70年中央法令頒布托兒所設置辦法。
　　　民國87年地方法令頒布台灣省托兒所設置標準與設立辦法。

貳、幼兒教保的目標

一、幼兒教保的目標分類

（一）依垂直性分類

1.一般性的目標：概括性的敘述，抽象、廣泛、遠程。如：教育宗旨、教育目的、教育目標等。

（1）教育宗旨：涵蓋範圍廣泛，較具有終極意義，且都是經由政府法令公布者，具法定意義。如：我國於民國18年明令公布迄今的「中華民國教育宗旨及其實施方針」——「中華民國之教育係根據三民主義，以充實人民生活，扶植社會生存，發展國民生計，延續民族生命爲目的；務期民族獨立、民權普遍、民生發展，以促進世界大同」。另外，宗旨的訂立也會因社會政治的變遷而變更。

（2）教育目的：
①應有時代性、地方性、層次性。
②具有終極與理想的意義。
③各園（所）教育目的由創辦人或園（所）長依幼教目標自訂。

（3）教育目標：為實現教育目的，必須根據教育宗旨或教育目的，來確定具體的各級學校教育目標，如：幼稚教育目標、國民教育目標、中學教育目標、職業學校教育目標、大學教育目標等。

2.中華民國幼兒的教育目標：

（1）幼稚教育目標：

①法源：民國70年所頒布的「幼稚教育法」。

②宗旨：促進兒童身心健全發展（「幼稚教育法」第1條）。

③教育目標：「幼稚教育法」第3條規定——幼稚教育的實施應以健康教育、生活教育、倫理教育為主，並與家庭教育密切配合，以達成下列目標：

· 維護兒童身心健康。

· 養成兒童良好習慣。

· 充實兒童生活經驗。

· 增進兒童倫理觀念。

· 培養兒童合群習性。

（2）托兒所教保目標：

①法源：民國70年所頒發的「托兒所設置辦法」、「托兒所設施規範」。

②宗旨：促進幼兒身心健康、平衡發展，配合家庭需要，協助婦女工作，增進兒童福祉。

③教育目標：

· 增進兒童身心健康。

· 養成兒童良好習慣。

· 啓發兒童基本的生活知能。

· 增進兒童的快樂與幸福。

④特殊性的目標：以列舉的方式表示；具體、細微、近程。如教學目標、活動目標等。

⑤教學目標：為實現單元或課程領域所擬定的目標。

（3）幼稚園的課程目標：

①法源：民國76年教育部公布「幼稚園課程標準」。

②課程範圍：健康、語文、工作、音樂、遊戲、常識（自然、數、社會）六科。

3.六大教學目標

（1）健康教學目標：

①滿足幼兒身心需要，促進幼兒身心均衡發展。

②充實幼兒健康知能，培養幼兒健康習慣與態度。

③鍛鍊幼兒基本動作，發展幼兒運動興趣能力。

④擴展幼兒生活經驗，增進幼兒社會行為發展。

⑤實施幼兒安全教育，協助幼兒獲得自護能力。

（2）語文教學目標：

①啓發幼兒語言的潛能，增進幼兒語言的能力。

②培養幼兒良好說話與聽話的態度與習慣。

③發展幼兒欣賞、思考、想像能力。

④培養幼兒閱讀、問答、發表的興趣。

⑤陶冶幼兒優美情操及健全的品格。

（3）工作教學目標：

①滿足幼兒對工作的自然需求。

②培養幼兒良好的工作習慣和態度。

③促進幼兒認識工作材料及工具的使用方法。

④擴充幼兒生活經驗並培養幼兒工作興趣。

⑤增進幼兒欣賞、審美、發表及創作能力。

（4）音樂教學目標：

①增進幼兒身心的均衡發展。

②激發幼兒愛好音樂的興趣。

③培養幼兒音樂的基本能力。

④啓發幼兒對音樂的表現能力。

⑤發展幼兒親愛、合作、快樂、活潑的精神。

（5）遊戲教學目標：

①增進幼兒身心健康與快樂。

②滿足幼兒愛好遊戲的心理與個別差異需要。

③增廣幼兒知識，擴充生活經驗。

④發展幼兒創造思考與解決問題的能力。

⑤培養幼兒互助、合作、樂群、公平競爭、遵守紀律、愛惜公物等社會品德。

（6）常識（自然、數、社會）教學目標：

①啟發幼兒對自然現象和社會生態的關注與興趣。

②引導幼兒觀察與分析自然和社會環境。

③培養幼兒愛護自然及社會生活的習慣與態度。

④激發幼兒對數、量、形的學習興趣，並有簡單運用的能力。

⑤培育幼兒學習自然科學的正確概念、態度與方法。

（7）活動（行為）目標：用於教師教學時所欲達成的即時目標，也是教師用於教學評量的依據。

（二）依水平性分類

即就某一層次的所有目標，依其種類的異同加以分門別類，以作為課程發展、單元決定、活動安排的依據。例如：布魯姆（Bloom）的教育目標：認知、情意、動作技能；又例如：事實、技能、態度；又例如：主學習、副學習、附學習。

布魯姆將教育目標分為認知、情意、動作技能三大領域。

1.認知（知育）：

（1）包括探討知識與理解能力的發展，如認識各種動物。

（2）布魯姆依其先後，將此分為六大層次：知識→理解→應用→分析→綜合→評鑑。

2.情意（德育）：

（1）包括習慣、興趣、態度、價值及社會適應能力的發展，如培養良好的學習態度。

（2）克拉斯等依其先後，將此分為接受→反應→價值判斷→

價值之組織→價值體系之形成。

3.動作技能：

（1）係指操縱或推動技術方面的技能，如用黏土做各種造型的遊戲。

（2）綏勒依其先後，將此分為知覺→心向→模仿→機械化→複雜反應→創造。

二、幼兒教保目標的尋求方法

1.研究幼兒的身心發展及發展的任務。

2.研究有關的法令規章及課程標準。

3.從專家學者的研究建議中尋求目標。

4.須瞭解時代的演進與社會的變遷及需要。

5.從研究心理學去尋求目標。

6.以「哲學觀點」來選擇目標。

7.研究各種實施頗有成效的教學模式及其理念。

三、幼兒教保目標的釐訂原則

1.明確性：訂定的目標要具體明確，不可太籠統、太廣泛、太抽象，以免讓幼兒不知所學。

2.活動性：戶外空氣新鮮，但活動的時間不宜過長，如體能課，以30分鐘為限，以免幼兒過於勞累。

3.可行性：課程的活動要適合幼兒的能力、興趣與需要，並要配合幼兒的學習環境。

4.啓發性：教師在安排課程時要有充分的準備，讓幼兒可以充分感受到該活動所具有的意義。

5.周延性：課程內容涵蓋整體，不可偏頗或狹窄。目標內容應包含認知、情意、動作技能。

6.訓練性：在課程中，給予幼兒食、衣、住、行、育、樂六大需要方面的日常訓練，以養成良好的習慣。

7.代表性：每一個活動的內容均有其特殊的意義，不要有重複的現象。

8.幼稚園的原有設備亦須考慮：園裡的設備如果不夠周全，就不能將目標訂得太高，以免達不到教學的效果和目標。

9.切不可把達成教學的手段寫成目標。

四、幼兒教保目標的層次

（一）教學的行為（具體）目標：是以達成上項各目標的分項目標，如下圖所示：

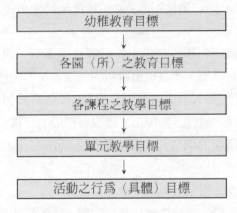

哲學的基礎：教育的目的、價值觀

社會學的基礎：社會制度、社會階層社會變遷、社會經濟及文化背景

心理學基礎：發展、學習、認知心理學等

幼稚教育目標

各園（所）之教育目標

各課程之教學目標

單元教學目標

活動之行為（具體）目標

幼兒教育目標的層次

（二）布魯姆（Bloom）的教育目標層次：由低層次到高層次

1.認知目標的層次：

（1）知識：是認知目標中最低層次的能力，包括：記憶名詞、事實、規則和原理原則。常用的動詞如指出、列舉、說明。

（2）理解：能把所學過的知識或概念說明、解釋或推理，常用的動詞如解釋、歸納。

（3）應用：能將學過的方法、規則、原理原則運用到新情境，常用的動詞如預測、證明、應用。

（4）分析：能將所學到的概念或原則，分析為各個構成的部分，或找出其相關性，常用的動詞如分析、判斷。

（5）綜合：能將所學的片段概念或知識，重新整合成為新的整體，常用的動詞如組織、綜合。

（6）評鑑：是認知目標中最高層次的能力，意指依據某項標準做價值判斷的能力。

2.情意目標的層次：

（1）接受：是情意目標最低層次的學習結果，是指對某種現象和刺激的感覺，如注意禮儀問題。

（2）反應：是指主動注意，且積極的參與，如願意遵守禮儀規則。

（3）價值判斷：是指對於接觸到的事情、現象或是行為感到有價值，而表現出積極的態度，如熱愛遵守禮儀規則。

（4）價值的組織：是指將不同的價值系統組織起來，使之成為一致性，如提出一套改善禮儀的計畫。

（5）價值的個性化：是指價值系統內在化，成為個體性格的一部分。

3.動作技能的層次：

（1）知覺：是指感官注意到物體、性質或關係的過程。

（2）準備狀態：是指對於某一種動作或經驗，在心理上、身體上和情緒上的準備適應的預備狀態。

（3）模仿：是指在教師指導下，開始學習動作技能。

（4）機械：是指對所學到的動作反應已成習慣，在表現動作時自信、熟練。

（5）複雜的反應：是指動作精練得一個層次。

（6）創作：是指創造新的動作。

五、幼兒教保目標的實踐

（一）幼稚園方面

1.本著教育良好後代的精神教導幼兒。

2.充實軟硬體設備。

3.聘請合格教師。

4.以「教育是良心事業，不是營利事業」的心情辦幼稚園。

（二）教師方面

1.要有愛心，不可厚此薄彼，甚而虐待幼兒。

2.隨時進修，不恥下問，吸取新知，充實自己。

3.要常和教師們相互交換心得，以便吸取經驗，

4.檢討自己，改進教學方法。

（三）幼兒方面

1.隨時隨地培養幼兒主動、自動的學習精神。

2.讓幼兒能主動參與活動。

3.讓幼兒能保持平穩的心情來學習知識、技能。

4.培養幼兒服從、合群的觀念，不能放縱。

（四）家庭方面

1.父母隨時給予幼兒適當的指導，不溺愛幼兒。

2.主動與園（所）保持聯繫，相互配合，教導幼兒。

參、幼兒教保課程的單元目標與行為目標

一、幼兒教保課程的單元目標

（一）意義

1.幼兒教保課程的設計，通常以「單元」為單位，所以幼兒教保的教學目標就是所謂的「單元目標」。

2.單元活動要有目標、內容、方法及評量，並在一定的時間內完成。

3.單元是指一個以生活上重要問題為中心的完整學習活動。

4.單元目標的擬定是單元活動的重點和方向。

5. 單元目標的敘寫方法，可分為一般性教學目標的敘寫方法和行為目標（活動目標或具體目標）的敘寫方法。

（二）一般性教學目標的敘寫方法

1. 單元目標要明確具體，且是達成幼稚教育、幼稚園教育目標或各課程範圍教學目標的分項目標。

2. 目標內容應包括認知領域、情意領域、動作技能領域。例如：單元名稱「好玩的紙」的教學目標：

（1）認識紙的種類、來源及在日常生活中的用途——認知（認知領域）。

（2）學習利用各種紙來做各種造形——操作技術（動作技術領域）。

（3）養成分工合作與收拾整理的好習慣——習慣態度（情意領域）。

（4）培養創造力、想像力——能力（能力培養領域）。

3. 用詞以「知道」、「認識」、「瞭解」、「養成」、「培養」、「促進」、「啟發」等為宜，避免使用「讓」、「使」、「指導」、「教導」等詞。

一般性教學目標的敘寫用詞

認知領域	認識、知道、瞭解、激發、促進、增強、增進、強化⋯⋯
情意領域	喜歡、體驗、培養、養成、學習、維護、發揮、遵守⋯⋯
動作技術領域	學習、訓練、幫助、協助、增強、發展⋯⋯
能力培養領域	培養、發展、加強、增強、激發⋯⋯

4. 敘寫要符合繼續性、程序性、統整性的原則，例如以「好玩的紙」為單元，因幼兒年齡的不同及能力有所差異，故擬定敘寫目標也有不同。

以下為大、中、小班以「好玩的紙」為單元的不同目標：

1.小班的單元目標：

（1）認知：認識棉紙、報紙等紙類。

（2）動作技能：運用棉紙、報紙做撕紙、貼畫的造型活動。

（3）情意：喜歡做撕、貼紙的活動。

2.中班的單元目標：

（1）認知：認識棉紙、報紙及其它種類的紙。

（2）動作技能：運用各種紙做各種撕、剪、貼的美勞造型。

（3）情意：欣賞各種紙做成的造型成品。

（4）能力：發揮創造思考力。

3.大班的單元目標：

（1）認知：認識各種紙類及紙的來源。

（2）動作技能：運用各種紙製做立體的造型。

（3）情意：學習分工合作，共同參與紙的造型活動。

（4）能力：加強創作能力。

又大、中、小班以「天氣」為單元名稱時，小班可用「晴天」，中班可用「晴天和雨天」，大班可用「天氣」的單元來統整晴天、陰天和雨天。

（三）一般性教學目標的敘寫原則

1.繼續性：重複敘述與練習或繼續發展的機會。同一項技能在一段時間內繼續操練，且能銜接不同年齡的班別。例如：大、中、小班皆進行「好玩的紙」的單元就有其繼續性。

2.程序性：對同一種素材加以更高一層的處理。例如：「好玩的紙」的單元，小班的幼兒只要認識棉紙、報紙等紙類，而中、大班就可以認識棉紙、報紙以外更多的紙類，這就是程序性。可參考下列「奇妙的麵粉」單元——大、中、小班的目標程序。

3.統整性：年齡愈小所選擇的內容或活動，應為一般性、概念性，以選擇與幼兒的日常生活有關的事物為先。例如：大、中、小班可利用紙做各種造型或應用到日常生活中，這就是統整性。

大、中、小班的目標程序

單元名稱：奇妙的麵粉			
教學目標	大班	中班	小班
1.認知領域	認識麵粉的來源、性質及其加工品	認識麵粉及其加工品	認識麵粉及其麵類製品
2.動作技能領域	學習製做色漿及麵粉糰，並自行調色以及玩各種造型的遊戲	學習利用色漿及麵粉糰製做各種造型的遊戲	學習利用麵粉糰自由捏造
3.情意領域	培養與他人共同製做簡單麵類食品的良好態度	培養研究食品的興趣	養成良好的飲食習慣

二、幼兒教保課程的行為目標

（一）意義

1.行為目標是一種有助於選擇學習經驗及引導教學方式所敘寫的目標。

2.行為目標的敘述，著重在學習的歷程，而非學習的效果。

3.期盼教學目標所敘寫的教學活動可以具體改變學生的行為。

（二）行為目標的功用

1.為教師提供明顯的教學方向，以決定教學的策略。

2.為教師提供選擇教材、教法或教具的依據。

3.為教師提供設計評鑑教學成果的指引，減少師生之間的意見分歧或無謂的紛爭。

（三）行為目標敘寫三要素

1.行為動詞：可以描述學生所形成的可觀察、可測量的具體行為。學生在學習後要能表現出來，如「能寫出」、「會列出」、「能說出」等。

2.情境或條件：即形成行為的條件或情境。如：「幼兒發表後」、「作品分享中」……。

行為目標（具體目標）的敘寫用詞

認知領域	能說出、會找出、能舉出、會聽出、能指出、會描述、會發表、會將……分類……。
情意領域	能關心、會照顧、能愛護、會幫忙、能與他人分享、會欣賞、能安靜聽、會尊重、會愛惜、會友愛……。
動作技能領域	能操作、會使用、能製做、會畫出、能利用、會剪出、能刻出、會摺出、能釘出、會貼出、能拉出、會捏出……。
能力培養領域	會觀察、能發表、會探索、能探索、會歸納、會辨別、會操作、會欣賞、能表演、能展示、能體驗……。

3.表現水準（標準）：指幼兒對目標所已達到的最低表現水準，用來評量學習表現或學習結果所達到的程度，如：「能說出五種水果名稱」、「會剪三種紙」……。例如：「能說出三種水上的交通工具」，「能說出」是行為動詞；「三種」是標準；「水上的交通工具」是情境。

（四）行為目標（具體目標）的敘寫原則

1.要具體性、明確性、清晰性。可觀察或測量學生在教學活動後的行為改變，並作為目標是否達到的衡量標準。

2.應注意幼兒的年齡和能力，由低層次到高層次，由具體到抽象，以感官感受為起點，慢慢擴充經驗，而到比較、應用的層次。

3.配合認知領域、情意領域、動作技能領域及能力培養領域等各項領域，再依照活動的內容和性質來決定行為目標的敘寫。

4.要注意到繼續性、程序性、統整性的編寫原則。

5.注意常用的行為目標（具體目標）敘寫用詞。

6.得體的行為目標敘寫有助於評鑑。

（五）良好行為目標的特質

1.行為目標的敘寫必須是幼兒導向，而非教師導向。

2.行為目標的敘寫必須是學習的結果，而非學習的活動。

3.行為目標的敘寫必須是明確、可以觀察的。

4.一個目標，一個學習結果。

三、幼兒教保課程目標的功能

1.目標可以指出學習活動的方向。

2.目標可以增加經驗的選擇。

3.目標可以協助內容的平衡。

4.目標可以提供評價的基礎。

5.目標可以建立改變的根基。

肆、幼兒教保活動設計的意義及目的

一、幼兒教保活動設計的意義

（一）是有目標編排成套的課程活動

1.乃指學年中一連串的學習活動。

2.幼兒的學習活動經過計畫安排，成為有目標、有組織的規律活動。

3.輔助幼兒個性發展。

4.滿足幼兒生活經驗。

5.適應未來生活的需要。

（二）是具有程序性、繼續性、統整性的日程活動

基本上由簡單進入複雜，由實際具體進入抽象，遵照教育目標的同時，也注意幼兒的發育狀況，期使幼兒從學習中漸漸適應社會。

二、幼兒教保活動設計的目的

1.發展幼兒自我摹擬的作用，人生的價值觀，責任心。

2.增進幼兒的成長與發育。

3.培養幼兒可以不全依賴家庭，能夠和父母及父母以外的他人建立關係的能力。

4.培養幼兒適應家庭以外的生活能力，使幼兒獲得結合家庭內外生活

經驗。

5.培養幼兒的團體歸屬感。

6.加強幼兒適應現實的生活情境。

7.激發幼兒學習並運用各種生活智能。

伍、幼兒教保活動設計的特點

一、適應個體的需要和能力

1.幼兒時期對於滿足個體的需要，遠超過對於社會的希求，故應多選擇訓練幼兒感官的教材。

2.學齡前的幼兒「自我中心」的傾向很重，應注意到幼兒對於群體觀念的培養。

二、以直接經驗和實際生活為基礎

1.人類的知識與經驗最早是由感官獲得，故年齡愈小，活動當愈多。

2.幼兒可從實際的感官活動中，獲得直接經驗，進而增加知識、技能，再接受其他科目的教育。

三、各活動設計的界限是以混合為主

1.幼兒對於周遭環境的觀察，沒有區分界線的能力，均視為整體性的活動。

2.如果將活動分的愈細，幼兒較不能得到有連續性的經驗，故課程的設計打破各學科的界限，以混合為主。

模擬試題

（　）1.所謂幼兒教育，對象的年齡是指哪一階段？（A）出生～3歲（B）出生～6歲（C）2～6歲（D）3～6歲。

（　）2.哪一階段的教育是一切教育的基礎？（A）幼兒教育（B）小學教育（C）中等教育（D）高等教育。

（　）3.個體成長學習的關鍵期，模仿力最強的生長快速期，是指（A）胎兒期（B）青春期（C）幼兒期（D）以上皆是。

（　）4.特別爲幼兒設立的教育場所是指（A）托嬰中心（B）森林小學（C）幼稚園、托兒所（D）坐月子中心。

（　）5.以幼兒教保狹義的意義來談，下列何者屬其範圍？（A）社會教育（B）家庭教育（C）生活教育（D）學校教育。

（　）6.下列敘述何者錯誤？（A）幼保教育內容應與小學銜接（B）幼兒學習應由教師主導（C）強調親師合作，也是幼教內涵（D）幼兒教學應遊戲化。

（　）7.下列何者不是幼兒期的特徵？（A）好奇心最強的時期（B）模仿力最強的時期（C）個體成長學習的關鍵期（D）最喜歡和人合作的時期。

（　）8.未來幼教發展趨勢，在降低師生比例上，希望能降到的師生比例爲（A）1：20（B）1：30（C）1：15（D）1：10

（　）9.下列何者爲幼兒教保的未來發展趨勢？（A）政府普設學前教育機構（B）注重幼教整體的研究與發展（C）重視幼兒安全、衛生與福利的工作（D）以上皆是。

（　）10.幼兒每日在園中6～12小時，此種教保方式爲（A）半日制（B）全日制（C）全托制（D）以上皆非。

（　）11.下列何者不是幼兒教保的意義？（A）養成良好習慣（B）加強智力訓練（C）擴大幼兒生活經驗（D）協助父母照顧幼兒生活。

（　）12.以幼兒教保廣義的意義來談，下列何者是其範圍？（A）家庭教育（B）學校教育（C）社會教育（D）以上皆是。

（　）13.下列何種機構不能有全托制？（A）育幼院（B）幼稚園（C）育嬰所（D）托兒所。

（　）14.下列何者是幼兒教保方式？（A）半日制（B）全日制（C）全托制（D）以上皆是。

（　）15.中華民國的教育宗旨是民國幾年頒布的？（A）18年（B）25年（C）15年（D）20年。

（　）16.我國各幼稚園的教育宗旨會因下列哪些因素而異？（A）社會（B）

文化（C）政治、經濟（D）以上皆是。

（　）17.幼稚教育的實施應與哪一教育密切配合？（A）生活教育（B）家庭教育（C）健康教育（D）倫理教育。

（　）18.目前由教育部公布的幼稚園課程標準是哪一年公布的？（A）75年（B）72年（C）70年（D）76年。

（　）19.下列何者不是義務教育？（A）國小教育（B）幼兒教育（C）國中教育（D）以上皆是。

（　）20.園（所）尋求教育目標時，應依下列哪些學理來尋求？（A）哲學、社會學（B）心理學、社會學（C）心理學（D）心理學、哲學、社會學。

（　）21.下列哪一種目標的內容最具體？（A）園（所）教育目標（B）幼稚教育目標（C）單元教學目標（D）活動的行為目標。

（　）22.教學目標的分析程序為（A）課程目標→單元目標→行為目標（B）行為目標→單元目標→課程目標（C）單元目標→課程目標→行為目標（D）課程目標→行為目標→單元目標。

（　）23.下列何者是布魯姆所主張的教育目標三大領域？（A）認知、技能、實用（B）具體、情意、技能（C）認知、情意、欣賞（D）認知、情意、技能。

（　）24.課程內容涵蓋周全，不可偏頗，是根據目標的哪一個原則？（A）周延性（B）明確性（C）可行性（D）訓練性。

（　）25.幼稚教育法第幾條明定幼稚教育目標？（A）第一條（B）第二條（C）第三條（D）第四條。

（　）26.下列何者不是教師實踐教學目標的方法？（A）對園內幼兒有愛心，一視同仁（B）不斷自我進修（C）不要常發問，以免抓不到具體的教學方向（D）常聽幼教專家演講。

（　）27.幼兒教育目標的實踐，須由幼稚園（所）配合哪些人實踐？（A）教師（B）幼兒（C）家庭成員（D）以上皆是。

（　）28.釐訂目標時，宜考慮動、靜的安排原則，此符合哪一原則？（A）明確性（B）活動性（C）可行性（D）周延性。

（　）29.課程設計適合幼兒能力、興趣、需要，此符合釐訂目標的哪一原

則？（A）可行性（B）周延性（C）活動性（D）明確性。

（　）30.讓每一個課程均具有特殊的教育意義，此合乎釐訂目標的哪一原則？（A）啟發性（B）明確性（C）訓練性（D）代表性。

（　）31.讓幼兒在活動中感受活動所具有的意義，此符合釐訂目標的哪一原則？（A）啟發性（B）活動性（C）訓練性（D）可行性。

（　）32.課程應給予幼兒日常生活訓練，以養成幼兒良好生活習慣，此符合釐訂目標的哪一原則？（A）訓練性（B）活動性（C）明確性（D）可行性。

（　）33.動作技能領域目標，可細分六個層次，下列哪一個層次最高？（A）複雜反應（B）機械化（C）知覺（D）創造。

（　）34.關於教學目標，下列何者有誤？（A）「學習製做處理垃圾的用具」是情意領域的目標（B）「認識垃圾的處理方法」是認知領域的目標（C）「養成注重環境清潔的習慣」是情意領域的目標（D）「知道垃圾的分類方法」是認知領域的目標。

（　）35.下列何者是「水」這一單元活動中的具體目標？（A）知道水的來源（B）認識水的功能（C）能說出水的三種用途（D）養成愛惜水資源的態度。

（　）36.下列何者是「聲音」這一單元活動中的行為目標？（A）瞭解聲音的種類（B）知道聲音的來源（C）能利用廢物自製克難樂器（D）學習正確聆聽音樂的態度。

（　）37.何者不是單元目標的敘寫用詞：（A）認識（B）啟發（C）教導（D）促進。

（　）38.「能說二種以上花的名稱」中「二種以上」是行為目標的哪一個要素：（A）行為（B）標準（C）結果（D）對象。

（　）39.有關行為目標的敘寫，下列何者錯誤？（A）目標的敘寫應以教師或課程為本位（B）行為表現或改變應可觀察或測量（C）「能製作」是一適合的行為目標敘寫用詞（D）敘寫應包含形成行為的條件或情境。

（　）40.「能說出三種以上水中動物」，其中何者屬於行為目標敘寫中的「表現水準」？（A）三種以上（B）水中動物（C）能說出（D）

以上皆是。

（　）41.下列何者為教保活動設計的目的？（A）讓教師對教學有信心（B）提供教師教學依據（C）讓教學有目標、有方向（D）以上皆是。

（　）42.關於教保活動設計的意義，下列何者有誤？（A）具有程序性、繼續性、統整性的日程活動（B）是使教學有目標（C）具有程序性、繼續性、籠統性的日程活動（D）是編排成套的課程活動。

（　）43.幼兒教保活動設計的特點，下列敘述何者錯誤？（A）應設計與幼兒直接經驗有關的課程（B）要能適應團體的需要和能力（C）活動設計應分科，使各領域有界限，才能周延（D）以幼兒實際生活為基礎的設計。

解答

1.（B）2.（A）3.（C）4.（C）5.（D）6.（B）7.（D）8.（C）9.（D）
10.（B）11.（B）12.（D）13.（B）14.（D）15.（A）16.（C）17.（B）
18.（D）19.（B）20.（D）21.（C）22.（A）23.（D）24.（C）25.（C）
26.（C）27.（D）28.（B）29.（A）30.（D）31.（A）32.（A）33.（D）
34.（A）35.（C）36.（C）37.（D）38.（C）39.（A）40.（A）41.（D）
42.（C）43.（C）

歷屆試題

（B）1.下列敘述，何者最適合被選為設立托兒所的教保目標？（A）能說出五種顏色名稱（B）培育幼兒創造思考及問題解決能力（C）能遵守規則，不亂丟垃圾（D）明白常見物體的數目及其單位。（90.日專）

（B）2.幼兒出生後第一個接觸的環境是：（A）社會（B）家庭（C）學校（D）托兒所。（84.嘉南、高屏夜專）

（D）3.下列何者不是托兒所、幼稚園所扮演的教保功能？（A）擴大幼兒生活經驗（B）預防疾病及矯治缺陷（C）促進幼兒身心平衡發展

（D）處理幼兒父母的婚姻糾紛。（84.中夜專）

（D）4.托兒所的宗旨：（A）促進幼兒身心健康與平衡發展（B）配合家庭需要，協助婦女工作（C）增進兒童福祉（D）以上皆是。（84.嘉南、高屏夜專）

（D）5.某托兒所提供每週6天，每天8小時的托育服務，則其為：（A）半日托（B）半托（C）全托（D）全日托。（83.日專；86.夜專）

（B）6.幼兒每天在托兒所內生活24小時的托育方式為：（A）全日托（B）全托（C）半日托（D）半托。（83.北夜專）

（D）7.我國的幼稚園與托兒所之招生對象在哪一段年齡是重疊的？（A）出生1個月至6足歲（B）滿2歲至滿6歲入國小前（C）滿3歲至滿6歲入國小前（D）滿4歲至滿6歲入國小前。（83.保甄）

（D）8.收托2足歲至未滿6足歲幼兒之處為：（A）幼稚園（B）才藝班（C）托嬰部（D）托兒所。（84.嘉南、高屏夜專）

（B）9.托兒所半日托的收托時間，下列何者正確？（A）2～4小時（B）3～6小時（C）3～7小時（D）4～8小時。（85.北夜專）

（D）10.依托兒所設置辦法，托兒所收托幼兒年齡的範圍，下列何者正確？（A）滿6個月至未滿5歲為限（B）滿2歲至未滿6歲為限（C）出生至未滿2歲為限（D）出生滿1個月至未滿6歲為限。（87.日專）

（D）11.有關托兒所的收托方式，下列何者正確？（A）日托，每日收托時間在6至12小時（B）半日托，每日收托時間在4至5小時（C）日托，每日收托時間在5至10小時（D）半日托，每日收托時間在3至6小時。（87.日專）

（A）12.有關托兒所的類型，下列何者錯誤？（A）托嬰所收托新生兒至滿週歲之嬰兒（B）以收托時間區分可分為全日托、半日托、全托三種（C）托嬰所應以半日制為原則（D）以主辦單位區分可分為公立與私立。（87.中夜專）

（B）13.依照托兒所設置辦法第4條規定，除了家長因特殊情形無法照顧外，何種收托方式不適合幼兒？（A）半日托（B）全托（C）日托（D）臨時托。（88.日專）

（A）14.幼稚園與托兒所收托之對象的年齡於何階段重疊？（A）4～6歲（B）3～4歲（C）1～2歲（D）1～4歲。（87.嘉南、高屏夜專）

（B）15.托兒所在台北市的主管機關為哪一單位？（A）社會處（B）社會局（C）社會科（D）民政課。（85.北夜專）

（A）16.主管幼稚園的行政機構在中央為：（A）教育部的國民教育司（B）教育部的社會教育司（C）內政部的國民教育司（D）內政部的社會司。（85.保甄）

（D）17.有關幼稚園與托兒所之比較，下列何者不正確？（A）幼稚園的中央主管單位為教育部，托兒所的中央主管單位為內政部（B）托兒所收托對象年齡範圍比幼稚園為廣（C）托兒所教保內容依「托兒所教保手冊」實施，幼稚園則依「幼稚園課程標準」實施（D）幼稚園與托兒所均有「全托」的收托方式。（85.北夜專；87.嘉南、高屏夜專）

（B）18.陳女士為幼稚園退休教師，欲在高雄市創辦一所托兒所，她應該向哪一單位申請立案？（A）高雄市教育局（B）高雄市社會局（C）台灣省社會處（D）台灣省教育廳。（85.日專）

（D）19.托兒所的最高主管機關是：（A）教育廳（B）社會處（C）民政課（D）內政部。（78.86保甄；86.北夜專）

（D）20.托兒所的立案主管機關是：（A）鄉鎮公所（B）社會處（C）教育局（D）社會局（科）。（87.保甄）

（C）21.在台南市內欲設立托兒所，應向何處申請立案？（A）內政部（B）教育部（C）台南市社會局（D）台南市教育局。（85.嘉南、高屏夜專）

（B）22.下列何者非「普及幼稚教育改革行動方案」中，增設公立幼稚園之優先輔助的對象？（A）山地（B）城市（C）離島（D）偏遠地區。（87.嘉南、高屏夜專）

（D）23.教育部「普及幼稚教育改革行動方案」中，希望將五歲幼兒入園率提升至（A）50%（B）60%（C）70%（D）80%以上。（87.嘉南、高屏夜專）

（A）24.現行幼稚園課程標準是在何時公布？（A）76年1月（B）73年2月

（C）70年11月（D）64年12月。（83.保甄）

（D）25.組織幼兒學習經驗時，有哪三個原則？（A）多樣性、繼續性、程序性（B）趣味性、統整性、多樣性（C）程序性、統整性、趣味性（D）繼續性、程序性、統整性。（82.四技商專）

（C）26.在幼教機構中，輔導幼兒最重要的項目是：（A）才藝教學（B）倫理道德（C）良好生活習慣（D）雙語教學。（83.保甄）

（C）27.下列幼兒時期心理發展方面的敘述，何者正確？（A）抽象至具體（B）分化至爲分化（C）自我中心（D）模仿性低。（86.台北夜專）

（C）28.下列何者不是幼兒教保課程實施的原則？（A）讓幼兒透過遊戲學習（B）課程編制應以生活教育爲中心（C）將課程作爲國小課程的預習（D）開學前即應訂定教學計畫。（84.中夜專）

（B）29.幼兒在幼稚園有目的、有計畫的安排下，爲達成幼稚園教育目標而依循一定程序進行的各種學習活動即爲（A）健康、遊戲、音樂、工作、語文、常識六大領域（B）幼稚教育課程（C）廣域課程（D）大單元教學活動。（82.四技商專）

（D）30.下列何者是幼兒教育的正確主張？（A）幼兒教育是小學的先修班（B）幼兒教育是家庭托兒的延伸（C）幼兒教育著重於提升幼兒的智力（D）幼兒教育提供幼兒良好的生活經驗。（81.保甄）

（D）31.課程設計適合幼兒能力、興趣及需要，是根據釐訂目標的哪一原則？（A）明確性（B）啓發性（C）周延性（D）可行性。

（B）32.下列敘述，何者最適合被選爲設立托兒所的教保目標？（A）能說出五種顏色名稱（B）培育幼兒創造思考與問題解決能力（C）能遵守規則，不亂丟垃圾（D）明白常見物體的數目及其單位。（90.日專）

（A）33.在課程中，加強環保教育，是受哪一種課程理論基礎所影響？（A）社會學（B）心理學（C）哲學（D）經濟學。（86.保甄）

（C）34.下列何者不是擬定幼兒作息時間表的原則（A）具彈性的時間表（B）注意身心的需求（C）每段活動時間應經常變換（D）各項活動應互相平衡。

（B）35.幼兒教育課程理論之基礎，主要是下列何項（A）政治學、社會學、自然科學（B）心理學、社會學、哲學（C）社會科學、自然科學（D）心理學、倫理學、社會學。（86.嘉南、高屏夜專）

（A）36.幼兒的學習是由具體的事物到抽象的事物，所以教具的應用順序為（A）實物→模型→照片（B）照片→實物→模型（C）模型→實物→照片（D）實物→照片→模型。（87.台北夜專）

（C）37.下列有關幼兒園所教育目標的尋求方法，何者最不妥當？（A）由研究幼兒的身心發展尋求目標（B）由相關法令規章及課程標準尋求目標（C）由家長的要求與意見尋求目標（D）由社會的變遷及需要去尋求目標。（87.台中夜專）

（D）38.有關幼兒教保目標的層次：a.哲學的基礎；b.單元教學目標；c.幼稚教育目標；d.教學活動的行為目標，依其程序性，下列何者正確？（A）a.b.c.d.（B）a.c.d.b.（C）c.a.b.d.（D）a.c.b.d.。（87.中夜專）

（D）39.關於幼兒教保活動的設計技巧，下列敘述何者不正確？（A）課程內容宜由易而難（B）活動須顧及各教材領域的協調（C）重視實際操作經驗（D）配合教師專長，不用考慮幼兒的興趣與能力。（88.嘉南、高屏夜專）

（D）40.課程設計時，讓同一主題在不同時期中重複學習，使學習者的成熟度，及原有經驗又經刺激而得以擴展的方式，是利用何種課程內容組織原則？（A）關聯性原則（B）均衡性原則（C）統整性原則（D）延續性原則。（87.嘉南、高屏夜專）

（D）41.下列有關「砂石世界」單元的活動，你認為哪一項不適合中班幼兒學習？（A）將混合的沙、石用篩篩看（B）用沙、石在冰箱內蓋房子（C）畫沙、給石頭穿漂亮的衣服（塗各種顏色）（D）用培養皿實驗沙和石頭是沒有生命的。（75.保甄）

（D）42.下列何項是「常見的水裡動物」這一單元中的行為目標？（A）養成喜愛動物的態度（B）認識水裡動物的名稱（C）瞭解水裡動物的習性（D）能說出水裡動物的游水情形。（82.日專）

（C）43.下列何者可稱之為「紙」這一單元活動中的具體目標？（A）認識

日常生活中常用紙的名稱（B）知道紙的來源（C）說出紙的三種用途（D）養成愛惜紙張的環保概念。（82.日專）

（B）44.教師輔導幼兒分配工作，並適時輔導幼兒的質疑、製造、討論等活動，這是單元教學活動中哪階段的活動？（A）準備活動（B）發展活動（C）綜合活動（D）高峰活動。（82.日專）

（C）45.下列何者可稱爲「廢物利用」這一單元活動的行爲目標？①學習利用廢物製做玩具的技巧；②會欣賞別人的作品；③培養愛惜資源的環保概念；④能說出廢物利用的方法：（A）①②④（B）①④（C）②④（D）①②③④。（89.中夜專）

（A）46.下列哪一種目標的內容最廣泛？（A）我國的幼稚教育目標（B）各幼稚園的教育目標（C）單元教學目標（D）活動目標。（83.保甄）

（B）47.下列何者可以說是在「認識垃圾分類——資源回收」這一單元中的附學習？（A）瞭解垃圾的種類（B）養成並勸導他人勤做垃圾分類，以進行資源再利用（C）認識垃圾處理方式（D）明白垃圾掩埋和興建焚化爐的優點。（89.北夜專）

（B）48.下列何者不是內政部公布的托兒所教保目標？（A）增進兒童之快樂和幸福（B）陶冶兒童之藝術情操（C）增進兒童身心之健康（D）培養兒童優良之習慣。（83.北夜專）

（D）49.下列何者不是單元選擇的標準？（A）具體可行（B）具有包容性（C）配合季節時令（D）年齡越小，單元活動時間越長。（83.北夜專）

（D）50.下列哪一個單元活動不適合安排在多天？（A）過新年（B）米和麵（C）各行各業（D）好玩的水。（83.北夜專）

（D）51.教學目標：「會主動幫助別人」，是屬於哪一類目標？（A）認知的目標（B）技能的目標（C）動作的目標（D）情意的目標。（84.保甄）

（C）52.「會將鈕扣按顏色分類」，是屬哪一領域的教學目標？（A）情意目標（B）動作目標（C）認知目標（D）技能目標。（85.保甄）

（A）53.布魯姆（Bloom）的教育目標不包括下列哪一領域？（A）實用領

域（B）情意領域（C）技能領域（D）認知領域。（83.北夜專）

（A）54.布魯姆（Bloom）的認知目標中最高層次是（A）評鑑（B）分析（C）應用（D）知識。（87.保甄）

（C）55.布魯姆（Bloom）把教育目標分成哪三個領域？（A）認知、創造、動作（技能）（B）認知、情意、氣質（C）認知、情意、動作（技能）（D）認知、創作、情意。（80.中夜專）

（A）56.下列何者不屬於布魯姆（Bloom）認知領域的教育目標？（A）態度（B）理解（C）分析（D）應用。（87.中夜專）

（C）57.教學目標：「能愛護動物」，是屬於哪一類目標？（A）認知目標（B）動作技能的目標（C）情意的目標（D）以上皆是。（83.保甄）

（D）58.下列敘述何者正確？（A）「促進大小肌肉的協調發展」可作為「工作科」的評量標準（B）「學習豆芽菜的生長過程」可作為認知領域的具體目標（C）「會將垃圾分類」為情意領域的教學目標（D）「能觀察蔬菜的生長」為能力培養領域的具體目標。（84.北夜專）

（A）59.「幼兒能說出三種生活禮儀」是屬與教學目標中的哪一個領域？（A）認知（B）動作技能（C）情意（D）道德。（85.日專）

（B）60.「幼兒願意喝牛奶」是屬哪一領域的教學目標？（A）認知（B）情意（C）行為（D）技能。（85.嘉南、高屏夜專）

（A）61.若以「好玩的豆子」為單元名稱來設計活動，有關目標的敘述「能利用豆子排出各種造型」，下列何者正確？（A）是屬於動作技能領域（B）是屬於認知領域（C）是屬於一般目標（D）是屬於情意領域。（86.日專）

（C）62.所謂「水平教育目標」指的是：（A）一般性至特殊性（B）教育宗旨至教育目標（C）認知、情意、技能分類目標（D）教育目的至教育目標。（89.四技商專）

（D）63.「能認識交通號誌」的行為目標是屬何種教學目標領域？（A）情意領域（B）道德領域（C）技能領域（D）認知領域。（86.嘉南、高屏夜專）

（A）64.幼兒能說出兩種以上的進餐禮儀，是屬於哪一方面的發展？（A）認知（B）情意（C）技能（D）道德。（86.嘉南、高屏夜專）

（B）65.「幼兒願意吃青菜」是屬於下列哪一個領域的教保目標？（A）認知（B）情意（C）技能（D）工作。（87.日專）

（C）66.「學習利用廢物自製克難樂器」屬於何種領域的教育目標？（A）認知（B）情意（C）動作技能（D）德育。（87.北夜專）

（B）67.在「行的安全」單元中，「能自己製做交通號誌」是屬於何種領域的目標？（A）認知（B）技能（C）情意（D）群育。（88.北夜專）

（A）68.下列敘述，何者不屬於開放式幼兒活動設計所強調的理念？（A）保育員引導幼兒主動學習（B）學習環境隨主題更換（C）課程內容注重生活化（D）教學強調學習成果表現。（90.日專）

（B）69.有關幼兒教保活動實施敘述：①考慮幼兒的身心發展狀況；②當多數幼兒不感興趣時，宜轉換活動；③按擬定之活動項目計畫，確實執行；④因應國際需求，安排多語教學，上述何者較為正確？（A）①②（B）②③（C）③④（D）①④。（90.日專）

（B）70.關於教學目標，下列何者有誤？（A）「認識常見的樂」是認知領域的目標（B）「養成分工合作的習慣」是技能領域的目標（C）「學習正確聆聽音樂的態度」是情意領域的目標（D）「利用廢物自製克難樂器」是技能領域的目標。（84.日專）

（B）71.有關教學目標之敘述，下列何者正確？（A）教學目標又稱為單元目標（B）教學目標敘述得宜，將有助於教學評量工作（C）教學目標主要在說明學生在教學後能學到什麼（D）教學目標再書寫時須使用精確、可觀察、可測量的行為動詞。（84.北夜專）

（B）72.下列敘述何者為正確？（A）設計幼保單元活動時，最重要的是要注意幼兒身心發展的原理原則，其他則不重要（B）單元的選擇可來自幼兒生活的重要層面（C）單元行事曆詳盡敘述，才能讓人看了明瞭（D）以上皆是。（84.嘉南、高屏夜專）

（C）73.下列何者不是「增進幼兒對垃圾處理方法的認識」的具體目標？（A）能舉出垃圾處理的方法（B）能指出垃圾處理後的益處（C）

能遵守規則不亂丟垃圾（D）能說出垃圾如何分類處理。（85.日專）

（A）74.下列何者不適宜當作行為動詞？（A）知道（B）寫出（C）比較（D）設計。（85.日專）

（C）75.所謂「水平教育目標」指的是：（A）一般性至特殊性（B）教育宗旨至教育目標（C）認知、情意、技能分類目標（D）教育目的至教育目標。（89.日專）

（D）76.下列哪一個單元主題最適合小班幼兒？（A）自然的奧秘（B）奇妙的太空（C）星星、月亮和太陽（D）下雨天。（85.日專）

（C）77.單元活動的編擬程序為何？a.選擇單元的主要活動；b.評估環境；c.決定單元的教學目標；d.決定單元的名稱；e.擬定每項活動的計畫。（A）b.c.d.a.e.（B）d.c.b.e.a.（C）d.b.c.a.e.（D）c.b.a.d.e.。（85.北夜專）

（A）78.下列何者不是具體目標的敘寫方式？（A）養成不亂丟垃圾的好習慣（B）能分出樹林和花草的不同（C）會用不織布製做蘋果（D）能說出二種家畜的名稱。（85.北夜專）

（A）79.以下何者不是幼兒設計單元活動的要點？（A）配合單元教本進行教學活動（B）配合幼兒年齡、能力發展（C）配合幼兒的就經驗（D）配合時令、季節的變化。（85.中夜專）

（C）80.以下何者不是單元活動設計中決定單元的主要原則？（A）能幫助幼兒將所學應用於生活中（B）具體可行（C）年齡愈小，單元時間加長（D）配合季節時令。（85.嘉南、高屏夜專）

（B）81.就a.天氣；b.下雨；c.晴天和雨天三單元而言，請依大中小班順序排出各班適合之單元：（A）a.b.c.（B）a.c.b.（C）b.a.c.（D）b.c.a.。（85.嘉南、高屏夜專）

（A）82.編擬單元設計時首先應考慮（A）教育對象（B）家長要求（C）教保人員能力（D）園長期望。（85.嘉南、高屏夜專）

（A）83.活動設計過程中利用設備，布置環境以引起學習動機，是屬於何種活動？（A）發展活動（B）綜合活動（C）準備活動（D）評量活動。（86.北夜專）

（A）84.下列目標的撰寫，何者比較適合教學目標？（A）增進幼兒垃圾
處理方法的認識（B）能描述垃圾處理的經過（C）會說出垃圾如
何分配處理（D）會將垃圾分類。（86.中夜專）

（A）85.下列敘述哪一項是活動目標的正確寫法？（A）能隨音樂自由律
動（B）讓幼兒隨音樂自由律動（C）感受音樂的節拍（D）自由
律動。（86.嘉南、高屏夜專）

（D）86.目標的訂定要注意涵蓋：（A）幼兒的經驗（B）老師的經驗（C）
社會經驗（D）知識概念能力培養、操作技術、態度習慣等學
習。（86.嘉南、高屏夜專）

（A）87.合適的「單元目標」敘述為：（A）認識水果的顏色、味道和形
狀（B）敘述說水果的生長過程（C）引導幼兒討論參觀果園的經
驗（D）以上皆是。（86.嘉南、高屏夜專）

（D）88.單元活動是認識自己至家庭，最後是國家，這樣的安排是屬於哪
一項原則？（A）由易而難（B）由具體到抽象（C）由簡到繁
（D）由近而遠。（86.嘉南、高屏夜專）

（C）89.下列何者是活動目標的寫法（A）認識春節的儀節（B）瞭解春節
的重要習俗（C）能描述自己過春節的經驗（D）養成儲蓄的好習
慣。（87.保甄）

（D）90.單元活動設計之要項不包括（A）單元目標（B）活動過程與內容
（C）教學資源（D）活動地點。（87.保甄）

（B）91.單元活動設計時，決定單元名稱後，及需先訂定（A）活動主題與
綱要（B）單元目標（C）活動內容（D）活動目標。（87.保甄）

（D）92.在單元活動設計時，對單一活動中行為目標的動詞用法a.描述；b.
養成；c.認識；d.操作，下列何者正確？（A）a.b.c.d.（B）a.c.d.
（C）c.d.（D）a.d.。（87.日專）

（C）93.有關幼兒保育目標的敘述：a.行為目標教單元目標明確且清晰；b.
各托兒所由於創辦宗旨及本身條件不同，應訂定自己園所的教保
目標；c.從行為目標的觀點而言，幼兒「能描述出……」及「能比
較出……」的能力來得高層次；d.教學目標的敘寫應包含可測量
的具體行為動詞、情境以及表現的標準三要素，下列何者正確？

（A）a.b.c.d.（B）a.b.d.（C）a.b.（D）a.d.。（87.日專）

（D）94.在「小幫手」的單元中，哪一項活動可達到「建立分工合作之團隊精神」的目標？（A）「兩人三腳」比賽（B）參觀育幼院（C）製做生日卡（D）泉源大掃除。（87.北夜專）

（D）95.有關幼兒教保目標的層次：a.哲學的基礎；b.單元教學目標；c.幼稚教育目標；d.教學活動的行為目標，依其程序性，下列何者正確？（A）a.→b.→c.→d.（B）a.→c.→d.→b.（C）c.→a.→b.→d.（D）a.→c.→b.→d.。（87.中夜專）

（C）96.下列有關幼兒園所教育目標的尋求方法，何者最不妥當？（A）由研究幼兒的身心發展尋求目標（B）由相關法令規章及課程標準（C）由家長的要求與意見尋求目標（D）由社會的變遷及需要去尋求目標。（87.中夜專）

（C）97.有關行事曆的敘述，下列何者錯誤？（A）有兩種常用格式，其為每學期的行事曆，另一為每個月的行事曆（B）須於每學期終了前一個月，編擬下學期之行事曆（C）行事曆僅供參考用，各班教室可自行更改實施（D）每學期終了，應對行事曆作總檢討以供再次編訂的參考。（87.中夜專）

（A）98.下列何者屬於行為目標的敘寫方法？a.培養創造思考力；b.會分辨垃圾的種類；c.能不挑食；d.認識食物的來源；e.會看圖說故事。（A）b.c.e.（B）a.d.（C）c.e.（D）a.d.e.。（88.北夜專）

（C）99.主張幼兒活動設計應打破各類科目界限，改採單元活動課程的原因有？①重視各分科知識的系統性；②提倡以教師為中心、教材為導向的教學；③強調教材的實用性；④鼓勵幼兒多參與活動，從做中學：（A）①③④（B）②③④（C）③④（D）①②③④。（89.中夜專）

（B）100.下列何者不是行為目標的寫法？（A）能跟著音樂打節奏（B）培養審美能力（C）能遵守團體遊戲規則（D）會小心使用各種美勞工具。（87.北夜專）

（A）101.下列哪一句不是行為目標的寫法？（A）發展審美的能力（B）能說出瓶子的用途（C）能將瓶子與瓶蓋做配對（D）能從1數到

3。（86.日專）

(C) 102.下列單元活動設計，行為目標的敘寫方式，何者不正確？（A）能說出夏天的水果（B）能與別人分享生活經驗（C）認識身體各部分器官（D）會利用形狀做聯想。（84.北夜專）

(C) 103.下列單元活動設計中，行為目標的敘寫方式，何者不正確？（A）能說出夏天的水果（B）能與別人分享生活經驗（C）認識身體各部分器官（D）會利用形狀做聯想。（84.日專）

(C) 104.下列何者不是行為目標的敘寫方式？（A）能將蔬菜分類（B）會欣賞他人作品（C）知道端午節的由來（D）養成不亂丟垃圾的好習慣。（83.日專）

(C) 105.如果主題是：「我的手」，那麼教學目標應該是（A）能說出手的功用（B）學習用手指頭做蓋印畫（C）認識手的功用（D）能說出手掌和手背的不同處。（88.日專）

(C) 106.下列有關「警察局」單元目標的敘述，何者較適宜列為副學習？（A）培養幼兒熱心服務的態度（B）知道警察局與我們日常生活的關係（C）知道有關警察英雄的故事（D）瞭解警察局是如何運作。（90.日專）

(B) 107.托兒所設立宗旨涵蓋：①促進幼兒之身心健全發展；②替代家庭功能；③配合家庭及社會需要；④增進兒童福祉：（A）①②③④（B）①③④（C）①②④（D）②③④。（89.中夜專）

(C) 108.「能說出二種由麵粉做成的食物」中的「二種」是指行為目標的哪一要素？（A）動詞（B）條件（C）標準（D）情境。（89.日專）

(D) 109.課程設計適合幼兒能力、興趣及需要，是根據釐定目標的哪一原則？（A）明確性（B）啓發性（C）周延性（D）可行性。（89.日專）

第二章

幼兒教保課程
組織與活動的型態

一分鐘提示

　　幼稚園課程定義雖以經驗爲宜，但課程的基本教學模式、要素，及其組織的型態、原則、方法和活動（單元主題活動）選擇的原則，乃每一位想成爲專業幼教師不可不知的課題。活動的型態（尤其是角落活動）、教材組織的方法、教材排列的原則是歷屆試題的最愛，出現的頻率頗高，請熟讀之。

重點整理

模擬試題

歷屆試題

重點整理

壹、課程

一、課程的意義

（一）廣義：是指個體一生中生活經驗的全部內容。

（二）狹義：是指學生在學校中有目的、有計畫的安排及教師的輔導下為達成學校教育目標而依循一定程序所進行的各種學習活動和經驗。

二、課程的定義

（一）課程是學科或教材：如學校的標準課程，國文、英文、數學……等。

（二）課程是經驗：如拜師學藝、學徒式的學習……等。幼稚園課程定義以經驗為宜。

（三）課程是目標：如幼兒教保活動設計的教學目標、數學科的教學目標……等。

（四）課程是計畫：如根據幼兒身心的發展需要，配合幼兒的學習興趣及能力，設計幼兒教保活動，使幼兒循序漸進，按著教學模式有計畫的安排學習，方能達成幼兒的教育目標。

三、課程的類型

（一）顯著課程：是指正式的課程，有計畫、有組織、有意圖，明顯可見，如學校的科目課程。

（二）潛在課程：是指無法事先設計的課程，卻會影響正式課程的學習，隱含、難以發現、附隨且未被期待。若其中所含的價值與顯著課程不一致，會造成課程間的衝突，而減弱「顯著課程」的作用。如：學校老師的身教、父母的身教、社會教育……

等。

四、課程的基本教學模式

課程的基本教學模式是指把教學的整個歷程做系統的處理。由教育心理學家葛拉塞爾（Glaser, 1962）提出，可分為：

（一）教學目標：是指教師根據學生的發展與能力，所預先期望學生欲改變的行為。

（二）起點行為（又稱始業行為）：是指個人在開始學習一項新事物之前已經具有的行為。因此，教師必須在教學前根據學生開始學習時所具備的能力、經驗、習慣等條件所構成的起點行為，訂定實際可行教學目標。

（三）教學活動：是指師生互動交感的過程，也是教師達成教學目標的重要手段。

（四）教學評鑑：或稱教學評量。教學之後要有教學評鑑，才知教學成果。

五、課程的發展理論

（一）泰勒的課程發展模式：科目→來源（社會、學習者）→暫時性目標→篩選（哲學、心理學）→具體目標→學習經驗的選擇→評量。

（二）歐用生的過程模式：

　　1.程序：一般性目標→創造性的教學活動→記述→依教學活動實施評鑑。

　　2.特徵：一種開放的系統，非形式的學習環境，是發現與探究的學習，是經驗的重組，也是一種過程。教師在此的角色是催化者或共同學習者，而非教導者或塑造者。

貳、課程的要素

目標、內容、方法、評鑑（量）。此課程要素為泰勒（Tyler）所提出，詳細內容請參閱其他章節，在此容不贅述。

參、課程組織的原則

一、繼續性

強調重複的呈現、重複的學習。例如：「一對一之對應概念」活動，讓幼兒練習一個碗配一根湯匙、發給每個人一張餐巾紙、一隻狗配一個狗屋……等等，運用不同的遊戲內容讓幼兒熟悉相同的概念。對於大、中、小班，各班的單元選擇更要注意到其中的關聯性和繼續性。

二、程序性

強調幼兒新經驗的獲得必須要建立在舊經驗上，才能做更高層次、更廣泛的學習。例如：「比較多少」的活動，讓幼兒運用已知的「一對一對應概念」，算一算5隻兔子和7隻貓，那一種動物比較多？

三、統整性

活動與活動、單元與單元之間「橫」的聯繫，也指活動的本身前後開展，以及大、中、小三班之間，單元「縱」的關聯性與統整性。例如：

1. 大單元名稱：我
   小單元名稱：小班—我
   　　　　　　中班—你我他
   　　　　　　大班—我們家
2. 大單元名稱：天氣
   小單元名稱：小班—雨天
   　　　　　　中班—晴天與雨天
   　　　　　　大班—天氣

肆、課程組織的型態

現代的課程組織型態可分為三類：科目課程、活動課程、核心課程。

一、科目課程

（一）意義：

1.發展最久的一種課程。

2.各學校設有許多科目，各科目互相獨立。

3.各科目有其特定的知識領域及完整的知識體系。

4.教學以教師為主，教材為導向。

5.教材組織採用論理組織法。

6.適用於高年級兒童的課程。

（二）優點：各科的知識體系完整。

（三）缺點：課程的編製易忽略幼兒的經驗、需要與興趣，不適合幼稚園的教學。

二、活動課程

（一）意義：

1.是依據杜威的主張「教育及生活」為基礎的設計課程或經驗課程。

2.對教材的選擇注重生活經驗及知識的實用性。

3.教材的組織採用心理的組織法，以幼兒的經驗、能力、興趣和需要組織教材。

4.一切的學習都是師生共同計畫，教師為輔導者。

5.活動的方式可分為團體、小組、個別活動三種。

6.活動的時間有彈性，可依需要而定。

7.適用於幼稚園及小學低年級兒童的課程。

（二）優點：

1.重視幼兒的經驗、興趣與需要，以幼兒為中心。

2.重視幼兒的身體活動，幼兒可透過五官來學習。

3.重視個別的差異、價值與人格。

4.重視教材的實用性，以幼兒的生活經驗為中心。

5.隨著社會環境及時代的變遷，不時調整課程的內容。

6.鼓勵幼兒多參與活動，從「做中」學習。

（三）缺點：

    1.忽視教材本身的知識體系。

    2.忽視傳統文化的價值。

    3.以兒童的興趣爲出發點，忽視社會的價值。

    4.偏重發展兒童的個性，忽略群性的陶冶。

三、核心課程

（一）意義：

    1.以某一科目爲中心，其他學科配合中心學科，使幼兒獲得完整的生活經驗。

    2.以「社會生活」爲中心，注重社會理想，建立社會價值觀。

    3.教材組織折衷於心理組織和論理組織之間，而較偏重論理組織。

    4.適用於中年級兒童的課程。

（二）優點：

    1.以社會生活爲中心，重視完整生活經驗的獲得。

    2.幫助學生適應及改善生活。

    3.避免學校教育與社會生活脫節。

（三）缺點：

    1.不易獲得體系完整的知識。

    2.太偏重社會理想的陶冶，而忽視個人的創見及個性差異的重要性。

伍、教材組織的方法

一、論理組織法

（一）定義：依照教材本身的系統作一種有規則的排列。

（二）優點：能使學生獲得系統的知識。

（三）缺點：不易適合學生當前的興趣、需要與能力。

（四）適用範圍：小學中、高年級以上的課程組織。

（五）舉例：歷史由古至今的講述、地理由近及遠的介紹。

二、心理組織法

（一）定義：根據學生的經驗為教材的出發點，而逐漸擴大其範圍，不顧及教材本身系統的完整與否。

（二）優點：教材適合學生的興趣、經驗與能力。

（三）缺點：教材組織多不能兼顧學科本身的論理系統，學生不易獲得有系統的知識。

（四）適用範圍：幼稚園、小學低年級的課程組織。

（五）舉例：單元設計教學、發現興趣教學。

陸、教材排列的原則

一、由易而難

為顧及幼兒的學習能力，教材應由容易的開始，逐漸用到較難的材料。

二、由簡至繁

為顧及幼兒的身心發展，教材的排列應由簡單的開始，逐漸複雜。

三、由具體至抽象

具體的事物，幼兒容易瞭解，抽象的概念，幼兒不易瞭解，所以應著重具體事務的教學，再漸及抽象的概念。

四、由已知到未知

新教材要建立在幼兒舊經驗的基礎上，以舊經驗為出發點，漸漸引入新經驗。同時應先選重要的，以免發生輕重倒置的現象。

五、由近到遠

從幼兒最接近的事物開始，再慢慢擴展到較遠事物的認識與瞭解。從適合幼兒興趣的生活經驗開始，慢慢發展為有系統的知識。

柒、活動的選擇原則

教師應依據教學目標，將課程的內容設計成一種活動的型態，讓幼

兒在實際操作的遊戲中達到所定的目標。

一、符合性

符合教育法令、教學目標。依幼稚園目標、幼稚目標及各項教學目標來選擇或設計活動。

二、適切性

（一）適合幼稚園本身的條件，如空間、人數、設備。

（二）適合幼兒的能力、需要、興趣及個別差異。

（三）適合當代社會及社區的需要。

（四）適合國家的人文、風俗習慣。

（五）適合節令。

三、多樣性

（一）為迎合幼兒的興趣，讓幼兒自由選擇，教師可設計多樣性的活動，來達到同樣的教育目標。

（二）教師選擇或設計同時可達到數種教學目標的活動。

四、統整性

所選擇或設計的活動，必須前後要能相互銜接與連貫。要注意一天主題活動的引導、展開、延續、綜合，乃至最後的分享。

五、生活性

取材自幼兒生活中可接觸者，如廢物利用。

六、價值性

所選擇的活動，應具有教育的意義及價值。

七、基本性

（一）所選擇的活動，以能建立健全的人格，獲得德、智、體、群、美五育均衡的身心發展為主。

（二）注重幼兒期的基本習慣，以培養一般性的能力為原則，活動的設計不可超越其年齡及能力。

八、從「做中」學習

每一種活動都應讓幼兒在實際操作中透過感官來學習，因此每一種活動，實物、教具兼備，以便幼兒親自操作、體驗及感受。

捌、「單元主題」的選擇原則

幼稚教育課程的設計，通常以「單元」或「主題」為單位，活動的設計能否吸引幼兒的興趣，往往與所選的「單元」或「主題」有著密切的關係。

一、決定單元（或主題）的名稱

有助於單元教學目標的擬定。

二、以幼兒生活經驗為中心

選擇幼兒週遭容易接觸到、體驗到、經驗到、且取材容易又能積極展開者為單元主題。

三、內容包含豐富

所選擇的單元主題，以能跨過多項領域為宜。

四、評估幼兒的興趣能力

配合幼兒的身心發展、需要、興趣與能力來選擇。

五、評估環境

選擇時考慮下列因素：

（一）幼稚園現有的設備及環境。

（二）可利用的社會資源。

（三）季節時令的影響。

玖、活動的型態

幼兒教保活動不宜呆板分節，各項活動的安排須注意動靜態、室內外、個別團體間的適當調配，現依據年齡、性質、場地，而分成不同的型

態。

一、依年齡來區分

（一）大班：5足歲。

（二）小班：4足歲。

（三）混齡班：此種編班方式最符合家庭成員及社會化實況。其優點
如下：（邱志鵬，民74）

1.從生物學的角度，更符合高等動物的進化趨勢。

2.從社會學的角度，更近於人類社會的組織型態。

3.從家庭的角度，更具有家庭式的社會化功能。

4.從同儕的角度，更能給予幼兒完整的同儕互動、同儕教學的
經驗與效果。

5.從兒童的角度，更富有彈性，適於幼兒個別化的發展。

6.從學習的角度，更能增進學習的連貫性。

二、依場地來區分

（一）室內活動：在教師的指導與幼稚園的安排下，所進行的室內教
學活動。如：娃娃家、美勞角。

（二）室外活動：在教師的指導與幼稚園的安排下，所進行的室外教
學活動。如：沙坑、遊樂器材。

三、依性質來區分

（一）自由活動

1.定義：所謂自由活動就是幼兒依自己的興趣自由選擇活動，
亦即幼兒自發的遊戲或有趣的角落活動。

2.實施時間：

（1）幼兒來園到正式活動開始的這段時間。

（2）放學後家長未來接之前的一段時間。

（3）戶外遊戲的自由活動時間。

（4）室內的自由選角活動時間。

3.活動的功能：

（1）讓幼兒有機會接觸他們喜愛的事物，發洩情緒，並滿足遊戲的慾望。

（2）培養幼兒獨立自主、自動自發和積極的性格。

（3）在豐富又多變化的遊戲活動中，幼兒可以探索並認識周遭的世界。

4.教師的角色：提供幼兒可使用的器材和充足的時間。

5.活動舉例：

（1）戶外：使用遊樂器材，諸如：溜滑梯、盪鞦韆、蹺蹺板……等。自發性遊戲，諸如：抓鬼……等。

（2）室內：各種角落活動。

（二）個別活動

1.定義：是指幼兒獨自（個別）活動，亦即自己做自己的活動，不受其他幼兒興趣與速度的影響。

2.實施時間：

（1）角落時間。

（2）教師可安排使用任何的時段。

3.活動的功能：

（1）個別活動不需要幼兒們行動、速度一致，所以能適應幼兒的個別差異。

（2）個別活動常是針對能力最好的幼兒，或是學習較緩慢的幼兒給予特別的輔導。

4.教師的角色：在個別活動中，教師必須要先設計好教具，並準備每人一份的材料或用具，以便一對一的個別輔導。

5.活動舉例：語文活動（看圖畫書、兒童自製圖書、聽錄音帶）、探索領域（各種動、植物的觀察、探索、測量）、繪畫、雕塑、摺紙、美勞……等等，各領域方面的活動。

（三）小組活動：

1.定義：又稱分組活動。依照幼兒程度的不同，材料的不同或者活動種類的不同編成小組，做不同的活動。角落活動也是小組活動的一種。

2.實施時間：

（1）當器材不夠，需要按順序輪流來分享時。

（2）當活動需要老師支持時。

（3）當教師想瞭解幼兒的程度及反應時。

3活動的功能：

（1）教師容易輔導，也便於瞭解幼兒間的個別差異。

（2）教師因接觸每一個幼兒的機會增加，更能瞭解幼兒。

（3）教師容易發現幼兒的能力、興趣和需要。

（4）幼兒能實際操作、觀察、實驗，嘗試多種不同的活動，增加經驗。

4.教師的角色：

（1）觀察幼兒的需要，以適應幼兒的個別差異。

（2）以提示或暗示的方法引導幼兒的學習動機。

（3）注意並增進幼兒之間的互動。

（4）活動結束後的分享不可遺漏。讓幼兒能有機會發表感想，並觀賞彼此的成果，這是間接學習的最佳方法。

5.活動舉例：小組唱歌、節奏樂器合奏、討論、講故事、故事接龍、球類遊戲、教師訓練觀察、分組實驗……等等，各領域方面的活動。

（四）團體活動

1.定義：教師同時以全部或大多數的幼兒參與教學的活動。

2.實施時間：

（1）當幼兒在同一時間能主動參與同一活動時，如唱歌。

（2）當幼兒注意到某種能吸引他們興趣的表演時，如木偶劇。

（3）當過程時間短，內容又很廣泛時，如一大早的全園升旗、律動時間。

3.活動的功能：

（1）可以增進幼兒之間的人際關係。

（2）可以培養幼兒分工合作的團隊精神。

（3）可以讓幼兒同時分享一種共同的經驗。

4.教師的角色：

（1）讓幼兒有發表、報告的機會，以便統整經驗。

（2）團體活動進行時，教師是學習經驗的中心。

（3）對於活動前後的引導、討論、分享，給予幼兒肯定，以建立其自信心。

5 活動舉例：聽故事、兒童劇、團體合唱、遠足、音樂會、韻律操、躲避球、郊遊、參觀、討論、單元講解……等等，各領域方面的活動。

（五）角落活動

1.定義：角落就是「分區」的意思。教師依幼兒的興趣或欲設學習角的目的，利用教學環境中的櫃子或隔板，依空間的大小，布置成數個不同的角落，讓幼兒自由選擇學習活動，是為角落活動。

2.實施時間與開放要點：可於每天的活動時間時運用。但學習角落的開放有其過程：

（1）以漸進的方式逐漸開放。

（2）剛開始時，角落的材料及種類不要太多，待幼兒熟悉後，則應提供多樣化且幼兒可自由操作的材料，即指導性較低的工具及材料。

（3）利用團體時間示範各角落操作的方式，並與幼兒討論使用規則。

（4）輪流開放各角落，等幼兒熟悉後，再全部開放。角落全部開放的時間大約需要1個半月到2個月之久。幼兒選擇一個角落後，可允許再更換其他角落。

（5）各角落的內容不可整學期一層不變。應依幼兒的反應及需要，做材料的替換和添補，以提高幼兒再學習的興趣。

3.設計角落的步驟：選擇主要角落→粗略設計→實際布置→操弄使用→修正→補充。

4.布置角落時應注意的事項：

（1）角落人數與空間的比例要適當，才不至於因擁擠而產生爭執，或者空間太大反而減少幼兒間的互動機會。針對這點，可在各角落設置適當人數的掛名牌處，以便控制各角落的活動人數。

（2）採取高度在90～120公分，可移動式的櫃子和隔板。具有隔離及監督的作用。幼兒能專心的從事所選擇的活動，而不會在教室內奔跑。

（3）提供工具材料時應注意：

①適合幼兒的能力、興趣及滿足不同程度幼兒的需求。

②要有安全性。

③要能讓幼兒有效的運用。

④選擇指導性低，甚且具有「自我修正」功能的工具和材料。

（4）以「分類」和「標記」的方法布置角落，以便幼兒使用工具材料。

①分類：可以「顏色」、「數字」、「形狀」來分類。例如：黃色的籃子內放球，綠色的籃子內放在地毯上玩的玩具，紫色的籃子內放桌上玩的玩具。除便於取、放之外，還可用「分類」方式說明遊戲規則。

②標記：利用圖形或文字，清楚的告訴幼兒東西的「家」在哪裡。如此這般，幼兒不但容易找到所需的物品，也方便活動後的收拾。

5.活動的功能：

（1）幼兒可依其興趣，透過感覺、想像，進而觀察、實驗，最後討論等一連串的活動中學習成長。

（2）在持續不斷的活動中，自我滿足，自動自發學習，且比較沒有時間上的限制。

（3）幼兒在活動過程中，會主動探討問題、解決問題、同時能認真思考、尋求答案。

6.教師的角色：

（1）幼兒的玩伴。

（2）幼兒學習的鼓舞者。

（3）幼兒的聽眾。

（4）幼兒材料的供應者。

（5）幼兒的護士。

（6）幼兒的裁判。

（7）幼兒的保母。

（8）幼兒知識的補充者。

（9）活動示範者。

7.活動的特色：

（1）教師以平等的態度對待幼兒。

（2）幼兒不坐在椅子上，教室充滿了各種活動和聲音。

（3）有較多的小組和個別的學習活動。

（4）活動的布置豐富，幼兒可以自由取放材料。

8.活動舉例：依不同的學習功能，而有不同的角落布置，例如：裝扮角、益智角、美勞角、積木角、語文角、木工角……等等。

各角落活動的設計布置要點

一、積木角的設計布置要點	
功能	·身體發展：大肌肉發展、小肌肉靈活、手眼協調。 ·人格發展：學習獨立、培養自信心、責任感、尊重他人、懂得與人分享。 ·語文能力、表達能力、語彙增加、交換意見。 ·社會性發展：角色扮演、認識各種社會角色、培養象徵的藝術。 ·培養數概念：序列、大小、形狀、對稱、分類、數數、排列組合。
內容	·主要玩具：木製、紙製、塑膠製的單位、空心、海綿、工程師等各式大、中、小積木。 ·輔助性玩具：交通工具模型、迷你家具模型、冰棒棍……等等。

原則	・避開諸如圖書角、美勞角等「安靜」的角落，可與娃娃家相鄰。 ・為減低噪音，可鋪設地毯。 ・活動的空間要寬敞。 ・避免設在交通要道上，以免所做的作品遭破壞。 ・用多格矮櫃或玩具架區隔活動空間。 ・標示明顯，以利幼兒取放。 ・避免任何桌椅的擺放。
注意 事項	・積木的塊數要多，但形狀不要太多。逐次加入新的形狀。 ・輔助性的玩具準備兩份以上。 ・可用告示牌安排每人的使用時間，方便輪流使用。 　告示牌的功能： 　△ 幼兒不用問教師，即知有無空位。 　△ 充分掌握人數，減少彼此間的衝突。 　△ 幼兒會慎重選擇學習區，因而不會到處跑。 ・限制每次使用的人數。
教師的 角色	・觀察者、支持者。 ・在一個富於「啟發性」的學習環境中，讓幼兒自行發現、學習，教師只在下列幾種情況下適時地幫助幼兒： 　△ 找不到某種需要的配件時。 　△ 自己無法做時。 　△ 幼兒發生爭執時。 　△ 無法自我突破時。

二、科學角的設計布置要點	
功能	・從設計過的科學活動中，幼兒懂得用科學的方法： 　△ 發掘問題。 　△ 思考解決的方法。 　△ 求證。 　△ 與人分享、討論結果。 ・從科學實驗中，幼兒懂得運用觀察、分類、測量、設計、分析、實驗、預測、推理來自我發現。
內容	・內容可觀，諸如：動、植物、空氣、水、火、光、電、氣候、空氣、太空、人體、礦、石……等皆屬之。

原則	・空間獨立、安靜、隱密。 ・近窗臺，有充足的陽光。 ・附近有貯藏間。角落內有插座。 ・寬敞夠用的桌面。 ・能延伸到戶外的活動空間。 ・爲常用的一般器材設置固定的位置，以便拿取。
教師的責任	・對於幼兒的疑問，不宜立即告訴眞相或提供解答。 ・遇到意外事件，以冷靜、沉著、迅速的態度處理，解決問題。 ・觀察、發掘幼兒的興趣與疑難，並納入科學角中。 ・善用身邊的資源。 ・教導幼兒正確使用特殊工具或器具，使用前必須先懂得操作方法和保護原則。

三、娃娃家的設計布置要點

功能	透過各種模仿和扮演，幼兒可得下面的發展： ・語文發展： 　△ 培養表達（發問與回答問題）的能力。 　△ 懂得聆聽和交換意見。 ・人格發展：獨立、責任感、自信心、尊重他人等人格方面的培養。並學習適度的表達喜、怒、哀、樂各種情緒。 ・智能發展： 　△ 學習各種角色的稱呼。 　△ 認識各行各業。 ・創造力發展：自編、自導、自演的過程能激發幼兒的創造潛能。 ・社會性發展： 　△ 學習輪流、分享、關懷他人。 　△ 體會如何與人相處，瞭解人際關係的不可或缺。 　△ 扮演、體驗各種不同的角色。 　△ 學習問題的各種解決方法。
內容	・家、鞋店、花店、菜市場、銀行、郵局、餐廳、美容院、家具店、消防隊……等等，依據主題的不同，而有不同物品的擺設。
原則	・避開靜區，可與積木角爲鄰。 ・有牆面及櫃子可掛放物品。

原則	·廚房近插座、水龍頭,地面可用水泥地或磨石子地,耐洗耐髒。 ·書房、臥室舖地毯,以便幼兒坐、臥。 ·廚房、臥室、書房等各區域,可用櫃子、簾子、桌子、紙箱、塑膠地板來間隔。 ·利用各種裝飾物來布置各區域,以營造不同的氣氛。 ·以圖案配對、數字配對、顏色分類、模型紙樣或模型等「標記」的各種方式來區隔區域和材料的存放位置。
教師的 角色	·進入娃娃家前,教師應先介紹整個娃娃家,再分區介紹名稱、位置。 ·玩的過程中,告訴幼兒操作的方法及應該遵守的規則。 ·教師應依據主題,更換各區的材料、物品,並向幼兒說明。 ·帶領幼兒做活動結束前的經驗分享。分享時間以5～10分鐘為宜,不需要讓每位幼兒都有發表的機會。

四、語文角的設計布置要點	
功能	提供說、聽、讀、寫的學習經驗。
內容	·說: △教師的用字遣詞及態度。(未經設計) △連環圖卡、兒歌卡……等各種卡,玩具電話、布偶……等各種經過設計的內容。 ·聽:錄音帶、辨音盒、玩具電話……等。 ·讀:字卡、猜謎卡、幼兒書籍和雜誌……等。 ·寫:紙、筆、剪刀……等。
原則	·充足的光線和流通的空氣。 ·備有地毯、矮桌、坐(靠)墊、書架、展示櫃、錄音機、插座等設備,提供幼兒舒適、溫暖、方便取閱的閱讀、視聽環境。 ·選擇不易破損、圖片清晰、文字較大的書,且書上有標記,方便幼兒取閱、歸放。
教師的 角色	·訂定角落的各項操作規則,諸如:看書的方法、收拾的規則等。 ·依幼兒的年齡、需求、能力來選擇或更換適合的材料。 ·教師對本身的用字遣詞、語調態度、傾聽表情都須注意。

五、美勞角的設計布置要點	
功能	・幼兒從接觸不同形狀、大小、顏色的材料中，認識其特性。 ・幼兒從多樣化的材料中，啓發創造力。 ・幼兒從各種美勞活動中，感官獲得滿足，情感得以抒發。 ・幼兒從工具、材料的使用中，可促進小肌肉的發展以及手眼的協調。 ・幼兒從錯誤的學習中，學到解決問題的能力，同時獲得成就感。
內容	可分設備、材料、工具、活動等四項。（說明略）
原則	・利用存放櫃、風琴等隔間。 ・材料、工具的擺設應以幼兒拿取方便爲原則。 ・如能力許可，設置可供單人、雙人或多人操作的桌面，以方便幼兒作不同的選擇。 ・設置欣賞角，不定期展示圖書、圖片、物品或幼兒作品，以豐富幼兒的學習經驗。 ・儘可能提供指導性較低的活動材料，以便幼兒自由發揮。 ・用幼兒能夠理解的字或圖，寫下操作的流程及操作的規則。 ・用「標記」來處理材料、工具的存放，以便幼兒容易取拿、歸放。
教師的角色	・在活動的進行中，應重視幼兒的操作過程，以及所付出的努力，也鼓勵幼兒尊重他人的努力。 ・教師可以用參觀、欣賞、討論的方式啓發幼兒，而不是用成人的觀點來教導各種美勞技巧。

六、沙土角的設計布置要點	
功能	・讓幼兒有特殊的觸覺經驗。 ・在自由建構的過程中，培養幼兒積極、自發的學習態度。 ・培養幼兒早期基本的數量概念和科學的態度。 ・讓幼兒有機會獲得有計畫、合作的遊戲經驗，進而加強幼兒的語言發展以及社會化。 ・利用乾沙或濕沙、土，讓幼兒充分發揮想像力，並獲得成就感。
內容	・沙坑、沙箱的設置。 ・各種大、小、形狀的塑膠容器，可作爲量杯、量筒、量匙。
原則	・避免設置在風口。

	・戶外設置沙坑時，要考慮排水問題。 ・室內沙箱高度要適合幼兒操作。 ・沙子要經常翻鬆。 ・如果可能，設置遮陽裝備，以免幼兒在陽光下曝曬太久。 ・可在沙箱上加蓋子，使沙箱在不使用時成爲平臺。 ・準備清洗用具，以便幼兒收拾清理用。同時，可請家長準備一套乾淨的衣服備用。
教師的 角色	・掌握人數，以免沙土角過於擁擠，影響幼兒的情緒，甚至發生危險。 ・指導幼兒收拾，分享當天遊戲的過程。

七、益智角的設計布置要點

功能	・小肌肉的技能發展： 　△增進手指靈巧、手眼的協調。 　△寫字前的練習。 ・語言發展： 　△培養表達的能力。 　△培養聯想、記憶的組織能力。 ・認知發展： 　△學習基本概念、常識。 　△培養邏輯推理——分類、比較、系列、順序的排列、數目、空間、時間、符號的運用。 　△培養五官知覺的敏銳。 ・社會性發展： 　△學習人際交往。 　△學習輪流、分享。 　△培養解決事情的能力和方法。 　△培養與人溝通的方法。
內容	・細沙、木塞、細繩、瓶罐、釦子、石頭、果實，以及教師自製的教具。
原則	・空間安靜、隱密。避免與娃娃家或積木角相鄰。 ・用地毯、隔板、桌子、立扇或膠帶來區隔不同的區域。 ・利用小塊地毯作個別操作的活動空間。

	·準備3～4人可利用的桌子或大地毯。 ·各區可做展示的牆面，定期更換展示內容。 ·用「標記」的方式存放工具、材料。 ·用籃子、櫃子、展示板來存放材料。
教師的 角色	·指導者、觀察者、協助者、教材提供者、示範者、幼兒的玩伴。 ·對於教材及幼兒的反應要有高度的敏感性。

模擬試題

（　）1.基本教學模式是由哪一位教育心理學家所提出？（A）葛拉塞爾（B）龐塞爾（C）杜威（D）柯利爾。

（　）2.教師根據學生的發展與能力預先期望學生所能改變的行為是指於教學前預先設計（A）教學活動（B）教學評鑑（C）教學目標（D）以上皆是。

（　）3.教師於幼兒進行活動前，預先設計語文、遊戲等課程活動，此種課程屬於（A）行為課程（B）活動課程（C）顯著課程（D）潛在課程。

（　）4.事先無法設計，卻能影響正式課程，具有教育作用的課程類型為（A）顯著課程（B）潛在課程（C）廣域課程（D）科目課程。

（　）5.幼稚園的課程定義是以何者為宜？（A）經驗（B）教材（C）計畫（D）目標。

（　）6.個體在開始學習一項新事物之前，已具有的行為稱為（A）學習行為（B）教學目標（C）行為目標（D）起點行為。

（　）7.培養幼兒完整人格的課程領域為（A）探索課程、身體、創造、語言（B）探索課程、藝術、科學、文學（C）語言、工作、音樂、健康（D）身體、語文、工作、音樂。

（　）8.適合幼稚園及小學低年級的課程型態為（A）科目課程（B）核心課程（C）活動課程（D）廣域課程。

（　）9.以教師、教材為導向的課程型態是（A）活動課程（B）科目課程

（C）核心課程（D）廣域課程。

（　）10.下列何種課程型態最能兼顧個別適應原則？（A）合科課程（B）分科課程（C）核心課程（D）活動課程。

（　）11.適合幼稚園使用的教材組織法為（A）心理組織法（B）論理組織法（C）經驗組織法（D）折衷組織法。

（　）12.關於教材排列的原則，下列敘述何者不正確？（A）由易而難（B）由簡而繁（C）由近而遠（D）由已知到未知。

（　）13.教材選擇應符合教育法令、教育目標，是下列哪一個原則？（A）符合性（B）價值性（C）基本性（D）適切性。

（　）14.教師與幼兒進行一對一的活動型態，稱為（A）自由活動（B）分組活動（C）個別活動（D）團體活動。

（　）15.讓幼兒自發遊戲或進行有興趣的角落活動之型態為（A）自由活動（B）個別活動（C）分組活動（D）團體活動。

（　）16.角落學習，通常以櫃子或隔板分區，其高度以幾公分較理想？（A）80～90cm（B）90～120cm（C）90～100cm（D）120cm以上。

（　）17.在活動角內，將玩具貼上紅色標籤，請幼兒在活動結束後放在紅色櫃子裡，其主要的目的為何？（A）做配對練習（B）說明使用規則（C）方便收拾整理（D）做分類練習。

（　）18.有關學習區的布置，下列何者不適合？（A）人數與空間的比例應適當，不要太大、太擠（B）提供的材料、種類要多，才能引起幼兒的興趣（C）以標記方式讓幼兒使用、收拾工具、材料（D）分區櫃或隔板不要太高，以免發生危險。

（　）19.下列哪一個學習角較能表現幼兒的建構能力？（A）語文角（B）沙土角（C）益智角（D）科學角。

（　）20.在「新年到」單元中，最不適合設計哪一學習角？（A）娃娃角（B）美勞角（C）積木角（D）科學角。

（　）21.下列敘述，何者正確？（A）提供多種類、多樣化的材料，會混淆幼兒的學習經驗（B）為使幼兒獲得成就感，應替幼兒完成作品（C）雪花片太複雜、太小，不適合提供幼兒學習（D）美勞角

可啓發幼兒的創造力。

（　）22.科學角應與下列哪一學習區爲鄰較適宜？（A）圖書角（B）積木
角（C）科學角（D）美勞角。

（　）23.有關角落教學，下列敘述何者最正確？（A）選擇一個角落後，
可允許再更換（B）完全讓幼兒自我學習，教師不插手（C）所有
角落的開放時間沒有限制（D）男生經常參加娃娃角者，應加以
輔導。

（　）24.有關目前托兒所使用教材的描述，下列何者最正確？（A）由地
方主管單位規定使用（B）教師自製自編教材（C）坊間出版教材
使用率高（D）統一標準教材。

（　）25.強調人際關係的影響，以及環境、設備對學習者所產生的作用，
這影響與作用在課程的設計上稱之爲（A）情操課程（B）潛在課
程（C）思考力課程（D）創造力課程。

（　）26.當幼兒在各個角落活動時，教師所扮演的角色是（A）適時加入
幼兒的遊戲（B）針對幼兒的需要，給予遊戲上的支持（提問
題、建議、供給和示範材料）（C）觀察及評量幼兒遊戲中的行爲
（D）以上三者皆是。

（　）27.下列哪一個角落可以讓幼兒進行實驗與自然觀察？（A）科學角
（B）娃娃家（C）美勞角（D）益智角。

（　）28.下列何者不屬於心理組織法的特點？（A）教材組織多不能兼顧
學科本身的論理系統（B）適用於幼稚園、小學的課程（C）教材
適合學生的能力、經驗及興趣（D）使學生獲得系統的知識。

（　）29.下列何者爲課程的基本要素？（A）目標、內容、過程、方法（B）
目標、內容、方法、評量（C）目標、內容、過程、評量（D）目
標、過程、方法、評量。

（　）30.根據統整性原則，活動的選擇應前後相互銜接與連貫，下列何者
未能符合此項原則（A）告訴幼兒母親節的由來，再一起製做康
乃馨（B）先討論食物的營養，再教幼兒洗手（C）帶領幼兒製做
飯糰，再一起分享（D）先介紹手指的功能，再進行手指畫。

（　）31.某一教師準備了浮沉實驗的物品，並在幼兒面前操作示範，讓幼

兒觀察結果，並和幼兒討論，此教師忽略了下列的哪一項原則？
（A）統整原則（B）價值原則（C）從做中學原則（D）生活性原則。

（　）32.關於單元主題的選擇原則，下列何者爲非？（A）以幼兒生活經驗爲中心（B）考慮幼稚園現有的環境及設備（C）配合幼兒的興趣能力（D）內容以單一領域爲主。

（　）33.關於課程的敘述，下列何者錯誤？（A）核心課程較偏重論理組織（B）科目課程知識體系完整，最適合幼兒學習（C）活動課程乃是依據杜威的主張（D）活動課程的活動時間最具彈性。

（　）34.下列關於課程組織型態的敘述，何者爲非？（A）較易得到完整知識體系的爲活動課程（B）活動課程及經驗課程（C）有助於學生對生活適應者爲核心課程（D）科目課程的設計，以教師爲主，教材爲導向。

（　）35.在單元安排方面，重視大、中、小三班的關聯性，循序漸進，以達到整體的瞭解，爲課程組織的：（A）適切性（B）繼續性（C）程序性（D）統整性。

（　）36.杜威強調「由做中學」，因此在提供幼兒學習時，下列何種方式較適合？（A）聽教師說明（B）欣賞圖片（C）觀看錄影帶（D）動手做實驗。

（　）37.進行數數遊戲時，讓幼兒由數玩具小汽車開始，漸漸進入數書本中的圖案，並與數字配合，此乃是何種教材排列原則的運用？（A）由具體到抽象（B）由近到遠（C）由易而難（D）由已知到未知。

（　）38.下列何種做法對於幫助幼兒進行角落收拾工作較適當？（A）教師以口語告知幼兒玩具玩過後要放回原位（B）在教具籃與教具櫃做相對應的標記（C）選小老師負責督促其他的幼兒（D）事先告知幼兒不收玩具的處罰方法。

（　）39.控制各角落活動人數的方法，下列何者較適當？（A）在各角落設置適當人數的掛名牌處（B）教師以指定幼兒到某個角落的方式疏散幼兒（C）將幼兒分成數組，每天輪流進入不同的角落（D）

以上皆是。

( ) 40.關於學習區的敘述①屬於較吵鬧且走動較多的角落為娃娃家；②
為減少安全死角，宜避免設置個人獨處區；③益智角與積木角可
相互為鄰；④空間規劃時仍應預留團體討論區域，何者正確？
（A）①②（B）②③④（C）①④（D）①②。

( ) 41.在工具、材料上貼上不同的圖案或標記，其主要目的為何？（A）
便於分類（B）便於收拾（C）便於找到所需物品（D）以上皆
是。

( ) 42.學習區設計的步驟，下列何者正確？（A）選擇主要學習區→粗
略設計→實際布置→操弄使用→修正→補充（B）選擇主要學習
區→粗略設計→操弄使用→實際布置→修正→補充（C）選擇主
要學習區→粗略設計→實際布置→操弄使用→補充→修正（D）
粗略設計→選擇主要學習區→實際布置→操弄使用→修正→補
充。

( ) 43.托兒所教師每天為幼兒安排課程時，須注意哪些方面的適當調配
①室內與室外；②靜態與動態；③認知與遊戲；④個別與團體
（A）①②③（B）①②③④（C）②③④（D）①②④。

( ) 44.團體分享活動最重要的目的在於：（A）給予幼兒肯定，建立其
自信心（B）確立常規標準（C）給予幼兒展示自己作品的機會
（D）給予幼兒發表的機會，以增進語文的能力。

( ) 45.幼稚園教學活動，得依哪些方面分成各種不同型態？（A）人
數、性質、場地（B）年齡、性質、人數（C）年齡、場地、性質
（D）材料、年齡、場地。

( ) 46.幼稚園教學活動，依年齡可分成下列何種班級？（A）大、小班
及混齡班（B）大、中、小班（C）大、小班（D）大、中、小班
及混齡班。

( ) 47.下列何者屬於團體活動的教育功能①培養分工合作的精神；②培
養幼兒的團隊精神；③增進幼兒間的人際關係；④分享共同的經
驗；⑤適應幼兒個別差異（A）①②④（B）①②③④⑤（C）①
②③④（D）②④

（　）48.幼兒到戶外玩遊樂器材，例如：盪鞦韆、溜滑梯、沙坑……等等，是屬於何種活動性質？（A）自由活動（B）個別活動（C）小組活動（D）團體活動。

解答

1.（A）2.（C）3.（C）4.（B）5.（A）6.（D）7.（A）8.（C）9.（B）
10.（D）11.（A）12.（D）13.（A）14.（C）15.（A）16.（B）17.（C）
18.（B）19.（B）20.（D）21.（D）22.（A）23.（A）24.（C）25.（B）
26.（D）27.（A）28.（D）29.（B）30.（B）31.（C）32.（D）33.（B）
34.（A）35.（D）36.（D）37.（A）38.（B）39.（A）40.（A）41.（A）
42.（A）43.（D）44.（A）45.（C）46.（A）47.（C）48.（A）

歷屆試題

（D）1.有關以發現教學法為特色的室內環境布置的敘述：①環境布置的高度應合乎幼兒的身高；②大積木放在櫃子的最高處，便利幼兒搬運；③布置的主題應力求固定，不須配合教學內容；④採用較高的櫃子區隔空間，避免相互干擾；⑤布置物品應堅固不易破碎，以上何者較為適宜？（A）①③④（B）①④（C）①④⑤（D）①⑤。（90.日專）

（B）2.下列有關角落的布置，何者較適當？（A）積木角近鄰通道（B）娃娃家設置在角落處（C）圖書角與音樂角為鄰（D）科學角擺放賓果遊戲。（90.日專）

（C）3.下列有關幼兒學習活動的敘述，何者正確？（A）團體活動的形式較能減少幼兒適應上的挫折（B）所謂的個別活動，指的就是自由活動（C）當教師輔導幼兒某種技能時，常選用個別活動（D）當教師人數不足時，最適合進行小組活動。（90.日專）

（D）4.下列課程組織型態：①核心課程；②科目課程；③活動課程；④主題課程，何者較適用於幼兒教學活動？（A）①②（B）①③（C）

②④（D）③④。（90.日專）

（B）5.下列有關「奇妙音樂」單元主題的教材教具，何者較適合放置在語
文角？（A）五線譜與數字配對卡（B）樂器名稱配對卡（C）響
板、沙鈴、木鳥的製做材料（D）錄音帶、打擊樂器。（90.日專）

（A）6.教師教學時，先讓幼兒看、摸、聞、吃蘋果，再讓幼兒畫下蘋果，
最後讓幼兒表達對蘋果的認識，是運用何種教材排列原則？（A）
由具體到抽象（B）由近到遠（C）由簡至繁（D）由舊經驗到新經
驗。（90.日專）

（B）7.下列哪一種玩具能提供幼兒「整合性」的經驗、架構的觀念、數及
空間觀念？（A）拼圖（B）積木（C）黏土（D）布偶。（89.四技
商專）

（A）8.下列何者是適合放置於數學角的器材？（A）鬧鐘、皮尺（B）放
大鏡、塞根板（C）七巧板、地球儀（D）布偶、鈕扣。（88.四技
商專）

（D）9.若要幼兒學習一至五的數概念，可以透過拼圖遊戲、賓果遊戲、實
務與數字卡的配對等活動，加以培養。這是哪　種活動設計原則？
（A）適合原則（B）經濟性原則（C）統整性原則（D）多樣性原
則。（88.四技商專）

（D）10.積木角布置的原則，下列何者不正確？（A）可舖上地毯，減少
音量（B）要有明顯的區域界限（C）避免在走動路線上，以免干
擾破壞（D）最好擺放桌子，以利幼兒搭建積木。（85.88.北夜
專；88.四技商專）

（D）11.混齡教學的編排方式最大的優點為何？（A）能適應個別的差異
（B）能有整齊的程度（C）方便團體教學（D）符合家庭成員及社
會實況。（88.朝陽四技進修部）

（C）12.選擇幼兒活動內容的順序，下列何者錯誤（A）由具體至抽象（B）
由已知到未知（C）由概念到事實（D）由簡單到複雜。（87.四技
商專）（88.台中夜專）

（A）13.在某學習區內放有雪花片、賓果遊戲、拼圖及象棋等教具，應為
（A）益智區（B）工作區（C）數學區（D）科學區。（87.四技商

專）

（A）14.有關學習角落環境安排，下列何者不宜①圖書角、音樂角相鄰；②積木角靠近走道；③創作角靠近水槽；④娃娃家、積木角相鄰（A）①②（B）①③（C）②③（D）②④。（86.四技商專）

（A）15.有關課程的敘述，下列何者錯誤？（A）活動課程重視幼兒的個別差異，有助於幼兒對團體生活的適應（B）活動課程重視教材的實用性，以日常生活為內容（C）核心課程特別強調以「社會生活」為中心（D）科目課程的各科知識系統完整。（86.日專；86.四技商專）

（B）16.活動室內的規劃可分為濕靜、濕動、乾靜、乾動四種區域，下列活動①音樂活動；②美勞活動；③科學實驗活動；④扮演活動依其性質宜設置在濕動區域內的活動有哪些？（A）①②④（B）②③（C）②④（D）①③。（86.四技商專）

（D）17.人類生理、心理的發展雖然可分成不同的階段，但前一階段是後一階段的基礎，所以在課程設計時應注意下列哪一項原則？（A）自動性（B）統整性（C）個別性（D）程序性。（85.四技商專）

（B）18.當器材不夠，幼兒需要按順序輪流分享時，最好採用下列何種活動？（A）團體活動（B）小組活動（C）個別活動（D）自由活動。（85.四技商專）

（C）19.下列關於身體、探索性、創造性及溝通四大課程領域的敘述，何者錯誤？（A）「身體發展」屬於身體課程領域（B）「營養」屬於探索性課程領域（C）「知覺發展」屬於創造性課程領域（D）「文學」屬於溝通課程領域。（85.四技商專）

（C）20.下列關於角落的敘述，何者錯誤？（A）娃娃角可促進幼兒語文能力的發展（B）數學角能使幼兒認識基本圖形、物體單位名稱（C）益智角可促進幼兒大肌肉的發展，增進視覺、觸覺的靈敏度（D）積木角有助於幼兒社會行為的發展。（85.四技商專）

（B）21.在角落規劃時，積木角最好與下列哪一個角落相鄰？（A）科學角（B）圖書角（C）美勞角（D）娃娃角。（85.四技商專）

（A）22.關於課程組織的型態，下列敘述何者錯誤？（A）「科目課程」的

特色是各科知識體系完整，適合托兒所教學（B）「活動課程」的優點是重視個別差異及教材的實用性（C）「活動課程」的缺點是易忽視教材本身的知識體系（D）「核心課程」重視完整生活經驗的獲得。（85.四技商專）

（B）23.若在活動角內，利用籃子的顏色，標記籃內的玩具須在地毯上玩，其主要目的爲何？（A）做配對練習（B）說明使用規則（C）方便收拾（D）容易找到所需物品。（81.四技商專）

（B）24.關於間隔角落的櫃子或隔板，其高度下列何者正確（A）70公分爲最標準高度（B）120公分以下爲宜（C）120～150公分之間最好（D）150公分以上爲最佳選擇。（84.四技商專）

（D）25.關於幼兒大團體活動的功能，下列何者有誤？（A）幼兒可分享共同的經驗（B）可養成幼兒團隊精神（C）可提供分工合作的機會（D）容易發現幼兒的能力、興趣與需要。（84.四技商專）

（C）26.關於角落活動，下列何者有誤？（A）角落活動屬於分組活動的一種（B）角落的開放宜採漸進方式（C）角落布置不宜隨單元變化（D）角落的設計應隨時透過觀察以修正補充。（84.四技商專）

（B）27.在遊戲中，「沙」對幼兒所具有的價值，下列何者最不適宜？（A）提供觸覺經驗（B）培養良好習慣（C）提供合作經驗（D）發揮想像力。（84.四技商專；88.中夜專）

（B）28.下列關於學習角落的規劃，何者錯誤？（A）角落的動線宜事先規劃，避免干擾（B）對於小班幼兒，角落玩具應量少種類多（C）動態與靜態的角落活動應作區隔（D）角落的玩具、材料宜配合單元主題多作變化。（83.四技商專）

（B）29.下列關於幼兒玩沙的注意事項，何者錯誤？（A）幼兒手上有傷口時，最好不要玩沙（B）沙坑最好遠離洗手檯，避免孩子玩水受寒（C）教師須經常查看沙質是否潔淨（D）須和幼兒討論玩沙的安全事項，再行開放。（83.四技商專）

（A）30.將全班幼兒編成小組，以小團體方式進行教學活動，屬於下列哪一種教學型態？（A）分組活動（B）團體活動（C）個別活動（D）角落活動。（83.四技商專）

（A）31.下列何種學習角落，幼兒較常出現創作性活動？（A）工作角（B）科學角（C）數學角（D）語文角。（83.四技商專）

（C）32.下列哪一個角落可讓幼兒進行實驗與自然觀察？（A）娃娃家（B）音樂角（C）科學角（D）工作角。（83.四技商專）

（B）33.下列何者不屬於心理組織法的特點？（A）適用於幼稚園、小學的課程（B）使學生獲得系統的知識（C）教材適合學生的能力、經驗及興趣（D）教材組織多不能兼顧學科本身的論理系統。（83.四技商專）

（C）34.根據課程的心理組織法編製的幼兒教材，最能達到下列哪一項優點？（A）能使幼兒獲得系統的知識（B）顧及教材完整性（C）適合幼兒的能力與經驗（D）適合社會各階層的需要。（82.四技商專）

（D）35.關於幼兒活動角的使用，下列敘述，何者正確？（A）角落布置力求固定，不宜隨單元變換（B）幼兒每日習作的角落，不應加以限制（C）教師居主導地位，並是幼兒性向，將幼兒分配到不同角落（D）幼兒自發學習，教師作觀察記錄。（82.四技商專）

（B）36.下列關於活動角布置的敘述，何者有誤？（A）活動角應依幼兒的興趣設置，擺放豐富的學習材料（B）圖書角、科學角、積木角等較安靜的活動宜毗鄰布置（C）以圖片裝飾布置時，其高度應適合幼兒身高（D）若室內空間不足時，可採輪流方式，不須同時布置所有的活動角。（84.四技商專）

（A）37.關於圖書角的布置，下列何者不宜？（A）開放式書架的書應越豐富越好，讓幼兒有更多選擇（B）放置圖書時宜將正面朝上，以吸引幼兒閱讀（C）可放置布偶或紙、筆等，提供「說」與「寫」機會的教材（D）可放置錄音機與兒歌錄音帶等，提供「聽的學習教材。（84.四技商專）

（A）38.美國契小學（KeySchool）的教育模式，下列描述何者為非？（A）學習為教師單向的注入，且孩子們親自動手操作（B）學徒式的混齡學習環境，教孩子如何擇其所愛，並發展合適的環境（C）課程架構在主題上，將七大領域合起來，以方案方式進行活動成為交

融性課程（D）使用靜思教室培養孩子的專注力。（88.嘉南、高屏夜專）

（C）39.課程設計者將共通性（一般性）或特殊性的需求、團體（社會）個人的需求，反映在各課程的比例上，稱之為（A）順序性（B）統整性（C）均衡性（D）關聯性原則。（88.嘉南、高屏夜專）

（C）40.幼教老師在日常生活中，言行舉動的「身教」，對於幼兒是一種什麼類型的課程？（A）正式課程（B）顯著課程（C）潛在課程（D）計畫課程。（85.保甄；88.嘉南、高屏夜專）

（C）41.下列何者非課程設計，泰勒（Tyler）模式的基本原理？（A）教育是改變人類行為形式的一種過程（B）課程、教學與學習的範圍都是可以感覺得到，可以量化、操作、外表性的行為（C）編製課程的第一步是以人本主義的觀點來訂立明確而不含糊的行為目標（D）根據目標選擇教材、組織內容、發展教學程序，並實施教學評鑑。（88.嘉南、高屏夜專）

（D）42.課程倫理中之「過程模式」的特徵，下列描述何者為非？（A）過程模式是一種開放的系統（B）強調教育是一種過程（C）強調教育是經驗的重組（D）重視開放的、形式化的學習環境。（88.嘉南、高屏夜專）

（D）43.美國High／Scope之主動式教學模式設計所提的五大要素不包括下列何者？（A）幼兒的語言（B）大人的支持（C）材料（D）控制。（88.嘉南、高屏夜專）

（A）44.預設觀察反思作決定調整觀察反思，上述之過程為以下何種教學方式？（A）反省式教學（B）發展式教學（C）預設式教學（D）鷹架式教學。（88.嘉南、高屏夜專）

（B）45.下列何者不屬於心理組織法的特點？（A）適用於幼稚園小學的課程（B）使學生獲得系統的知識（C）教材適合學生的能力、經驗及興趣（D）教材組織多不能兼顧學科本身的理論系統。（86.嘉南、高屏夜專）

（D）46.單元活動是認識自己至家庭，最後是國家，這樣的安排是屬於哪一項原則？（A）由易而難（B）由具體到抽象（C）由簡到繁

（D）由近到遠。（86.嘉南、高屏夜專）

（D）47.一般在探討幼兒教保課程理論的建構模式時，應考慮（A）追求之教育目標（B）組織學習經驗，使教學更有成效（C）如何評價學習經驗的效果（D）以上皆是。（84.嘉南、高屏夜專）

（C）48.下列敘述何者為是？（A）基本教學模式是由Glaser所提出，其模式是始業行為進而教學過程進而教學目標進而教學評量（B）幼兒教育課程有三大理論基礎，心理學、人類學、哲學（C）課程的廣義定義則意指課程不僅是計畫，是目標也是學科與教材，更是一種經驗（D）以上皆是。（84.嘉南、高屏夜專）

（D）49.教室內相鄰的遊戲角和學習角位置，下列何者不宜？（A）積木角與扮演角（B）美勞角與科學角（C）沙箱與音樂角（D）圖書角與木工角。（84.88.保甄；87.北夜專）

（A）50.有關「潛在課程」的敘述，何者不正確？（A）可事先設計（B）隱含在正式的課程中（C）老師的身教即是一種潛在課程（D）會影響正式課程的學習。（87.北夜專）

（D）51.下列敘述何者正確？（A）活動課程適用於國小階段的兒童（B）「小蝌蚪變青蛙」的單元最好安排在9～12月（C）教授「歷史」宜採用心理組織法（D）核心課程教偏重論理組織法。（87.北夜專）

（A）52.下列何種情況不適合實施團體教學？（A）教師想透過活動瞭解幼兒的程度和反應（B）全園性的表演活動（C）過程短且內容廣泛的活動（D）升旗典禮。（87.北夜專）

（D）53.下列何者不是團體活動的教育功能？（A）培養分工合作的精神（B）增進人際關係（C）分享共同經驗（D）適應幼兒個別差異。（86.北夜專）

（C）54.教材組織應以幼兒的何者為基礎，逐漸擴大其範圍？（A）成果（B）想像（C）經驗（D）態度。（86.北夜專）

（B）55.下列何角落不宜設置於娃娃家鄰近，以避免受干擾？（A）積木角（B）圖書角（C）木工角（D）音樂角。（86.北夜專）

（B）56.下列何者非正確的幼兒活動是布置原則？（A）交通方便（B）開

放式的環境（C）易觀察記錄（D）分隔空間的櫃子應較矮，以利觀察。（86.北夜專）

（C）57.下列何者為混齡教學編班方式的最大優點？（A）能有整齊的程度（B）方便團體教學（C）能符合家庭成員及社會實況（D）以適應個別差異。（86.北夜專）

（D）58.混齡教學的編班方式，最大的優點為何？（A）能適應個別差異（B）能有整齊的程度（C）方便團體教學（D）符合家庭成員及社會化實況。（84.保甄；86.北夜專）

（A）59.幼兒在園內進行自發性的學習活動，教師則隨機觀察指導，這是（A）自由活動（B）個別活動（C）分組活動（D）團體活動。（82.幼教學分班；86.北夜專；87.中夜專）

（A）60.下列哪一個學習，較需要靠近水龍頭設置？（A）扮演角（B）科學角（C）益智角（D）積木角。（85.北夜專、保甄；88.中夜專）

（C）61.關於教材之心理組織法，下列敘述何者正確？（A）學生較能獲得系統的知識（B）教材較不適合學生的興趣、能力（C）適用於幼兒的學習（D）它以教師、教材為導向。（85.北夜專）

（B）62.托兒所內幼兒進行黏土塑造活動，最好以下列哪種方式進行？（A）團體教學（B）小組教學（C）個別指導（D）不拘方式。（85.北夜專）

（C）63.有關學習角落使用之注意事項，下列何者不正確？（A）可配合單元學習活動，安排個學習角落的特色（B）應標明各學習角落適合使用的人數（C）全部學習角落應同時安排供幼兒自由選擇（D）教師可藉幼兒在學習角落的活動做觀察記錄。（85.北夜專）

（A）64.下列的學習角落安排在一起，何者最適合？（A）積木角、娃娃角、偶戲角（B）積木角、圖書角、娃娃角（C）科學角、音樂角、積木角（D）木工角、圖書角、科學角。（85.北夜專）

（C）65.當一托育機構剛要開始實施角落教學時，下列何種方式不適宜？（A）應採逐漸開放的方式（B）儘量以團體活動的方式示範角落的使用方法（C）學習角的材料及種類要多樣化，以吸收幼兒的注意力（D）訂定各角落的使用規則。（88.北、中夜專）

（B）66.依循目標模式的課程發展分為四個步驟，此四個步驟依序為：（A）目標→組織→內容→評鑑（B）目標→內容→組織→評鑑（C）目標→內容→評鑑→組織（D）目標→評鑑→內容→組織。（88.中夜專）

（A）67.依據現行家事職業學校課程標準，「知覺」是屬於何種課程領域內容？（A）身體發展的領域課程（B）語文課程領域（C）創造性課程領域（D）探索性課程領域。（88.中夜專）

（B）68.下列有關「角落教學」之敘述何者錯誤？（A）並非隨時開放所有的角落（B）選擇一個角落後，不被允許更換（C）除讓孩子能自我學習外，教師可適時的予以引導（D）儘量提供能達到自我糾正，自我學習功能的教具。（86.北夜專；88.中夜專）

（D）69.有關科學角的敘述：①科學角愈簡省、封閉，則幼兒科學知識愈廣博；②放置有關的簡易科學儀器；③避免儀器損壞僅教師可操作；④各種物品宜經常保持清潔、注意安全，下列何者錯誤？（A）①②（B）②③（C）②④（D）①③（87.中夜專）

（A）70.幼兒進行自發性的學習活動，教師可隨機觀察指導之教學型態為：（A）自由活動（B）個別活動（C）分組活動（D）團體活動。（87.中夜專）

（A）71.下列何者不屬於布魯姆（Bloom）認知領域的教育目標？（A）態度（B）理解（C）分析（D）應用。（87.中夜專）

（D）72.有關積木的活動設計，下列何者錯誤？（A）操作積木區應鋪上地毯，減少撞擊的噪音（B）積木角應有較寬敞的空間，並遠離動線（C）收拾時間快到時，宜事先提醒幼兒預備收拾（D）須一次及提供各種不同種類、形狀之積木，以利幼兒選擇。（87.中夜專）

（B）73.下列何項課程不是屬於探索的課程領域？（A）數學（B）文學（C）科學（D）社會。（86.87中夜專）

（B）74.有關「活動課程」之敘述：①意即經驗課程或設計課程；②根據幼兒的經驗、能力、興趣和需要來組織教材；③重視教材本身系統的完整性；④以「活動」為教材組織的單位，下列何者正確？

（A）①②③（B）①②④（C）①③④（D）②③④。（87.中夜專）

（B）75.強調學習者的經驗、興趣、需要與能力，而不顧及教材本身的完整與否之課程組織為：（A）論理組織法（B）心理組織法（C）水平組織法（D）垂直組織法。（87.中夜專）

（C）76.有關室外環境的設計與布置，下列何者錯誤？（A）沙池或沙箱為保持衛生均須加蓋以防貓狗進入（B）平衡板底下須鋪上墊子增加安全度（C）避免著涼感冒，不宜設置水池（D）使用蹺蹺板時，須留意防震措施，並避免用力蹬地。（87.中夜專）

（C）77.有關幼兒每日作息安排的敘述，下列何者錯誤？（A）須注意動、靜態活動的平衡（B）幼兒心理上的需求應予以特別的注意（C）作息表訂定後，須確實執行，不可變更（D）擬定作息表時，還須考慮幼兒的學習經驗與目的。（87.中夜專）

（B）78.在安排幼兒作息時間表時，宜注意的原則中，下列敘述何者為非？（A）各項活動類型應相互平衡（B）餐點的安排應特別注意幼兒心理上的需求（C）作息表必須有彈性（D）全日制的下午時間，宜安排一些較輕鬆的活動。（88.日專）

（C）79.各類紙材、黏土、各種空罐紙盒、膠帶台等設備，較適合置放於（A）娃娃區（B）益智區（C）美勞區（D）科學區。（88.保甄）

（A）80.何者不是課程的四要素之一？（A）資源（B）方法（C）內容（D）目標。（87.保甄）

（C）81.「數量形」是屬於那一種課程領域的內容？（A）身體發展的課程領域（B）語文的課程領域（C）探索的課程領域（D）創造性的課程領域。（87.保甄）

（B）82.托兒所大班幼兒適合的課程編制類型是（A）分科課程（B）活動課程（C）核心課程（D）廣域課程。（87.保甄）

（D）83.幼兒感受的老師教學時態度親切，環境布置的祥和柔美此屬於（A）顯著課程（B）正式課程（C）空白課程（D）潛在課程。（87.保甄）

（C）84.布魯姆（Bloom）的認知目標中最高層次是（A）評鑑（B）分析

（C）應用（D）知識。（87.保甄）

（D）85.教材排列的方法何者錯誤？（A）由簡至繁（B）由易而難（C）由具體而抽象（D）由新經驗到舊經驗。（87.幼教系）

（C）86.就幼兒的認知而言，下列何者主題最不適合？（A）我的身體（B）家裡的人（C）國慶日（D）水裡的動物。（87.幼教系）

（D）87.課程設計時，讓同一主題在不同時期中重複學習，使學習者的成熟度及原有經驗又經刺激而得以擴展的方式，是利用何種課程內容組織原則？（A）關聯性原則（B）均衡性原則（C）統整性原則（D）延續性原則。（87.南夜專）

（C）88.下列何者最適於幼兒學習？（A）錄影帶（B）模型（C）實物（D）圖片。（87.保甄）

（D）89.有關幼兒教保活動設計的敘述，下列何者不適當？（A）各項活動最好互相關連（B）時間安排要有彈性（C）要配合幼兒的能力、興趣、經驗（D）最好依教材系統設計課程。（86.日專）

（D）90.下列對於幼兒園內學習角落的敘述，何者有誤？（A）依幼兒的興趣來設置（B）擺置充分的教具或玩具（C）採漸進方式逐步開放（D）幼兒最好能每天來回於每個角落。（86.中夜專）

（A）91.課程發展的首要任務是（A）訂定明確的目標（B）安排學習環境（C）瞭解學習內容（D）設計完善組織。（86.中夜專）

（D）92.下列何者學習角的象徵遊戲最多（A）益智角（B）科學角（C）數學角（D）積木角。（86.中夜專）

（D）93.教師針對能力較高者，或學習遲緩者給予特別輔導，這是屬於哪一種教保型態？（A）角落活動（B）自由活動（C）分組活動（D）個別活動。（85.中夜專）

（A）94.能促進幼兒發展自動、自我規律、增進自我概念的教保活動是哪一種？（A）角落活動（B）自由活動（C）分組活動（D）個別活動。（85.中夜專）

（D）95.哪一種角落的玩具能夠提供幼兒自我學習、發展空間、數、架構觀念，和社會行為發展？（A）娃娃角（B）益智角（C）創作角（D）積木角。（85.中夜專）

（B）96.下列敘述何者為錯誤？（A）採用心理組織法可使教材比較適合幼兒學習（B）就教學的起點宜採自動原則、個性適應原則（C）對幼兒的教學宜提供具體事物（D）在教材排列時要依由易而難，由已知至未知等原則。（85.中夜專）

（A）97.托兒所教師每天為幼兒安排課程時，以下列何組排列較合適？（A）先進行講故事之後、戶外活動（B）先進行戶外活動之後、唱遊（C）先進行認知活動之後、繪畫（D）先進行講故事之後、團體討論。（85.中夜專）

（D）98.下列何者不應是開放教室中學習角落使用的原則？（A）依幼兒興趣補充教材（B）教師作觀察記錄（C）角落間應有適當區隔（D）剝奪幼兒參與角落的權利作為行為不當時的懲罰方法。（84.中台專）

（D）99.教材的選擇不需要考慮下列哪一個原則？（A）注重生活性（B）配合時令及社會需要（C）具有統整性（D）具有精緻性。（83.中夜專）

（D）100.以某一科目為中心，其他學科力求與此中心學科相配合，此類課程稱為（A）合科課程（B）科目課程（C）廣域課程（D）核心課程。（83.中夜專）

（B）101.學習的教材由近而遠、由易而難、由具體到抽象，這樣的課程組織是一種（A）水平組織（B）垂直組織（C）網狀組織（D）螺旋組織。（83.中夜專）

（C）102.下列何者對於幼兒是最具體的教學資源？（A）大象圖片（B）蝴蝶標本（C）小白兔（D）人體模型。（85.保甄）

（C）103.下列何者不適合幼兒戶外教學前的準備工作？（A）預備醫藥箱（B）與幼兒討論預測戶外可能看到的事物（C）多準備糕點糖果，讓幼兒在戶外食用（D）查看戶外教學的場地。（85.保甄）

（A）104.幼教界通稱的「角落活動」或「角落時間」，其性質主要是一種：（A）自由活動（B）個別活動（C）團體活動（D）分組活動。（85.保甄）

（D）105.下列何者是進行團體活動的主要意義？（A）老師講解單元的有

關概念（B）幼兒練習注意聽講、遵守常規（C）便於教室的管理和秩序的維持（D）幼兒與人分享共同的經驗。（85.保甄）

（A）106.發現教學法的課程組織型態是（A）廣域課程（B）科目課程（C）活動課程（D）核心課程。（85.保甄）

（A）107.建構遊戲常出現於下列哪一個學習角？（A）泥工角（B）圖書角（C）扮演角（D）科學角。（85.保甄）

（B）108.在幼兒的活動室內，下列哪一個學習角不適宜舖設地毯？（A）工作角（B）圖書角（C）積木角（D）娃娃家。（85.保甄）

（D）109.老師引導幼兒進行團體討論，下列何者是適宜的說話？（A）我看誰最注意聽老師說（B）小芳做得最好，我最喜歡他，請他說說看（C）哪位小朋友動來動去，就不讓他說（D）我看到哪位小朋友舉手，就請他說說他的想法。（84.保甄）

（B）110.布置幼兒的圖書角時，下列方式何者不宜？（A）靠近窗口設置（B）圖書直立重疊擺置（C）放置幼兒自製的書（D）舖設地毯、枕墊。（84.保甄）

（B）111.在開闊的教室，常以櫃子、桌椅或架子分隔學習區或遊戲角，下列何者不是其目的或功能所在？（A）避免幼兒在教室內奔跑（B）便於分配幼兒的小組活動（C）讓幼兒選擇所要從事的活動（D）引發幼兒之間更多的互動。（84.保甄）

（D）112.幼兒正在遊戲角或學習區活動時，老師的工作不宜是（A）和幼兒一起玩（B）發問（C）觀察（D）做教具。（84.保甄）

（D）113.適用於幼兒的課程組織型態是（A）核心課程（B）科目課程（C）行為課程（D）活動課程。（83.保甄）

（D）114.幼兒在學習區域或遊戲角的活動結束後，進行分享活動的主要目的是（A）展示和比較作品（B）練習當眾發表（C）檢討常規和秩序（D）彼此欣賞和自我肯定。（83.保甄）

（C）115.下列哪一個遊戲角，幼兒常出現建構遊戲？（A）音樂角（B）科學角（C）積木角（D）扮演角。（83.保甄）

（A）116.下列哪一類玩具，較不常引發幼兒一起玩團體遊戲？（A）穿珠（B）積木（C）沙（D）扮家家。（83.保甄）

（B）117.幼兒學習的原則是：（A）由圖片→符號→圖像（B）由實物→圖像→符號（C）由符號→圖片→實物（D）由圖片→實物→符號。（83.保甄）

（D）118.下列哪一個單元主題最適合小班幼兒？（A）自然的奧秘（B）奇妙的太空（C）星星、月亮和太陽（D）下雨天。（85.日專）

（A）119.關於課程組織的型態，下列敘述何者錯誤？（A）「科目課程」的特色是各科知識體系完整，適合托兒所教學（B）「活動課程」的優點是重視個別差異及教材的實用性（C）「活動課程」的缺點是易忽視教材本身的知識體系（D）「核心課程」的缺點是易忽視教材本身的知識體系（D）「核心課程」重視完整生活經驗的獲得。（85.日專）

（B）120.當器材不夠，幼兒需要按順序輪流分享時，最好採用下列何種活動？（A）團體活動（B）小組活動（C）個別活動（D）自由活動。（85.日專）

（D）121.關於幼兒大團體活動的功能，下列何者錯誤？（A）幼兒可分享共同的經驗（B）可養成幼兒團隊精神（C）可提供分工合作的機會（D）容易發現幼兒的能力、興趣與需要。（84.日專）

（D）122.托兒所每一活動段落時間不宜過長，是因為幼兒的何種特性？（A）好奇心強（B）模仿性強（C）想像力豐富（D）注意力短暫。（84.日專）

（A）123.將全班幼兒編成小組，以小團體方式進行教學活動，屬於下列哪一種教學型態？（A）分組活動（B）團體活動（C）個別活動（D）角落活動。（83.日專）

（B）124.提供給幼兒的教材，應注意的原則有：①多樣而豐富；②具創意；③購自坊間，設計精美；④原始素材。正確答案是：（A）①②③（B）①②④（C）①③④（D）①②③④。（85.幼教系）

（B）125.下列何者不符合使用教材「由近到遠」原則？（A）呈現小孩自己的衣服，而後看世界各國服裝（B）先討論熊，再討論狗（C）先觀察教室內東西，再去園外（D）先看現代的房屋，再看古代房屋。（85.幼教系）

（C）126.幼兒園裡進行作品分享與欣賞時，下列何者最不宜發生？（A）時間以5到10分鐘爲宜（B）多嘉許幼兒的嘗試、獨特的想法及感覺（C）爲確保公平，應讓每位幼兒每次都有發表的機會，不必太顧慮時間的長短（D）幼兒發表時，教師應耐心傾聽並鼓勵幼兒完成句子。（85.幼教系）

（A）127.團體分享活動最重要的目的在於：（A）給予幼兒肯定，建立自信心（B）比較作品之優劣，確立標準（C）給予幼兒展示自己作品的機會（D）訓練幼兒發表的能力，以適應競爭的社會。（85.幼教系）

（B）128.就①天氣；②下雨；③晴天和雨天三單元而言，請依大中小班順序排出各班適合之單元：（A）①②③（B）①③②（C）②①③（D）②③①。（85.南夜專）

（B）129.以自然爲中心的單元活動設計，在教學方面應注意：（A）儘量避免引導幼兒自動自發學習（B）團體性教學與個別化教學要適當的配合運用（C）在實際生活中學習，以傳授方式進行（D）以上皆是。（84.南夜專）

（B）130.下列敘述何者爲正確？（A）設計幼保單元時，最重要的是要注意幼兒身心發展的原理原則，其他則不重要（B）單元的選擇可來自幼兒生活的重要層面（C）單元行事曆詳盡敘述，才能讓人看了明瞭（D）以上皆是。（84.南夜專）

（B）131.戶外活動是室內活動學習的延伸，帶孩子外出，爲了維護孩子安全，必須：（A）闖越馬路（B）事前討論安全問題（C）順其自然（D）破壞公物。（84.南夜專）

（A）132.下列哪一項爲內容最豐富、最具體的教材？（A）自然（B）角落（C）沙坑（D）繪畫。（84.南夜專）

（B）133.幼兒來園到正式開始的這段時間，最適合採取何種活動型態？（A）分組活動（B）自由活動（C）團體活動（D）個別活動。

（B）134.關於托兒所作息時間分配的敘述：①在劇烈活動後，應有3至5分鐘的靜息；②半日班的幼兒可於上午十點供應點心；③說故事時間以30分鐘最好；④由老師自行安排上下課時間，不須硬性規

定。下列何者較適宜？（A）①②（B）①②④（C）①②③（D）①②③④

（B）135. 根據我國「幼稚園課程標準」，幼稚園課程設計應以：（A）合科課程（B）活動課程（C）行爲課程（D）核心課程之設計型態做統整性實施。（79.幼教學分班；80.幼教系；82.幼專）

（C）136. 選教材時，下列何者不適？（A）選免費、便宜或品質好的教材（B）多選基本教材（C）多選昂貴而品質好的教材（D）選能使幼兒主動參與的教材。（82.幼教學分班）

（C）137. 要使現代的教材達到最好的活動進行效果，最佳的方法是：（A）隨時確實的評量（B）完全照章實施（C）只選擇可行的內容（D）選擇自己適用的內容。（82.幼教學分班）

（C）138. 幼稚園老師在選擇教材時最主要考慮的原則是根據：（A）時令季節（B）經費多寡（C）教學目標（D）教師專長。（82.幼教學分班）

（C）139. 爲適應幼兒個別差異，教師課採用何種教學型式？（A）討論（B）觀察（C）分組（D）混齡。（82.幼教學分班）

（A）140. 幼兒的沙箱宜用哪種沙？（A）顆粒較粗的沙（B）顆粒較細的沙（C）粗細的沙各辦混合使用（D）粗沙1／3、細沙2／3混合使用。（82.南師幼）

（B）141. 理想的幼教教材組織方法宜採：（A）論理的組織法（B）心理的組織法（C）分科組織法（D）行爲組織法。（81.台公幼）

（C）142. 以下何者對單元名稱最具影響力？（A）教學資源（B）結果評量（C）目標（D）活動內容。（81.幼教學分班）

（A）143. 編制幼兒課程時，年齡愈小所選擇的內容或活動，應以何者爲優先？（A）概念性的學習（B）特殊性的學習（C）應用性的學習（D）抽象性的學習。（81.幼教學分班）

（C）144. 活動課程的缺點是：（A）不重視個別差異（B）忽視教材的實用性（C）忽視教材本身之知識體系（D）不以兒爲教育中心。81.幼教學分班）

（C）145. 發現教學法的課程組織型態是（A）廣域課程（B）科目課程（C）

活動課程（D）核心課程。

（D）146.以某一科目爲中心，其他學科力求與此中心學科相配合，此類課程稱爲（A）合科課程（B）科目課程（C）廣域課程（D）核心課程。

（D）147.具有加深加廣及補救教學作用的學習方式是：（A）分組活動（B）學習區活動（C）資源教室（D）以上皆是。（81.北公幼）

（B）148.幼稚園的教學型態依性質分有：（A）偶發性活動、個別活動、自由活動、隨機式活動（B）團體活動、個別活動、自由活動、分組活動（C）分組活動、依計畫活動、團體活動、個別活動（D）個別活動、團體活動、隨機式活動、偶發性活動。（79.幼教學分班；81.保甄）

（B）149.四十多年來我國幼兒教育教材教法發展之趨向，下列何者最正確？（A）以幼兒爲本位，轉至以教師爲本位（B）從全班一致性活動轉爲多樣性的活動型態（C）學習環境由室外移至室內（D）以幼兒的學習活動轉移至以教材爲中心的教學活動。（80.幼專）

（B）150.大單元設計教學法的教材組織是採下列何種方式爲主？（A）學科組織法（B）心理組織法（C）論理組織法（D）知識組織法。（80.幼專）

（D）151.教師在設計教學活動時，小班仍然以個人活動爲主，大班就要學習分工合作的態度，乃是因幼兒心理發展的何種特徵做實施？（A）爲分化性（B）可塑性（C）社會化性（D）自我中心性。（80.幼教學分班）

（B）152.教師選擇教材時，最應注意什麼原則？（A）能爲國小課程預作準備者（B）要以幼兒能直接經驗者（C）能符合幼兒家長之需求者（D）要能培養幼兒抽象思考能力者。（80.幼專）

（A）153.依據幼兒發展，下列何物最適合幼兒教育教材？（A）水果實物（B）現售水果模型（C）教師自製水果模型（D）水果圖片。（80.幼專）

（C）154.依幼稚園課程標準中教學型態的說明，幼稚園可分成幾種班別？

（A）大、中、小班（B）大、中班（C）大、小班（D）中、小班。（80.中公幼）

（C）155.下列何者為幼兒教材的排列原則之一？（A）由未知到已知（B）由遠至近（C）由簡至繁（D）由抽象到具體。（79.幼專）

（D）156.下列何者是安排教學活動必須依據的？（A）學生人數的多寡（B）而統身心成熟度（C）教師與學生之間的關係（D）以上皆是。（79.幼教學分班）

第三章

幼兒教保
課程的領域

一分鐘提示

　　本章主要在探討教保的四大課程領域（身體、語言、探索、創造）及六大課程內容（健康、語文、音樂、工作、常識、遊戲），幼兒能否培養成完整的人格，端賴於此，可謂幼兒教保課程的心臟。各領域的目標、內容、教學方法、實施要點，每年必考，請務必熟讀之。

重點整理

模擬試題

歷屆試題

重點整理

壹、「幼稚園課程標準」法規沿革

	時間	內容
公布	民國18年8月	「幼稚園暫行課程標準」，此為我國幼稚教育有課程標準的開始。
第一次修訂	民國21年10月	改為「幼稚園課程標準」。
第二次修訂	民國25年7月	將「社會」與「自然」合併為「常識」。
第三次修訂	民國42年5月	將幼稚園課程範圍分為「知能訓練」和「生活訓練」。
第四次修訂	民國63年4月	將「知能訓練」融入「生活訓練」中，分為健康、遊戲、音樂、工作、語文、常識等六大領域。
第五次修訂	民國76年1月	・明列幼稚教育五大目標： △維護兒童身心健康。 △養成兒童良好習慣。 △充實兒童生活經驗。 △增進兒童倫理觀念。 △培養兒童合群習慣。 ・明列幼稚教育六大課程領域：健康、遊戲、語文、工作、音樂與常識（社會、自然及數、量、形概念），以遊戲統整各領域。 ・明列「實施通則」，內分四大項： △課程編制。　△教材編選。 △教學活動。　△教學評量。

貳、「幼稚園課程標準」實施通則

	要點
課程編制	・以生活教育爲中心。 ・不得爲國民小學課程的預習和熟練，以免影響幼兒身心發展。 ・以活動課程設計型態作統整性實施。 ・活動設計以幼兒爲主體，教師爲輔。 ・儘量將課程設計成遊戲的型態。
教材編選	・教材的選擇要點： △ 符合幼兒的教育目標。 △ 考慮實際情況及需要：配合幼兒需要及個別差異、時令及社會需要、幼稚園環境及設備三種情況。 △ 注重生活性、價值性、基本性、多樣性、統整性。 ・教材組織：以幼兒的學習經驗爲基礎。 ・教材宜依幼兒需要、興趣轉移兒彈性編列，相關單元得視需要而增減內容，使分別適用於不同班別、對象或情境。
教學活動	・教師行爲： △ 教師除在教學前編訂單元教學計畫之外，並應在每一單元教學前布置適當的環境，準備充足的教具或實物，以引起幼兒的學習動機和興趣。 △ 教師教學時，對於單元教學目標的達成、態度、情感、興趣、是非觀念的培養、知識概念、動作技能的學習均應重視。 △ 教師對幼兒良好習慣的養成，要從基本習慣開始，在日常生活中不斷重複與練習，當幼兒有好的表現時要給予讚賞，以期養成自動學習的精神。 △ 身爲教師，要以身作則。 ・教學方法： △ 教學方法眾多，並無好壞之分，教師應針對目標、幼兒能力和教學資源條件等，採取適當的教學方法。 △ 凡思想、概念的學習活動，宜採用啓發教學的方法，以發展幼兒思考能力。 △ 凡語文、美術及音樂等學習活動，宜採用發表教學法。 △ 凡語文符號的熟識記憶、動作技能的學習活動，在理解之

教學活動	後，宜採用練習教學法。 · 教學型態：（參閱第二章 教保活動的型態）
教學評量	· 教師應根據教學目標進行教學評量。 · 教學評量應包括前評量、教學活動中的評量、後評量及追蹤評量。 · 評量的方法有觀察、記錄、口述、表演、操作、作品。 · 評量的工作從教師和幼兒兩方面分別進行。 · 評量的結果，除了作為教師改進教學及輔導幼兒的依據外，並應通知學生家長。

參、培養完整人格兒童的四大課程領域

課程領域	內容	目標
身體	知覺發展、身體發展	· 良好的生活習慣與態度。 · 預防疾病維護自身安全。 · 善用感官探索周遭環境。 · 活動能力的平衡與律動。 · 愛好積極參與運動的精神。 · 肢體感覺動作間的協調。
語言 （溝通或社會）	語言發展、文學、閱讀及寫前準備	· 良好的說聽習慣與態度。 · 瞭解語意善用口語表達。 · 良好的閱讀習慣與興趣。
探索（智力）	數學、科學、社會研究、營養	· 良好的科學態度與方法。 · 認知數量形的基本概念。 · 創造思考解決問題能力。 · 適應關心團體生活能力。
創造性（情緒）	藝術、音樂、戲劇	· 欣賞審美發表創造能力。 · 善於使用各種材料工具。 · 愛好音樂畫畫自我表現。 · 善用造型表演活動表現事物。

肆、幼兒教保六大課程內容

一、健康的課程領域

（一）健康課程的教保目標：滿足身心需要，促進均衡發展；充實健康知能，培養習慣態度；鍛鍊基本動作，養成健全體魄；擴展生活經驗，發展社會行為；實施安全教育，獲得自護能力。

1.健康的身體：

（1）內容：

①健康的生活習慣：飲食、清潔、睡眠、穿衣、排泄、收拾以及閱讀、坐、臥、立、行等生活習慣。

②健康檢查：不時健康觀察、晨檢、定檢及特殊檢查。

③運動能力與興趣：

・利用感官、知覺，加上基本的動作、技巧以及使用簡單的運動器材玩遊戲運動。

・加入團體遊戲，遵守遊戲規則；並從中培養良好的習慣與態度，以及友愛、積極的精神。

・隨音樂做簡單的體操。

④疾病的預防：

・重視健康檢查，接受預防接種。

・牙齒清潔要維護，健康視力不忽略。

・有病受傷看醫生，公共場所毛巾不能用。

・認識容易感染的疾病，有傳染病者不接觸。

⑤營養和衛生：

・認識食物七大營養素（蛋白質、醣類、脂肪、礦物質、維生素、纖維素和水）。

・重視食物的營養和衛生。

・餐點的選擇與供應。

・培養良好的飲食習慣與態度。

（2）教材編選：

①配合幼兒能力、興趣、需要等的身心發展。

②教材的選擇要與生活經驗、生活環境、家庭背景有關。

③編選教材時，與單元活動設計或必要時，與餐點設計相配合。

④配合時令、季節變化。

⑤與其他各領域作統整性的設計與輔導。

（3）教學方法：

①用不斷的重複與練習來培養幼兒的健康習慣。

②從幼兒的生活或活動中隨機輔導。

③從遊戲中學習。

④透過實際經驗認識食物和營養。

⑤培養用餐前後及用餐時的健康習慣與態度；同時，教師不要忘了以身作則。

⑥飲食環境的整潔和用餐時的愉快氣氛要注意與維持；對一時不易糾正的不良習慣，可利用娃娃角的角色扮演來慢慢輔導，不需要立即強制糾正。

⑦可隨時做個別或團體的輔導。

⑧以角色扮演、木偶戲或故事表演等方式來啓發幼兒活動的興趣，及自動自發的精神。

（4）實施要點：

①善用積極正向的鼓勵言語，切勿威脅、恐嚇、打罵。

②晨檢時應指導幼兒如何正確地使用手帕和衛生紙。

③每學期應至少舉行1～2次的定檢，每個月要為幼兒量一次身高和體重，同時應與家長密切聯繫，並將檢查情形登錄學籍卡中送其參考。

④培養幼兒良好的衛生習慣，雙手要清潔，牙齒、視力要保健。

⑤共同維護園內、家庭、社區環境的整潔與衛生。

⑥戶外活動與遊戲宜多安排。

⑦餐點實施有訣竅：

‧餐點時間以上午10點、下午3點半左右最好，此時離正餐時間約2小時。用點心時間以15～20分鐘爲宜，太快或太慢均要輔導與改正。

‧餐點除了要營養、新鮮、易消化，還要符合經濟性、多變性的原則。

‧除了餐點美味可口之外，食物、器皿和調配過程的清潔和衛生都要注意。

‧指導幼兒輪流擔任餐點的分配工作，以培養分工合作的精神，又能滿足幼兒的表現欲。

‧幼兒如有偏食、拒食、或邊吃邊玩的習慣，應找出原因，給予個別的輔導；情況嚴重時要與家長聯絡，同時請教醫師或心理專家，以維護幼兒的健康。

‧餐點活動的同時，可隨機指導幼兒練習兒歌，或有關數量、形狀、自然、社會方面的常識。

‧用餐點時間勿限制幼兒交談，但應輕聲談話。

2.健康的心理：

（1）內容：

①心理需求：自尊、自信、獨立、表現、好奇、冒險、被愛、安全感……等等，幼兒心理需求方面的滿足。

②社會行爲與生活態度：互助合作、愛惜公物、遵守秩序、尊重他人、和善有禮、自立自尊……等等的培養。

③情緒生活：有幽默感、愉悅、情緒能適當宣洩的生活。

（2）教材編選：

①配合幼兒身心發展、興趣與需要，設計或選擇各種不同的學習活動，諸如：個別遊戲、小組遊戲、團體遊戲。

②健康的心理應在各項課程中實施，不宜單獨施行。

（3）教學方法：

①善用社會化教學法，教學時應加強幼兒的學習過程和社會行爲的表現。

②善用選擇、轉移及限制行爲不限制願望的方式輔導幼兒

的行為。

③針對幼兒的個別差異，應透過觀察、角色扮演、郊遊、參觀、展覽等活動來給予適當的輔導。

（4）實施要點：

①宜多設計各種遊戲與團體活動，鼓勵幼兒實際參與，並從中獲得滿足。

②處理幼兒的問題要公正、合理，並能尊重、關心、接納幼兒。

③在活動中，除了滿足幼兒的好奇心之外，應給予幼兒自由思考與表現的機會，對於良好的行為與表現要適時讚美與鼓勵，對於不好的行為要適時誘導。

④提供良好的情緒環境，並能引導幼兒的情緒發洩。

⑤教師須以身作則、言行一致，以為榜樣。

3.健康的生活：

（1）內容：

①安全的知識：有關室內、外、飲食、交通、水、火、電，以及藥品、危險物品的安全教育。

②意外事件的預防和處理：包括預防、處理的方法與態度。舉例：

‧流鼻血的處理方法：教師讓幼兒坐著，頭部略向前傾，用手緊捏鼻子5～10分鐘，再用濕冷的棉花或衛生紙捲成細長條，塞入鼻孔中，同時用濕冷的毛巾敷在幼兒的前額和鼻樑上。

‧中暑的處理方法：輕微中暑，可將幼兒移到陰涼處休息，額上敷冷毛巾，再給他喝鹽水補充水分。體溫上升到40度，中暑比較嚴重的幼兒，可將他移到陰涼處仰臥平躺，用冷水不停的灑在幼兒的全身，讓體溫降下來後，再移到冷氣房，或吹電扇即可。

‧觸電的處理方法：如果發現幼兒觸電，要趕快將觸電的人和電源分開。在室內要立刻關掉總開關，或拔掉

插頭。在室外要把電線從觸電者的身上移開。

· 燙傷的處理方法：一般而言，燙傷可依燙傷的程度分為表皮燙傷、中層燙傷（會生水泡）、深度燙傷（已經傷害到各層皮膚的皮下組織）等三度燙傷。如表皮發紅、腫脹、疼痛時，可將傷處浸在冷水中約10分鐘，讓皮膚冷卻。其他層次的燙傷一定要找醫生處理。燙傷的急救口訣要記牢：沖→脫→泡→蓋→送。

· 骨折的處理方法：一般而言，如果幼兒受傷部位疼痛、紅腫，就要考慮是骨折了。處理的方法是固定傷處（將受傷部位平放→放上夾板→用布條將傷口上下端綁好），送醫治療。如果幼兒的頸部及背部骨折，此時，老師千萬不要去移動他，只能為幼兒保暖，叫救護車送醫治療。

· 脫臼的處理方法：先幫幼兒冷敷，減輕疼痛、腫脹，然後依照骨折的方法去急救。

· 扭傷的處理方法：先幫幼兒冷敷，墊高患部，然後送醫。

· 昆蟲螫傷的處理方法：如果幼兒被蜜蜂、跳蚤、毛毛蟲、螞蟻等螫傷，可塗上阿摩尼亞水或是抗過敏劑軟膏。

· 嚴重出血的處理方法：一般制止大量出血最快的方法是「直接壓迫止血法」和「止血帶止血法」。止血帶止血法是在傷口上方5～10公分的地方綁緊，每20分鐘鬆綁一次，同時請人打電話叫救護車，直接送醫。

③靜息與健康：靜息（或安靜）、靜臥、睡眠，皆為休息，對人體健康至為重要。

（2）教材編選：

①配合單元活動、偶發事件，實施安全教育。

②靜息應隨活動需要實施，不拘泥形式，室內外均可進行。

③靜息曲應選擇節奏緩慢、旋律優美的曲子。

④動態活動後應安排靜態活動。

⑤教材的編選應設計統整於其他的活動課程中。

（3）教學方法：

①正確示範使用工具、玩具和運動器材的方法。

②活動前與幼兒討論有關安全的問題，活動後再與幼兒共
同檢討。

③多利用故事、圖片、角色扮演、影片、幻燈片、模型、
實物，以及參觀、報告等方式實施教學。

④藉著運動遊戲、體能活動來培養諸如平衡感、協調性、
敏捷性⋯⋯等基本動作的能力。

⑤教學與輔導時要積極，不要消極性的阻止。

⑥利用各種活動、機會及偶發事件來實施隨機教學。

（4）實施要點：

①安全的生活：

・對於各種工具、器皿、玩具，以及室內外各項設備的
設置，要注意安全性，並應隨時檢查維護、去除障礙
物，以策幼兒安全。

・指導幼兒正確使用工具、玩具、遊戲和運動器材。

・設置衛生保健室，充實醫藥設備，並隨時注意藥品的
使用時效。

・隨時注意學校餐點和飲水的衛生與安全，並與家長密
切配合，共同實施各項安全教育。

・除了交通規則和行走注意事項要報導之外，幼兒來園
的接送以及娃娃車的安全也要特別注意。

・不可因為防範意外傷害的增多，而限制幼兒的戶外遊
戲。

・對於幼兒的情緒發展及變化，以及幼兒的人際關係，
皆應多加注意與輔導。

②靜息與健康：

・實施時間：靜息在餐點或大量活動之後，每次約3～5分鐘；靜臥（全日制幼兒）每日約1～2小時。

・實施地點：靜息依活動需要在室內或室外舉行。靜臥需要在安靜、空氣流通的地方，且要有寢室、寢具。同時要注意衛生和安全。

・利用靜息培養幼兒良好的睡眠、清潔、整理等習慣。

・靜臥時應有教師在旁照顧，全園也要保持安靜。

・對於不肯入睡的幼兒，只要不擾亂到他人，不宜勉強。但教師要耐心的指導與鼓勵，讓幼兒能逐漸地養成靜息的習慣。

・催醒時不論用音樂或其他方式，都要漸漸地讓幼兒清醒。

・選擇優美安靜的曲了，在欣賞陶冶中養成幼兒安靜的習慣。

二、語文的課程領域

（一）語文課程領域的範圍：根據民國76年1月所公布的「幼稚園課程標準」，語文課程領域的範圍是．故事與歌謠，說話，閱讀。

（二）語文課程的教保目標：

1.培養幼兒閱讀、問答和發表的興趣。

2.發展幼兒欣賞、思考和想像的能力。

3.陶冶幼兒優美的情操和健全的品格。

4.啓發幼兒語言的潛能，增進幼兒語言的能力。

5.培養幼兒良好說話與聽話的習慣與態度。

（三）語文課程領域的四人教保內容：此乃根據課程標準發展出來。

1.傾聽

（1）教保目標：養成傾聽的良好習慣與態度；學習爲具有精確辨別能力的聽者。

（2）內容：分辨音調、速度、節奏、韻律等聽的辨識力與理解力。

（3）教材編選：

①講述有關日常生活的事物。

②聽故事。

③配合單元活動，提供各種不同物體、動物，以及人為的聲音給幼兒聽。

④幫幼兒傾聽日常所能聽到的聲音。

⑤提供各種傾聽經驗，諸如讀通知單給幼兒聽，內容要豐富、有意義。

（4）教學方法：

①教師說明時，聲音要適當，內容要簡單扼要，次序分明，不可大聲吼叫。

②運用不同種類的視聽器材，同時注意環境的安排。

（5）實施要點：

①所設計的傾聽活動，時間不宜太長（不超過15分鐘）。

②傾聽時，應允許幼兒擺動或轉身。

③注意良好傾聽態度的培養。

2.說話

（1）教保目標：

①增進語言能力。

②培養說話、聽話的良好習慣。

③培養問答和發表的興趣。

（2）內容：

①自由交談。

②自由發表：

· 用語言發表。

· 用造形發表。

· 用戲劇、音樂發表。

③問答：

・幼兒個別作答較佳。

・幼兒可以有多種不同的看法。

・問問題時，採開放式問法，而非封閉式問法；答案儘量避免單一思考型的「有」、「沒有」、「是」或「不是」。

④討論：

・活動前的討論。

・活動後的分享討論。

（3）教材編選：

①教材的內容，應適合幼兒的經驗、興趣與能力，也能顧及特殊幼兒（視聽覺障礙）的需求。

②教材的難度，能顧及幼兒的聽力、發表能力，且能與故事歌謠密切配合。

（4）教學方法：

①用「直接法」教國語，聽到語音即能聯想到事物，或看（想）到事物，即能說出語音。

②說話時，要用正確的國語發音。

③多採機會教學，並以實物、掛圖、模型、動作等示意，或用口頭問答的方式教學。

④可採用「演進語料」的方法。舉例：衣服→紅色的衣服→這是紅色的衣服。

⑤在日常生活中，隨時注意幼兒的發表能力、說話的技巧、習慣與態度。

（5）實施要點：

①幼兒也許不能清楚表達所要說的話，大人聽得懂即可，不可學幼兒說話。

②教師問問題的時候，儘量問開放性的問題；幼兒回答問題的時候，儘量回答全部。

③當教師問幼兒問題時，要給幼兒3～5秒或更多的時間思考問題，再回答。

④和幼兒說話時要清楚簡潔，也可用圖卡輔助。

⑤啟發及鼓勵幼兒說話，以加強幼兒說話的膽量與能力。

3.閱讀：

（1）教保目標：

①培養良好的閱讀習慣。

②增進閱讀的興趣。

③增廣見聞，吸收知識。

（2）內容：

①故事歌謠類。

②圖片畫報類。

③看圖說故事。

④教師／兒童自編故事。

⑤自然常識類。

（3）教材編選：

①主題正確，畫面生動（圖與文字的比例約4：1），色彩明顯，適宜幼兒閱讀者為佳。

②紙張不反光，不傷幼兒視力，且堅韌厚實，不易破損。

③板式大小合宜，裝訂堅實，不易鬆脫散頁。

④圖書題材有趣，但字體不宜過少。

（4）教學方法：

①設置開架式書櫃，圖書封面最好朝外，便於幼兒選擇、取閱。

②講述圖畫書給幼兒聽，以引起幼兒閱讀的興趣。

③鼓勵幼兒閱讀或共同閱讀，既能養成安靜學習的習慣，又能與他人分享閱讀的心得與經驗。

④鼓勵幼兒說故事；對於較大的幼兒，也可鼓勵他將故事改編成圖畫書。

⑤說故事後，就故事內容提問題，可讓幼兒回答，相互討論。

⑥視需要隨機指導幼兒圖與文的認知與瞭解。

（5）培養閱讀能力的方法：

①「看」的能力：

・辨別物體相同、相似或不相同的能力：這是辨別字形的準備，可從玩拼圖、穿珠、觀察環境中事物、討論物體特徵等活動中培養此等能力。

・視覺肌肉動作：眼睛隨物體移動方向而移動。可從連虛點（培養視肌由上而下，由左而右的能力），提供由左而右排列的圖片或卡片等活動中培養此等能力。

②「讀前準備」的能力：提供豐富的語言學習環境，以實際的經驗引導閱讀。

（6）實施要點：

①讓幼兒從「聽」、「說」、「圖書」中學習。

②讓幼兒懂得閱讀及保管圖書的方法。

③閱讀時間不要太長，最好讀40～50分鐘，就休息10分鐘。

④布置舒適合宜的閱讀環境，且能配合單元更換圖書。

⑤讓幼兒將好的讀物帶回家，親子共享共讀。

4.故事與歌謠：

（1）教保目標：

①培養欣賞、發表創作的能力。

②陶冶性情、啓發想像。

（2）內容：

①故事：民間故事、歷史故事、自然故事、童話、笑話、寓言、神話等等。

②歌謠：兒歌、民歌……等。

③兒童劇：話劇、木偶劇、歌舞劇……等。

（3）教材編選：

①故事結構要有自然的重複性，以及層次上的變化。

②兒童劇的劇本不要太長，最好不要超過10分鐘。

③故事及歌謠的選擇，要合於時代，且有教育意義。

④可將生活習慣、常識、周遭的時事新聞等材料編成故事，藉以引起幼兒興趣。

（4）教學方法：

①配合單元活動，安排適當的故事和歌謠。故事歌謠內容宜從幼兒已知的事物開始，漸漸擴展，以符合幼兒的生活經驗。

②教學時間可選擇幼兒注意力不集中時、工作時間太長時以及等待分配點心時。

③不要在門口或靠近玩具的地方說故事。幼兒可以在教師面前隨意坐，如果以半圓形或扇形的方式繞著教師坐最好。教師儘可能坐在椅子上說故事，不要坐在背光處，且圖畫書的位置要與幼兒的視線水平一致。

④在故事進行中，要掌握幼兒的興趣，說故事的時間最好不要超過15分鐘，且故事一次說完。

⑤說故事時，要用國語，語調合宜，內容口語化，避免兒語或口頭禪。

⑥鼓勵幼兒將故事內容複述、討論或表演，每一個幼兒都要有發表的機會。

⑦充分利用視聽教具或圖畫來增進故事教學的功效。

（5）寫前準備：

定義：手的小肌肉，手眼協調，基本動作，正確姿勢的學習與控制，以為「寫前」的準備。（依據幼稚園課程標準所規範，幼稚園不可教寫字）

練習三指抓物是寫前的最佳準備活動。其他諸如：畫畫、剪貼、捏黏土、穿珠、玩沙、玩積木等也是培養此等基本能力的活動。

三、音樂的課程領域

（一）音樂課程的教保目標

1.增進幼兒身心的均衡發展。

2.激發幼兒愛好音樂的興趣。

3.培養幼兒音樂的基本能力。

4.啓發幼兒對音樂的表現能力。

5.發展幼兒親愛、合作、快樂、活潑的精神。

（二）音樂課程領域的四大範圍

1.唱遊：唱遊活動在幼稚園的運用，多與其他的活動相結合，以引起動機、銜接活動、安撫情緒爲目的，藉此提高快樂、活潑、融洽的學習氣氛。

（1）內容：關於兒童歌謠、表演用的、遊戲的、常見動植物的、日常生活的、自然現象的、紀念日的、故事的、愛國的……等等。

（2）教材編選：

①歌詞和歌曲：歌詞的內容、長短、意義要適合幼兒的發展、生活經驗和口吻，曲意活潑、有生氣、富表情。歌詞的長度，每句一或二小節。歌曲的長度，八小節到十六小節爲宜，以C、D、E、F、G調爲主。

②音域和音程：音域以中央C到高音C的八度音爲主。音程以三度音到五度音爲宜。

③節奏和伴奏：節奏應爲二拍子（四二拍）→四拍子（四四拍）→三拍子（四三拍）。伴奏用簡單的和聲，節奏明顯就好。鋼琴、風琴、口琴、手風琴、節奏樂器……等都可用來伴奏。

（3）教學方法：

①爲吸引及提高幼兒唱新歌的動機，宜將歌詞編成生動的故事。

②「仿唱」和「聽唱」：教師一次唱完全曲讓幼兒模仿，再進而引到「聽唱」。

③一首新歌不須一次或一天內完全學會，可採「交錯漸離」的方法，即新舊歌曲交錯學的方式來學。

④習唱的方法要多變化，例如：

‧齊唱：齊聲唱，聲音不過大，時間不過長，次數不超過三次。

‧分組輪流唱。

‧接唱：先後分組唱。

‧獨唱。

‧默唱或哼唱：在心裡默唱或模仿各種聲音哼唱。

‧動作可由幼兒自編或師生共同創作。

（4）實施要點：

①教學前要熟練歌曲，注意習唱時的氣氛，不必注重糾正錯誤及技巧。

②幼兒唱歌時，音高要正確，音量要適當，心情要愉快，不可過分用力大聲叫或尖叫。

③練唱時，一位教師教唱，一位教師伴奏。

④教唱新歌流程：

‧先彈奏整首新歌一、二遍。

‧用單音彈奏，或以清唱的方式，示範及導唱整首歌。

‧模仿各種聲音，並配合動作，讓幼兒隨琴聲輕哼曲調。

‧歌詞、曲調同時學習，遇難處可多唱幾遍。

‧採「交錯漸離」方式學習。

2.韻律：所謂的「韻律」教學，是為了引導幼兒感受生活裡的各種韻律及節奏，同時利用音樂遊戲的方式，培養幼兒的韻律感。韻律教學能讓幼兒正確疏導情緒，自信、建立良好的情操，進而發展完整的人格。

（1）內容：

①模擬韻律：隨音樂的節拍模擬下列的動作：

‧「拍手」、「走」、「跑」、「跳」等基本動作的練習。教師示範，幼兒模仿。

‧日常生活習慣和事物的模擬。

‧動物動作的模擬。

　　　　・有表情和有故事性的模擬動作。

　　　　・幼兒的體操。

　　②自由韻律：幼兒運用肢體動作，隨心所欲自由表現「曲」
　　　　或「歌」的節奏。

（2）教材編選：

　　①韻律所選的曲子以二拍子的樂曲最適合。

　　②動作應與音樂的曲調相配合，輕鬆的曲調要配合活潑愉
　　　　快的動作；曲調由低音向高音走時，應有向上或向前的
　　　　動作，曲調由高音向低音走時，應有沉重或退後的動作
　　　　等等。

　　③韻律動作應配合：

　　　　・幼兒的動作發展及能力。

　　　　・時令季節。

　　　　・單元或活動主題。

　　　　・幼兒的生活經驗。

　　　　・幼兒喜愛的事物。

　　④韻律活動的步驟：大肌肉→手腳的聯合→全身的活動。

　　⑤韻律活動需要較大的活動空間，同時在空間的設計上要
　　　　考慮到幼兒的安全問題，避免可能的碰撞或推擠。

（3）教學方法：

　　①教學時要有音樂伴奏，且動作要有節奏感。

　　②隨著音樂節拍練習拍手動作。

　　③隨著音樂節拍做各種行進動作，循序漸進，走（輕輕
　　　　走、慢慢走、快走、足尖走、滑步走）→跳（單腳跳、
　　　　雙腳跳）→跑（慢慢跑、快快跑、奔跑）→跑跳步。

　　④隨著音樂節拍模擬不同動物的各種表情、動作與叫聲。

　　⑤教師在幼兒聽完故事後、參觀後、觀賞影片後、觀察動
　　　　植物及自然現象後，依當時情境鼓勵幼兒隨音樂即興創
　　　　作。

（4）實施要點：

①儘量鼓勵幼兒自由創作，教師從旁誘導。

②師生同歌共舞，更能提高幼兒的興趣與表演的能力。

③早上升旗後，可多安排韻律操，培養幼兒的韻律感。

3.欣賞：培養幼兒的音樂欣賞能力，是引領幼兒進入音樂殿堂的第一步，起步時間最好是從出生後的二、三個月開始。

（1）內容：

①聆聽各種聲音：聆聽各種自然界、人為的聲音（參閱語文課程領域中的傾聽）。

②樂曲的欣賞：培養幼兒對音樂的感受力。樂曲的內容、唱奏技巧不重要，只要幼兒喜歡聽，就可多播放。

③辨別聲音的大小、高低、強弱、快慢、長短等。

（2）教材編選：

①樂曲欣賞：選擇不同情境，聆聽固定的曲子，可培養幼兒對音樂的感受力，同時養成幼兒欣賞樂曲的習慣。例如：

‧睡眠時所聽的音樂：節奏要緩慢，曲調要優美。

‧起床時所聽的音樂：節奏要較快，曲調要活潑。

‧飲食時所聽的音樂：節奏要適中，曲調要優美。

‧遊戲時所聽的音樂：依遊戲的內容，選擇不同曲意的曲子。

‧升旗集合時所聽的音樂：節奏明顯、活潑輕快的進行曲。

②為幼兒選擇欣賞樂曲的注意事項：

‧提供幼兒欣賞的音樂曲目要明朗快樂，有韻律感。注意不要播放悲傷消極、過於平板呆滯的音樂。

‧除了名曲欣賞、古典音樂之外，各種樂器合奏的音樂，如國樂、交響曲、鋼琴彈奏曲、管弦樂等，各種中外、民俗、流行的音樂都是很好的音樂欣賞教材。

‧播放音樂不分時間、地點；各式音樂器材儘可能提供，讓音樂成為幼兒生活的一部分。

・利用琴聲以及「自然界」和「人爲」的各種聲音來感
受音的大小、高低、強弱、快慢、長短。

・把握機會，欣賞他人的歌唱、表演與合奏等任何有關
音樂的活動。

（3）教學方法：

①讓幼兒常聽同樣的曲子。

②讓幼兒自由自在地聽，但以不妨礙他人爲原則。

③讓幼兒透過自己的聲音、語言、身體的動作，或者自然
界的聲音來做各種遊戲。

（4）實施要點：

①讓幼兒反覆聆聽不同的音樂。

②藉著音樂培養幼兒良好的生活習慣。

③欣賞音樂應與其他各領域配合實施，例如：講故事時可
襯托背景音樂，畫圖、做體能活動時也能播放合宜的音
樂。

④輔導幼兒在欣賞他人唱歌、做韻律以及敲打樂器、合奏
時能安靜的聆聽，並養成習慣。

⑤訓練幼兒辨別聲音的大小、高低、強弱、快慢、長短
時，不妨透過生動活潑的遊戲來進行，這類活動要避免
形式化、訓練化、呆板化。

⑥教學時，可介紹富於教育性的音樂家故事給幼兒聽。

4.節奏樂器：節奏教學先讓幼兒從環境中人爲的、自然的或機
器發出的聲音中體會節奏，再利用節奏樂器教學，更能培養
幼兒正確的節奏感。

（1）內容：

①敲打節奏樂器：利用大、中、小鼓、鈴鼓、響板、三角
鐵、木魚、鈸等各種不同的打擊樂器來敲打。鼓類主要
是打拍子用。響板打節奏用。鈸常用在曲子的開始或結
束，用法是：左右手各持一個鈸，左手往下，右手往
上，兩鈸相敲後立即分開，能增加聲音的響亮。

②敲打克難樂器：利用廢物或類似節奏樂器的音響物來敲
打。

③小樂隊合奏：組成小樂隊來合奏，既能培養團隊精神，
又能滿足合奏的樂趣。

（2）教材編選：

①所選樂曲要節奏明快，曲調活潑，以二拍、四拍、三拍
者為宜。節奏的強弱以所敲打的樂器而有所不同，如節
奏需要最強時，可加入全部的樂器。

②節奏應按幼兒的能力，適當地加入各種變化。

③以現有的樂器編選樂曲，使用樂器時要考慮樂器數量的
多寡會影響音量的平衡。選擇樂器時要考慮音高是否完
全相同。

（3）教學方法：合奏的指導方法：

①教師先將所要演奏的歌曲彈奏一次，藉以引起幼兒學習
的動機。

②教師隨著音樂的旋律，以拍手示範，一拍一音，再一拍
二音，兩者交互配合，帶領幼兒拍手。二拍子是強、
弱；三拍子是強、弱、弱；四拍子是強、弱、次強、
弱。可由教師加以變化練習。

③教師介紹各種節奏樂器的名稱，同時示範正確的拿法和
敲打法。

④隨音樂試奏全曲。

⑤各類樂器分組練習。

⑥再依規定節奏形式隨音樂練習。

⑦幼兒要注意指揮。

（4）實施要點：

①練習的時間不要太長。每次20～30分鐘就好。

②每一個幼兒都要有敲奏各種不同樂器的機會。

③樂隊隊員以男女幼兒混合編組較佳。

④合奏是為了培養幼兒的團隊精神和學習的興趣，不必太

注重演奏技巧的表現。

⑤樂隊排列要注意隊員的身高及樂器的種類。

⑥樂隊小指揮要遴選反應靈敏、注意力集中、聰明活潑、音感好又特別喜愛音樂的幼兒輪流擔任。

⑦培養幼兒等待、輪流、自動領取、使用樂器、收拾樂器的好習慣。教導幼兒保護和保管樂器的方法。樂器放置的高度要便於幼兒的取拿。

⑧唱歌、韻律及團體遊戲時，可用節奏樂來製造氣氛。

（5）音樂的三大要素：旋律、節奏、和聲。

（6）幼兒音樂發展的重要性：幼兒音樂能力發展的基礎是語言、動作和聽覺，而聽覺的刺激更居首位。音樂是透過聲音做媒介，達到聽覺美的陶冶為主要目的。它能轉移幼兒的負面情緒，改變幼兒的行為，對幼兒將來的發展有潛移默化的功效。對於5～6歲的幼兒來說，就很喜歡自編歌詞或自編動作，對於團體一起活動的方式來表達的音樂，也感極大的興趣。

（7）目前影響幼兒音樂的教學流派：

①高大宜音樂教學法：認為歌唱是音樂教育的開始，教學重點在於「視奏」，讓幼兒以視奏的技巧來瞭解樂譜。

特色：

・經由視覺和手勢的動作來感受曲調高低的「手部信號」法。

・利用適當的字來表示各種的基本拍子，便於唸出來和拍出來的所謂「節奏數法」。

・使用的樂器是喉嚨。

②道格羅斯（Dalcroze）音樂教學法：強調用肢體語言來表現音樂。特色：

・用極度固定音名的方法來引導幼兒記譜和讀譜。

・使用的樂器是身體和律動。

③奧福（Orff）音樂教學法：認為音樂、律動和語言是不

可分的，而節奏又是它們共有的元素。所以幼兒學習音樂最好的開始就是「節奏」。特色：

・教學內容有五項：說白、唱歌、律動、即興創作、樂器合奏。

・教學本土化。

・以幼兒的生活經驗爲素材。

・使用的樂器是說話、律動、所有樂器。

④山葉兒童音樂教學法：讓幼兒藉著不斷反覆的聽和練習來學習唱、彈、讀、合奏……。特色：

・強調親子一同學習。

・強調反覆練習。

・強調「重視鍵盤樂」的學習。

四、工作的課程領域

（一）工作課程的教保目標

1.滿足幼兒對工作的自然需求。

2.培養幼兒良好的工作習慣與態度。

3.促使幼兒認識工作材料與工具的使用方法。

4.擴充幼兒群體生活經驗及活動力。

5.培養幼兒的獨立性。

6.陶冶幼兒優美性情及提高其學習信心與興趣。

7.增進幼兒欣賞、審美、發表及創造的能力。

（二）工作課程領域的四大範圍

1.繪畫：

（1）內容：自由畫、故事畫、圖案畫、合作畫、混合畫、顏色遊戲畫、版畫。

（2）教材編選：

①從幼兒生活中取材。

②從相關或偶發事件中取材。

③取材要考慮幼兒的身心發展和能力。

④繪畫的材料、工具和方法要時常變換，才能引起幼兒畫畫的興趣。

（3）教學方法：運用各種的繪畫用具、顏料和方法來引導幼兒表現個人的想像力和創意。

①自由畫：以各種素材自由創作。

②合作畫：三五幼兒共同決定題材設計畫面，分頭作畫。

③故事畫：將熟悉的故事，分段落、重點，分別作畫，結集成故事畫。

④混合畫：使用各種不同的畫筆構成熱鬧的畫面。

⑤顏色遊戲畫：以不同的顏料和畫筆作畫。幼兒線畫最常使用蠟筆。對小、中班的幼兒可採用「限制材料，不限制主題」的方式指導幼兒作線畫。對大班或部分中班的幼兒可採用「限制主題，不限制材料」的方式指導作畫。

⑥圖案畫：用相同或不相同的線條、圖形自由交叉糾合，以不同的顏色畫出圖案。

⑦版畫：利用各種材料諸如：玻璃、木板、黏土、紙張、實物、塑膠片等製成版，再拓（壓）印成畫。版畫有多種，以凸版最適合幼兒。

（4）實施要點：

①師生合作，共同蒐集相關資料，設計布置繪畫環境。

②聯絡繪畫的各項有關活動要有始有終，使活動不中斷。

③作畫時，不可強求幼兒畫出物像。畫出想像的物像即可，自由畫或合作畫也可。

④不同的紙張、不同的操作法，會展現出不同的畫面。讓幼兒從過程中體驗紙質與技法的殊異。

⑤繪畫過程中，教師應隨機作知能、興趣、技巧、態度、習慣上的輔導。讓學習氣氛在關切、鼓勵、讚揚中顯得更融洽。

⑥完成作品後，要安排師生共同欣賞、分享。

第三章 幼兒教保課程的領域

⑦讓幼兒從繪畫活動中，養成合作及收拾整理的習慣。

2.紙工：

（1）內容：剪貼、撕紙、摺紙、紙漿、紙條、造型設計、廢
紙等紙工。

（2）教材編選：

①選用各種紙質的材料，由幼兒自由想像來創作成立體、
半立體或平面的成品。

②選用的材料和操作的方法要適合幼兒的能力與興趣。

③多利用廢物來設計製作，以培養幼兒手腦並用的能力。

（3）教學方法：用各種不同質料的色紙創作造型。

①剪貼工：用紙剪成各種圖形，貼成畫面。所用的紙質不
要太厚，初習貼畫從排列造型開始較好。幼兒的剪紙練
習宜用漸進的方式：直線→斜線→曲線、彎線→幾何圖
形。

②撕紙工：將紙撕成各種形狀貼成畫面。

③摺紙工：用紙張（色紙）摺成各種形狀，欣賞或遊戲
用。幼兒初學使用單一顏色的色紙較佳。教學方式以小
組或分組較好。

④紙漿工：用衛生紙、報紙、毛邊紙等泡水絞爛後，擰乾
水分，加上漿糊或南寶樹脂，當成材料，塑造成動物、
面具、傀儡頭等造型。

⑤紙條工：利用紙條的捲、摺，穿插編織，製做成各種立
體造型。

⑥造型設計：將紙任意切割、摺疊成圖案及造型。

⑦廢紙工：蒐集各種不同的包裝紙、畫報、紙盒、塑膠
盒、舊信封、紙口袋等製做成手套玩偶及各種手工藝。

（4）實施要點：

①幼兒彼此要互相學習，遇到困難，教師只宜暗示及建
議，不能越俎代庖。

②工具的使用要先示範，再給予幼兒實際操作練習的機

會。

③讓幼兒能使用各種不同的工具諸如：釘書機、打洞機、裁紙刀、膠帶等，以增加幼兒的工作經驗。

④讓幼兒透過撕、剪、摺、貼、編、插等各種紙工技能來完成各式的作品。

⑤養成隨手收集廢紙的習慣，但要注意廢物的清潔與安全。

⑥善用機會增加幼兒的認知，同時注意幼兒的個別差異，使其能獨自完成作品。

⑦培養工作後收拾整理的習慣。

3.雕塑：

（1）內容：泥工、沙箱、積木、雕塑。

（2）教材編選：

①泥工宜選用較易揉搓塑造的材料，添加色彩亦可。

②沙箱宜選用顆粒較粗的沙，須經濾過雜質後，配上各種玩沙的基本工具，由幼兒自行建構。

③積木的選用，體積、質地、色彩、大小不一，由幼兒自由裝排。

④雕塑材料的質地要軟，須準備基本工具，由幼兒雕塑。

（3）教學方法：

①泥工：用各式材料，諸如：陶土（黏土）、紙黏土、油土（塑膠泥）、彩色麵粉等隨幼兒意念雕塑成各種模型。

②沙箱：用白沙、玩具、雜物、工作成品等玩沙用品等隨意設計、布置庭院、高山、水池、交通要道。

③積木：各式大、小積木隨意進行各類建構。

④雕塑：用肥皂、蘿蔔、蕃薯、軟木，以及其他的材料雕塑花紋，蘸上印色蓋在紙上。

（4）實施要點：

①幼兒工作時播放音樂，讓幼兒在愉悅、悠遊的心情下感

受表現和創作的喜悅。

②安排幼兒欣賞他人或名家的作品，鼓勵幼兒發表欣賞後的感想與看法，激發幼兒對美好事物的興趣與關注。

③使用塑膠泥或彩色麵團做泥工時，以單色為宜，麵（泥）團的大小以拳頭大為宜。教學時以小組方式進行最好。

④不要一次給予太多種類的積木。

⑤沙箱附近要有洗手臺，方便幼兒就近洗手和清潔工具。

⑥工作結束後，指導幼兒善後清理。

⑦完成作品時，師生共同欣賞。

4.工藝：

（1）內容：木工、縫紉、通草工、廢物工。

（2）教材編選：

①選用適合幼兒身材、輕重、大小的基本工具，以及粗鬆的軟木，讓幼兒磨光木塊，從事黏合、釘木等活動。

②縫紉時，要準備大號的縫針，粗細不一的線、繩，以及韌性較強的紙或單色的布、硬紙板，讓幼兒穿線或縫圖案。

③通草工需選用粗細不一的通草及工具，由幼兒創作立體或平面的造型。

④廢物工需要蒐集各種廢棄物，清理後讓幼兒製做各類的造型。

（3）教學方法：

①木工：用木條、木片、木柱等隨意黏貼或釘牢成為立體的模型和玩具。

②縫紉：使用特製的縫紙、大針以及毛線，按照線條或自由練習穿連。

③通草工：將通草染色、切段，設計成動物、花球、卡片、項鍊等。

④廢物工：蒐集空罐、雞毛、蛋殼、果核、木屑、落葉、貝殼、碎布、汽水瓶蓋、空盒等，加以清理分類，製做

成各式造型的手工藝品或克難樂器。

（4）實施要點：

①每種工藝活動均須事先計畫和準備，以決定材料的種類、數量以及時間的多寡，並與幼兒再討論、再準備，逐步完成。

②充分供應工具和材料，讓幼兒能按照自己的能力與興趣，自由選擇與操作。

③縫紉時，縫線最好用雙線，尾端打上結以免縫針滑落。

④木工場所最好在教室外另闢一角，幼兒可以專心操作，又不會干擾到其他幼兒的活動。大班的孩子較為適合。

⑤使用工具時要注意安全維護。

⑥工作完成後，師生共同欣賞。

（5）工作與幼兒：透過繪畫、紙工、雕塑、工藝等活動，可奠定幼兒往後在生活中使用各種工具材料的經驗，充實幼兒的生活，激發幼兒對美的感受力，豐富幼兒的想像力與創作力。所以我們可以說幼兒「造型」就是幼兒「工作」，幼兒「工作」就是幼兒「美術」。

（6）幼兒藝術能力的發展階段：

①無控制期：9個月～1歲半。會做無意義的線描。對筆敲擊發出來的聲音比對筆的功用更感興趣，即所謂的「點錯畫」。此時應提供幼兒大張不易破的紙、粗大不易斷的筆、易清洗的顏料。

②塗鴉期（錯畫期）：1歲半～2歲半。繪畫特徵：點錯畫→橫線錯畫→直線錯畫→圓形錯畫→波浪形及曲線錯畫→錯綜混合的錯畫。

③象徵期（命名期）：2歲～2歲半。幼兒還不能畫出具體的形象，卻能為他自己所畫的圖命名，且會對自己的畫加上象徵性語言的說明。

④前圖式期（蝌蚪期）：2歲半～4歲半。喜歡畫人物，尤其是畫自己，所謂的「蝌蚪人」。

⑤圖式期：4歲～8歲。表現特徵最多的一期，喜歡畫生活中熟悉的題材，想到什麼就畫什麼。有時所畫的圖中人或物都是向四周或向上下展開，且經常是透明式的畫法。這時期的兒童常依照記憶中的事物來畫，而不是畫實物，稱之為「概念畫」。

（7）造型課程指導過程：課前準備→引導幼兒構想→工作時之指導→評鑑欣賞。

五、常識的課程領域

（一）常識課程的教保目標

1.啟發幼兒對自然現象和社會生活的關注與興趣。

2.引導幼兒觀察與分析自然和社會環境。

3.培養幼兒愛護自然及社會生活的習慣與態度。

4.培育幼兒學習自然科學的正確概念、態度與方法。

5.激發幼兒對數、量、形的學習興趣，並有簡單應用的能力。

（二）常識課程領域的三大教保內容

1.社會：

（1）教保目標：

①培養幼兒自我概念的建立。

②培養幼兒互助、合作和樂群的精神。

③培養幼兒拓展人際關係，觀察社會環境，適應團體生活。

④豐富幼兒對我國重要節日及民俗活動的認識。

⑤激發幼兒對社會事物的關注與興趣，輔導幼兒社會化（適應新環境→建立人際關係→認識文化）。

（2）內容：

①個人生活習慣與態度。

②個人對外界事物及現象的關注與興趣。

③個人在社會生活中的習慣與態度。

④個人對家庭、社區的生活及社會機構的認識，包括：

食、衣、住、行、育、樂與日常生活的關係，重要節
日、民俗活動、名勝古蹟的認識、愛護與欣賞。

（3）教材編選：

①教材要能符合幼兒的身心發展與需求。

②教材要以幼兒的生活為中心。

③教材內容要配合時令節日。

④教材內容不應只偏重認知，應涵蓋習慣、態度的養成，
以及生活技能的學習。

⑤教學資源應包括鄉土教材和廢物利用。

⑥教材除應配合社會和社區的需求之外，還要顧及幼稚園
本身的條件。

⑦所編選、設計活動的開展、延續，乃至最後的統整，前
後要互相連貫與銜接。

（4）教學方法：

①用討論、參觀、觀察、角色扮演、郊遊、蒐集、展覽、
拜訪親友等方法來教學。

②著重幼兒的親身感受、體驗與觀察，避免用直接灌輸的
教學方法。

（5）實施要點：

①入園之初，以輔導幼兒能適應園內團體生活為先，進而
輔導幼兒願意，甚至喜歡團體活動，以期養成合群的習
性。

②有關習慣的養成、態度的培養、家庭倫理觀念的建立，
必須配合幼兒的身心發展，同時與家庭取得聯繫，共同
實施。

③讓幼兒從不斷重複和練習中，建立良好的生活習慣與態
度。

④選擇幼兒能接觸到或瞭解的相關節日和地方性節令活
動。

⑤周圍的「人」、「事」、「物」與「偶發事項」皆是本課

　　　　　程的活教材。

　　　　⑥園外參觀活動的教學要注意：

　　　　　　·事先勘查地點。

　　　　　　·攜帶師生通訊錄、急救物品。

　　　　　　·培養幼兒的危機意識。

　　　　　　·培養幼兒學習危機處理的方法。

　　　　　　·注意活動時的師生比例。

　　　　　　　（2～3歲的師生比例為1:5；4～5歲的師生比例為1:8；6歲的師生比例為1:10）

　　2.自然：

　　（1）教保目標：

　　　　①培養幼兒觀察、愛護動植物的情操。

　　　　②啟發幼兒對自然現象的關注與興趣。

　　　　③建立幼兒學習自然科學的正確態度與方法。

　　　　④促使幼兒獲得從自然中滿足生活的初步經驗。

　　（2）內容：

　　　　①常見的動植物。

　　　　②飼養與栽培。

　　　　③自然現象。

　　　　④自然環境。

　　　　⑤人體的構造。

　　　　⑥衛生常識。

　　　　⑦動力與機械。

　　　　⑧工具與用具。

　　（3）教材編選：

　　　　①應以幼兒身邊可以接觸到的、感受到的東西取材，並與時令季節配合。

　　　　②設計時要顧及其他各領域的關聯性和統整性，同時配合科學教育、生活教育、創造思考教育。

　　　　③每一種科學活動的設計應包含下列三種行為目標：

・科學概念的獲得：依幼兒身心發展的順序，與小學銜
接但不重疊。

・科學方法的學習：觀察、比較、分類、配對、對應、
序列、發表、實驗、推理、應用、10以內的數字等。

・科學態度的培養：好奇進取、負責合作、虛心客觀、
細心、信心、耐心、發表、自動自發、喜歡創造、欣
賞等。

④科學較具的種類：

・配對：將相同的東西配成對。

・分類：將相同的東西歸在一起。

・對應：將兩種及兩種以上的東西一一做對應，比較哪
邊多。又可分為：

A.相似物間的對應。

B.互補物間的對應。

C.序列對應：依某種順序對應排列，但順序間不一
定具有等量關係。

D.等量序列對應：依某種順序排列後再對應，但順
序間有等量的關係。

・序列：數的順序排列或大小、長短、粗細的依序排
列。

（4）教學方法：

①讓幼兒透過五官的感受，從做中學，教師應準備實物或
教具，用下列遊戲的方法來引導：

・照顧遊戲。

・操作遊戲。

・實驗遊戲。

・觀察遊戲。

・發表遊戲。

②自然科學的教學應著重在幼兒整個學習的過程，以及適
時、恰到好處地引起幼兒的學習動機，不過於詳盡也不

過少。

③讓幼兒有充分的時間自由操作，操作中要多思考、多發現。

④應採用開放性的問句，及注意回答問題的技巧，不要直接說出答案。

⑤活動前後應經常和幼兒討論，以激發幼兒思考、想像、解決問題的能力。

（5）實施要點：

①布置合宜的學習環境，提供豐富的材料、教具，讓幼兒從遊戲中學習。

②讓幼兒從自然環境中，實際的觀察、飼養、栽種，以培養幼兒愛護動植物及喜愛觀察的態度。

③對需要長期觀察、實驗的活動，讓幼兒逐日記錄。

④注意目標以外的學習，對於幼兒所發現的問題，要把握時機適時引導。

3.數、量、形：

（1）教保目標：

①促進幼兒瞭解數、量、形與日常生活間的關係。

②增強幼兒對數、量、形、空間等的初步認識，且能應用。

③啟發幼兒對數、量、形的關注與興趣。

（2）內容：

①物體、數、量、形的比較。

②阿拉伯數字：0～10數字的辨認。

③物體的單位名稱（量詞）。

④認識基本圖形。

⑤順數與倒數。

⑥方位。

⑦質量：同數量的物品在形狀改變時數量不變。

⑧時間概念：星期日到星期六。

⑨結合與分解。

（3）教材編選：

①教材的編選與排列，應配合幼兒的認知發展階段。

②將數、量、形融入有關的單元活動中，並與其他課程配合。

③學習10以內數目的結合與分解。

（4）教學方法：

①隨機教學。

②實物教學。

③教具教學。

④透過團體遊戲來學習。

⑤從有規律的日常生活，以及每週、每日的幼稚園主要活動中，啓發幼兒對時間的概念。

（5）實施要點：

①依據幼兒身心的發展，個別的差異，個別輔導。

②幼兒期數量形的輔導著重在實物操作，從中建立概念，而不是唱數。

③開始輔導時，不唱數，先輔導幼兒分類、配對、對應、比較多少或相等的概念。

④根據幼兒「數」發展的特徵輔導，其發展特徵如下：

・自我中心。

・可塑性。

・具體性。

・注意力集中在一點。

・無法瞭解狀態變化與量的關係。

・對因果關係概念不太成熟。

六、遊戲的課程領域

（一）遊戲課程的教保目標：

1.增進幼兒身心健康與快樂。

2.增廣幼兒知識與生活經驗。

3.發展幼兒創造思考的能力。

4.增進幼兒解決問題的能力。

5.滿足幼兒愛好遊戲的心理。

6.滿足幼兒個別差異的需要。

7.培養幼兒互助合作、樂群的品德。

8.培養幼兒公平競爭、遵守紀律、愛惜公物的社會品德。

（二）遊戲課程領域的五大教保範圍：

1.感覺運動遊戲：

（1）內容：

①大小肌肉的遊戲。

・大肌肉的遊戲：溜滑梯、盪鞦韆、拍球、跳繩……等遊戲。

・小肌肉的遊戲：畫畫、剪貼、玩黏土、穿珠子……等遊戲。

②視、聽、觸、嗅、味的感覺遊戲。

（2）教材編選：

①選用能使幼兒手指肌肉發展和手眼協調的用具或活動，諸如：餐具、剪刀、畫畫、塗抹以及穿戴衣物、扣鈕扣等。

②配合單元主體，多設計能夠幫助幼兒大肌肉、手腳、手眼協調以及發展社會行為的團體遊戲。

③利用廢物製做遊戲道具。年紀較大的幼兒不妨自製道具。

④安排室內外的參觀郊遊活動，善用附近的公園作為幼兒活動的場地。

（3）教學方法：

①指導原則：自動、興趣、體驗、練習、暗示、個性化與社會化等原則。

②指導型態：個別、團體、分組、隨機。

③指導形式：模仿遊戲、故事遊戲、角色扮演遊戲、競爭比賽遊戲、唱歌韻律遊戲、觀察實驗遊戲等形式。

（4）實施要點：

①配合幼兒一天的活動和需要來安排運動遊戲，不必硬性規定。

②遊戲前，應示範說明遊戲器材的基本安全使用方法，遊戲中，要細心觀察幼兒的使用情形。

③遊戲規則要遵守，表現機會人人有，和睦相處個個歡。

④遊戲中幼兒的行為、人際關係、興趣、情緒變化、特殊問題，皆要注意。

2.創造性遊戲：

（1）內容：

①造型遊戲：繪畫、拼貼、塑造雕塑。

②語文創作遊戲：造詞、看圖說故事、故事接龍。

③音樂創作遊戲。

（2）教材編選：

①利用原始的或周遭可利用的材料來進行有關的造型活動。

②利用自然界的各種聲音來創作歌詞、歌曲。

③利用故事、兒歌來從事律動及戲劇的表演。

④利用故事、兒歌內的某一常用的字彙來做造詞遊戲。

⑤利用幼兒的舊經驗及活動進行後，來做故事接龍遊戲。

⑥模仿動物動作。

（3）教學方法：

①讓幼兒從遊戲中學習。

②將幼兒有關語文的創作做成紀錄；有關音樂的創作用錄音機錄下；有關繪畫的創作拍照，在團體討論時，可將成品拿來欣賞、分享、布置與鼓勵。

（4）實施要點：

①提供安全、有內容、有氣氛的創作環境，讓幼兒可全力

從事創作。

②注重幼兒個別性差異的表現，讓幼兒有安全感又能獲得鼓勵。

③不隨意批評幼兒的成品，但要注重創作時的態度。

3.社會活動與模仿想像遊戲：

（1）內容：

①社會活動的探討。

②娃娃角遊戲。

③模仿社會節慶活動遊戲。

④聽故事後的角色扮演遊戲。

（2）教材編選：

①以幼兒的生活為中心，搭配其他的課程、做統整性的設計。

②配合時令節日。

③內容應涵蓋認知、技能、習慣、態度和能力的學習與培養。

（3）教學方法：以各種方式和經驗來介紹人類的社會活動，諸如：實物、模型、參觀、遠足、角色扮演、蒐集資料與展覽、訪客、歌曲、舞蹈、書本、圖片、照片等。

（4）實施要點：

①社會資源要善用，家庭聯繫要密切，家長多參與活動。

②對於習慣、態度的培養，應配合其他單元做長期性、連貫性的輔導。

4.思考及解決問題遊戲：

（1）內容：

①動植物生長。

②人體構造。

③物理和化學現象。

④自然現象和景象。

⑤數的概念。

⑥其他：拼圖、猜謎語。

（2）教材編選：

①根據幼兒所能具體感受到的、經驗到的東西作為教材。

②設計時要能涵蓋有關概念、方法、態度方面的學習，並能與其他課程相連貫。

（3）教學方法：使用開放式的問題，發問後的停頓時間大約平均3～5秒。

（4）實施要點：

①安排富刺激、合宜的學習環境，空間、設備、材料、時間皆充足，讓幼兒探索思考。

②讓幼兒充分自由操作、試探，教師不干涉，但注意安全。

5.閱讀及觀賞影劇及影片：

（1）內容：

①看故事圖片、圖畫書、故事書。

②看電影、電視、幻燈片。

③看木偶戲、話劇、戲劇。

④聽收音機、錄音帶。

（2）教材編選：

①提供各種快樂、讚美、感嘆、敘述、說理等不同性質的聽話經驗。

②配合幼兒的能力、興趣與需要，編選可陶冶心性、富教育意義的讀物和影片。

（3）教學方法：讓幼兒從遊戲中學習。

（4）實施要點：

①布置一個有充足照明且圖書豐富的角落，讓幼兒在舒適、安靜的環境下隨意取拿讀物閱讀。

②教導幼兒愛書惜書的方法並養成習慣。

③讓幼兒在悠遊的氣氛下閱讀、聆聽、觀賞，並懂得「好書要和好朋友分享」。

④教導幼兒看書、看電視要保持適當的距離。書本與眼睛
的距離25～30公分，看電視與畫面長度要保持六到八倍
的距離，畫面的高度要比眼睛低15度，每看30分鐘要休
息10分鐘。

6.戲劇：幼兒在戲劇活動中的扮演，可以說是一種身體力行的
學習過程。其在幼兒教保的創作課程領域中日漸重要。

（1）教保目標：

①提昇概念的澄清、增加解決問題的能力。

②學習自我的控制、增加自由表達的能力。

③學習觀察與思考、提昇自由創造的能力。

④幫助情緒的發洩、平衡調節內外的壓力。

⑤培養藝術的欣賞、提昇社會適應的能力。

（2）內容：

①創造性肢體活動：運用身體的四肢、五官。

②戲劇遊戲：有意象、戲劇性的表現，如：扮家家酒、雙
簧小人戲、默劇、模仿遊戲……等。

③偶戲（或傀儡戲）：操縱偶來演出劇情、故事。如：皮
影戲、布袋戲、懸絲偶、手指偶、手套偶、布偶……等
等。

④演劇（或劇情戲）：依照劇情，由人來扮演角色所演出
的戲。

（3）教材編選：

①創造性肢體活動：編選時應由認識身體各部分開始，在
逐漸進入運用身體的各部分做動作，從粗略的動作到表
現細緻的動作，從生活中事物的模仿到創造。

②戲劇遊戲：教材不離生活經驗中的事物、可愛的動物、
故事中的人物、方法與規範（排隊、禮讓、交通安全…
…等）。

③偶戲：

‧選擇適合幼兒操弄的玩偶，如：布袋偶、手指偶、偶

棒、雜物偶、畫手指偶、影偶。

‧偶戲欣賞。

‧編排教材的次序。

‧選擇以生活經驗或幻想世界為題材。

④演劇（或劇情戲）：教材編選須考量幼兒的理解力和演出能力。可以幼兒的日常生活經驗、童話、寓言為題材。

（4）教學方法：

①創造性肢體活動：

‧用兒歌、樂器、道具、口令……，及幼兒熟悉的經驗等作為引導活動的媒介與進行。

‧常用的技巧有「欣賞」和「搭便車」。

‧邀請每一位幼兒都參與。

②戲劇遊戲：可用模仿遊戲、默劇、雙簧小人戲、即興劇（包括扮家家酒）等方式來教學。

③偶戲：

‧以各種方式介紹偶給幼兒。

‧選擇一個固定的偶，並賦予某種性格，既可作為行為輔導的媒介，又可拿來當作所有小朋友的好朋友。

‧利用語文角布置偶，以誘發幼兒主動玩偶。

④演劇（或劇情戲）：

‧決定故事的產生和編導方式。

‧與幼兒共同創作故事，其步驟如下：決定題材→輪流發表意見→綜合大家的主意。

‧編導：角色的分配、道具和演出的次序等，整個演出過程不必一開始就決定，活動也可以反轉過來發展。

‧布景與道具：

A.越簡單愈好。

B.拿隨手可得的東西做道具。

C.設計與製做的工作可由幼兒儘量參與。

．演出：演出前製做海報、節目單和預作配音，演出時
要製造高潮。

（4）實施要點：

①創造性肢體活動：

．活動空間要寬敞。

．活動進行的時間不必太長，約20分鐘左右。

．每一步驟最好能重複幾次。

．年齡愈小的孩子活動的時間要愈短，且老師的指導用
語更要故事化。

．提供道具時，先讓幼兒把玩，再進行活動。

．在活動進行時，須給幼兒「等待」的空間與時間，讓
幼兒探索，再給予另一個新的引導。

．給予指令時要顧及每位幼兒的需要。

②戲劇遊戲：

．用教室的角落來布置戲劇活動。

．教師是整個戲劇遊戲的設計者、道具提供者，但演出
和劇情的發展與表現要尊重幼兒的自發與自主性。

．遊戲進行中，引導幼兒觀察和欣賞是很重要的。

③偶戲：

．準備大小適中的玩偶。

．重視幼兒的自然動作，不須刻意告知玩玩偶的方法。

．藉觀察老師的玩偶戲，引發幼兒的興趣。

．可在美勞活動時，或在美勞角安排簡易偶的製做。

④演劇（或劇情戲）：

．用錄音機錄下大家對故事的意見，以利編排。

．對於比較被動和內向的小朋友也要安排適當的角色，
務使每一位小朋友都參與。

．歌舞劇可減低幼兒的緊張，對幼兒階段的演出很適合。

．演出前過多的排演，演出時老師家長太過在意的態度
皆會增加孩子的心理壓力，要注意。

模擬試題

（　）1.根據「幼稚園課程標準」之規定，對於午睡不肯睡的幼兒之處理為（A）可任其自由活動（B）只要不擾亂他人不宜勉強（C）要強制幼兒一定要睡（D）由班級教師自行處理。

（　）2.下列敘述何者不是托兒所教學活動評量的主要功能？（A）幫助教師瞭解幼兒的身心發展（B）幫助教師瞭解學習狀況（C）作為教師修正課程及教材教法的參考（D）作為教學進度的控制。

（　）3.評量幼兒的學習態度、興趣、習慣等方面的發展，以何種方式評量為宜？（A）教師觀察（B）表演評量（C）實作評量（D）語言評量。

（　）4.在課程標準中，「健康的生活」內容不包括（A）意外事件的處理（B）營養和衛生（C）靜息（D）安全的知識。

（　）5.有關幼兒健康心理的教學，在輔導幼兒行為時應採用何種方式引導？（A）限制行為（B）限制願望（C）限制行為不限制願望（D）限制願望不限制行為。

（　）6.發現幼兒有不易糾正的飲食習慣時，下列何者處理較恰當？（A）以角色扮演的方式輔導（B）過一陣子再說（C）立即強制糾正（D）視而不見自然會改變。

（　）7.實施幼兒安全教育，協助幼兒獲得自護能力，是屬於下列的哪一項領域的教學目標？（A）遊戲（B）常識（C）健康（D）工作。

（　）8.下列何者不屬於自然領域的課程內容？（A）人體的構造（B）認識民俗活動（C）飼養動植物（D）工具和用具的使用方法。

（　）9.小昀拿書本丟小希，老師看到後說：「書本不是拿來丟人的，你怎麼會想拿書本丟小希呢？」此種處理方式為（A）限制行為限制願望（B）立即處罰（C）轉移幼兒注意力（D）限制行為不限制願望。

（　）10.對用餐後不願和其他幼兒一起收拾碗筷的幼兒，身為專業幼師應

如何說：（A）你不乖，不收碗筷（B）學會收碗筷，你才會受歡迎哦（C）請你和老師一起收拾，相信你一定會做得很好（D）老師不喜歡不收拾的小朋友。

（　）11.向幼兒提出開放式的問題時，應給幼兒多少的候答時間較理想？（A）3～5秒（B）3～5分（C）1～5秒（D）1～5分。

（　）12.操作蒙特梭利的圓柱體組，目的是培養幼兒的哪一個感官知覺？（A）觸覺（B）視覺（C）聽覺（D）以上皆是。

（　）13.每次練習節奏樂以多久時間為宜？（A）20～30分鐘（B）20分鐘以內（C）30～40分鐘（D）40分鐘以上，一小時以內。

（　）14.關於齊唱的敘述，下列何者錯誤？（A）齊唱時間不宜過長（B）全班齊聲唱稱為齊唱（C）儘量讓幼兒拉高嗓門唱，才有精神（D）不論新、舊歌曲，都可採齊唱方式進行。

（　）15.紙漿工應利用哪些紙來製做較適宜？（A）報紙、衛生紙（B）色紙、毛邊紙（C）瓦楞紙、模造紙（D）圖畫紙、棉紙。

（　）16.幼兒的積木建構活動，下列何者為應注意的事項？（A）每人發一份積木，以免吵架（B）種類要多，才有創意（C）一次不要給太多種類的積木（D）只能提供單色積木讓幼兒建構。

（　）17.幼兒喜歡聽的故事，其結構為下列何者？（A）邏輯推理性（B）自然重複性（C）抽象思考性（D）以上皆是。

（　）18.有關幼兒的閱讀時間，下列何者較正確？（A）年齡愈小，每次閱讀時間愈長（B）年齡愈大，每次閱讀時間愈短（C）每閱讀40～50分鐘，應休息10分鐘（D）每閱讀20～30分鐘，應休息10分鐘。

（　）19.依幼兒身心發展來培養幼兒的態度與習慣的同時，應與哪一個單位相配合，實施才能有好的教育效果？（A）家庭（B）社會（C）醫院（D）圖書館。

（　）20.有關國家的環境、人文、風俗習慣的認識，是屬於哪一個領域的課程內容？（A）自然（B）社會（C）語文（D）遊戲。

（　）21.為使幼兒獲得科學概念，自然課程教材的選擇應注意（A）應將有關科學的所有知識編入教材（B）應依幼兒身心發展順序，並

與小學課程重疊（C）與小學課程重疊，才不會輸在起跑點上（D）應依幼兒能力，與小學課程銜接。

（　）22.自然課程設計時，應與何教育互相配合，並做統整性的設計？（A）科學教育、生活教育、創造思考教育（B）科學教育、生活教育、家庭教育（C）科學教育、社會教育、創造思考教育（D）生活教育、家庭教育、創造思考教育。

（　）23.編選有關數、量、形概念的教材時，應配合下列何者？（A）幼兒的認知發展（B）幼兒的身心發展（C）幼兒的心理發展（D）幼兒的興趣。

（　）24.老師叫小昀拿他所摺的紙飛機到室外投射，這可以讓小昀學習到哪些數的概念？（A）方位（B）快慢（C）遠近（D）以上皆是。

（　）25.培養完整人格兒童的四大課程領域為：（A）健康、工作、音樂、常識（B）健康、語文、音樂、數量形（C）身體、語言、探索、創造（D）身體、工作、探索、創造。

（　）26.根據「幼稚園課程標準」的規定，對於不肯午睡的幼兒的處理方式為：（A）由班級老師自行處理（B）只要不擾亂到他人，不宜處理（C）任其自由行動（D）強制幼兒一定要睡。

（　）27.對於有偏食習慣的幼兒的處理方式為（A）用角色扮演的方式輔導（B）立即強制糾正（C）過一陣子再說（D）視而不見自然會改變。

（　）28.關於幼兒意外傷害的處理，下列何者為非？（A）被蜜蜂、螞蟻叮咬，應立即塗抹稀釋的阿摩尼亞（B）被毒蛇咬傷應趕快跑步就醫（C）嚴重外傷，應立即止血，避免感染，然後送醫（D）遇中毒狀況，不能催吐。

（　）29.讓幼兒在園內剪拾落花、落葉，進行貼畫，此活動屬於哪一個領域？（A）工作（B）數的概念（C）常識（D）自然。

（　）30.在語文教學的敘述中，下列何者錯誤？（A）最好要求孩子齊聲回答（B）傾聽活動在時間上的設計不宜太長（C）問問題時，教師宜採用開放性的問題（D）教國語時，宜採用「直接法」。

（　）31.引導年齡較小的幼兒說話時，可運用由「球」→「紅色的球」→「這是一個紅色的球」的漸進方式引導，此方式稱爲（A）直接法（B）演繹法（C）示意法（D）演進語料教學法。

（　）32.有關幼稚園閱讀教學的教保目標，下列何者爲是？（A）培養從閱讀中吸收知識、增廣見聞的方法（B）培養良好的讀書習慣（C）培養閱讀的興趣（D）以上皆是。

（　）33.能幫助幼兒發展「視覺肌肉動作」能力的活動是下列的哪一項活動？（A）積木（B）連虛點（C）觀察物體相同與不相同處（D）穿珠。

（　）34.下列的敘述，何者爲正確？（A）較長的故事應分二、三次說完（B）在幼兒的讀物中，文字比圖重要（C）安排說故事時，座位宜在靠近門口空氣較流通處（D）爲鼓勵幼兒閱讀，應提供讀物讓幼兒帶回家讀。

（　）35.大班的小昀將圖畫紙的整個下半部塗滿了綠色，告訴老師他畫的是草原，何者爲老師最適宜的應對方式：（A）點點頭說：「嗯！綠色的草原。」（B）告訴小昀天空要畫上雲和太陽（C）問小昀：「草原上會有哪些東西呢？」（D）建議小昀在草原上畫一些動物。

（　）36.有關幼兒「造型活動」的敘述，下列何者錯誤？（A）重視欣賞教學，以培養幼兒的美感（B）多提供樣本讓幼兒模仿，以增加幼兒的技巧（C）採用啓發式教學法，讓幼兒有創造的機會（D）教師不須限制幼兒的表現方式。

（　）37.有關不同年齡層的幼兒所做紙工能力的描述，下列何者正確？（A）年齡愈大愈適合隨意撕、隨意剪的活動（B）年齡愈大愈適合剪曲線的圖（C）年齡愈小愈適合剪小張的紙（D）小班爲進行摺紙活動的適當年齡。

（　）38.有關繪畫方面的活動，下列敘述何項有誤？（A）應給予幼兒合作的機會（B）應多變換繪畫的材料、工具和方法（C）應多使用著色本，增加幼兒配色的能力（D）不需要強求幼兒畫出物像。

（　）39.幼兒對於聲音的相同、相似或不相同的分辨能力，稱之爲：（A）

聽的精進力（B）聽的理解力（C）聽的辨識力（D）聽的敏捷力。

（　）40.音樂教學法中，以幼兒自己的肢體語言表現音樂的流派為：（A）奧福音樂教學法（B）山葉兒童音樂教學法（C）道格羅斯音樂教學法（D）高大宜音樂教學法。

（　）41.小希畫一個圓圈說：「這是大象」，這表示小希已進入繪畫發展的（A）前圖示期（B）象徵期（C）圖示期（D）塗鴉期。

（　）42.根據「幼稚園課程標準」，下列何者不是常識課程所包含的內容？（A）語文（B）自然（C）數量形（D）社會。

（　）43.有關社會課程教學的敘述，下列何者有誤？（A）在參觀活動之後可以和幼兒討論（B）只要是我國的節日和地方性的節令活動都可以拿來當教材，不需要選擇（C）在戶外做參觀活動時，須注意安全問題（D）可利用廢物或鄉土教材作為教學資源。

（　）44.所謂「閱讀」是讀什麼？下列何者為是：（A）文字（B）符號（C）表徵（D）以上皆是。

（　）45.說故事時，教師不應（A）在說故事前，花幾分鐘和幼兒討論故事封面的圖書；（B）在情節轉接時，提示幼兒想一想，接下來可能會發生什麼事，以吸引幼兒的注意；（C）一邊閱讀故事以熟悉內容，一邊說給幼兒聽。

（　）46.幼兒語文學習的順序是：（A）聽→說→讀→寫（B）說→聽→讀→寫（C）聽→說→寫→讀（D）說→聽→寫→讀。

（　）47.有關幼兒語文教學的敘述，下列何者錯誤？（A）不喜歡開口說話的幼兒，最好不要常要求他在多數幼兒面前說話（B）語文教學要把握時機，隨時隨地學習語文（C）語文學習應讓幼兒融入在需要運用語文的情境（D）為瞭解幼兒是否理解，宜鼓勵幼兒齊聲回答。

（　）48.有關認識身體各部分主要器官名稱、功能的人體構造課程，是屬於下列的哪一個領域的內容？（A）健康（B）遊戲（C）社會（D）自然。

（　）49.下列哪一種廢物最適合拿來製做節奏樂器？（A）果核、木屑（B）

落葉、貝殼（C）木屑、貝殼（D）空罐、空盒。

（　）50.現行的「幼稚園課程標準」，在修訂第幾次以後沿用至今？（A）第二次（B）第三次（C）第四次（D）第五次。

（　）51.設計幼兒的遊戲活動，下列何項是首先要考慮的事項？（A）教育性（B）安全性（C）公平性（D）競爭性。

（　）52.兒童不易專注，四歲以上的幼兒專注時間約為（A）5分鐘（B）10分鐘（C）15分鐘（D）20分鐘為限。

（　）53.有關節奏樂合奏練習的敘述，下列何者正確？（A）應讓每一個幼兒都有機會使用不同的樂器（B）合奏時要特別注意技巧的表現（C）樂隊最好由教師指導，學習效果才好（D）合奏練習時不須分組，以免浪費時間。

（　）54.下列何者為促進大肌肉發展的遊戲？（A）玩拼圖（B）攀爬繩網（C）繪畫（D）玩捏麵人。

（　）55.在幼兒的語言發展過程中，什麼顏色出現的最早？（A）紅（B）白（C）藍（D）黑。

（　）56.讓幼兒依順序將鉛筆從長排到短，是下列的哪一種遊戲？（A）分類（B）序列（C）對應（D）配對。

（　）57.有關自然領域的教學目標，下列何者為是：（A）培育幼兒學習自然科學的正確概念、方法（B）增進幼兒的語文能力（C）促進幼兒的身心健康（D）啓發幼兒對社會生活的關注與興趣。

（　）58.年齡愈小的幼兒愈適合進行下列的哪一種繪畫活動？（A）圖案畫（B）版畫（C）故事畫（D）自由畫。

（　）59.在進行雕塑時，下列何種材料最適合幼兒？（A）麵粉（B）陶土（C）肥皂（D）蘿蔔。

（　）60.為增進幼兒的語言能力，下列何者合乎輔導原則？（A）父母常陪幼兒玩耍談話（B）常唱歌給幼兒聽（C）買很多玩具給幼兒（D）讓幼兒獨自看圖畫書。

（　）61.對於4～5歲的戶外教學活動，教師與幼兒的人數比例為（A）1：5（B）1：8（C）1：10（D）1：12。

（　）62.讓幼兒知道書可以到圖書館借，郵票可以到郵局去買，這種活動

爲何？（A）社會（B）自然（C）語文（D）數。

（　）63.幼兒如能指出物體的方向、距離與遠近的關係，表示具有下列何者的觀念？（A）比較（B）空間（C）分類（D）對應。

（　）64.有關數、量、形概念的教學，宜由下列何種方式學習？（A）操作實物（B）唱數（C）數數（D）以上皆是。

（　）65.下列哪一項的敘述可以說是具有「數」的概念？（A）會倒數（B）會說出一堆物品的總數（C）會認出數字符號（D）會唱數1～100。

（　）66.從大風吹的遊戲中，幼兒可以學習到：（A）配對（B）序列（C）對應（D）分類。

（　）67.有關自然科學的輔導方法，下列哪一項的敘述不正確？（A）不只重視學習的過程，更重視學習的結果（B）動機的引起很重要（C）引起動機過於詳盡或太少皆不宜（D）教師應與幼兒做活動前或後的討論。

（　）68.每一種科學活動，在教材設計編選時依幼兒身心發展順序，及與小學銜接而不重疊的行爲目標是（A）科學方法與過程的學習（B）科學概念的獲得（C）科學態度的培養（D）以上皆是。

（　）69.有關幼兒種植花木的教學，應注意（A）選擇的植物最好是生長週期短的花草或蔬菜（B）儘量詳細解說以引起幼兒學習動機（C）對於幼兒的問題很快解答（D）觀察的重點僅限於植物本身。

（　）70.教師要帶幼兒到園外做參觀活動，事前要做到下列何種預備工作？①準備替代方案；②準備急救箱；③勘查地點；④要有適當的師生比例，必要時可請家長支援。（A）①②④（B）②④（C）①③（D）①②③④。

（　）71.有關幼兒社會常識的教導，應儘量避免下列哪一種教學方法？（A）角色扮演（B）討論（C）直接灌輸（D）參觀。

（　）72.新歌教唱的第一個步驟是：（A）以鋼琴彈奏整首歌（B）解釋歌詞（C）導唱整首歌（D）哼唱整首歌的曲調。

（　）73.有關幼兒音樂發展的敘述，下列何者爲非？（A）1～2歲的幼兒喜歡反覆聆聽同樣的音樂（B）嬰兒期已能分辨家中常出現的各

種聲音（C）3～4歲的幼兒已能和大家齊唱（D）5～6歲的幼兒對於以團體方式來表達音樂很感興趣。

（　）74.有關繪畫的活動，當幼兒表示不會畫的時候，老師應如何指導？①在黑板上畫出圖案讓幼兒模仿；②和幼兒討論與主題相關的內容；③要求幼兒在指定的時間內完成；④鼓勵幼兒下筆，當幼兒動筆時立即給予誇獎；⑤握著幼兒的手畫畫：（A）②④（B）①④⑤（C）①②⑤（D）①②③④⑤。

（　）75.有關繪畫的活動，幼兒除了可以使用不同種類的紙張以外，還可以利用下列何種材質來畫？（A）布（B）玻璃（C）人體（D）以上皆是。

（　）76.有關幼兒的工作活動，下列何者為較適宜的實施方法？（A）沙箱宜選用顆粒較細的沙，並經過濾雜質（B）木工場所最好在較室外另闢一角，讓幼兒專心操作（C）縫工宜選用較柔軟的布（D）積木宜採用體積大小尺寸相同者。

（　）77.讓幼兒認識食物和營養，應採取下列何種方式比較有效？（A）透過直接經驗（B）從遊戲中學習（C）隨機指導（D）重複練習。

（　）76.桌上有各種不同的蔬菜、水果散置，請幼兒將水果放在黃色籃中，蔬菜放在綠色籃中，這種遊戲屬於（A）序列（B）分類（C）對應（D）配對。

（　）77.自然課程的教學方式，以下列何者最為適宜？（A）以實物操作，透過感官學習（B）教師講述（C）圖片教學（D）照片教學。

（　）78.對於需要長期觀察、實驗的自然活動，在學習過程中需要注意哪些事項？（A）逐日觀察（B）隨時記錄（C）隨時討論（D）以上皆是。

（　）79.為幼兒選擇圖書時，下列何項原則最正確？（A）選擇畫面生動活潑，能激發幼兒想像力者（B）圖與字的比例約為2：1（C）版面愈大愈適合幼兒閱讀（D）紙張白、不反光、不易折破者。

（　）80.下列何者為說話課程的內容？（A）故事（B）看圖說故事（C）

歌謠（D）自由交談。

（　）81.教師可透過什麼活動來增加幼兒的生活經驗，藉以充實幼兒說話的內容？（A）參觀、扮演（B）欣賞、分享（C）討論、發表（D）欣賞、發表。

（　）82.下列何者不是良好的閱讀習慣？（A）看書時保持安靜（B）愛惜書本（C）看完書會放回書櫃（D）一邊看書，一邊表達自己的想法。

（　）83.當幼兒聽到語音就能馬上產生事物的觀念，此種語言教學法為（A）直接法（B）間接法（C）講述法（D）機會教學法。

（　）84.造型課程指導過程應為（A）課前準備→引導幼兒構想→工作時的指導→評鑑欣賞（B）評鑑欣賞→引導幼兒構想→課前準備→工作時的指導（C）課前準備→工作時的指導→評鑑欣賞→引導幼兒構想（D）工作時的指導→課前準備→引導幼兒構想→評鑑欣賞。

（　）85.利用紙條捲、摺、穿插編織製做成各種不同的立體造型者，稱之為（A）紙條工（B）撕紙工（C）紙漿工（D）摺紙工。

（　）86.有關幼兒韻律活動的教材編選，其程序應依次為（A）全身→大肌肉→手腳聯合（B）大肌肉→全身→手腳聯合（C）全身→手腳聯合→大肌肉（D）大肌肉→手腳聯合→全身。

（　）87.有關體能遊戲活動的敘述，下列何者不正確？（A）遊戲過程中要注意安全（B）當幼兒很有興趣時，不管玩了幾次，玩了多久，都可讓他們繼續玩（C）每一位幼兒的遊戲機會均等（D）每次活動時間不超過30分鐘。

（　）88.下列何者不屬於健康生活的內容？（A）飲食的安全教育（B）藥品與危險物品的安全教育（C）水、火、電的安全教育（D）健康檢查。

（　）89.當幼兒有不斷重複踢人的行為時，教師宜用下列何種方式輔導：（A）與幼兒談談，瞭解他踢人的原因再決定（B）告訴他踢人不好（C）告訴他，老師不喜歡踢人的小朋友（D）讓他知道踢人的小朋友是不受歡迎的。

（　）90.下列何者爲思考和解決問題的遊戲？（A）拼圖（B）繪畫（C）剪貼（D）故事接龍。

解答

1.（B）2.（D）3.（A）4.（B）5.（C）6.（A）7.（C）8.（B）9.（D）
10.（C）11.（A）12.（B）13.（A）14.（C）15.（A）16.（C）17.（B）
18.（C）19.（A）20（B）21.（D）22.（A）23.（A）24.（D）25.（C）
26.（B）27.（A）28.（B）29.（A）30.（A）31.（D）32.（B）33.（A）
34.（D）35.（C）36.（B）37.（B）38.（C）39.（C）40.（C）41.（B）
42.（A）43.（B）44.（B）45.（B）46.（A）47.（D）48.（D）49.（D）
50.（D）51.（B）52.（B）53.（C）54.（B）55.（A）56.（B）57.（A）
58.（D）59.（D）60.（A）61.（B）62.（A）63.（B）64.（A）65.（B）
66.（B）67.（A）68.（B）69.（A）70.（D）71.（B）72.（A）73.（A）
74.（A）75.（B）76.（B）77.（B）78.（D）79.（A）80.（D）81.（A）
82.（D）83.（A）84.（A）85.（A）86.（D）87.（B）88.（D）89.（A）
90.（A）

歷屆試題

（A）1.帶領幼兒音樂教學活動，應避免下列何種情況？（A）分句教唱歌曲，有助幼兒的學習（B）宜注重氣氛的掌握，無須太注意錯誤糾正（C）鼓勵幼兒發揮想像力，自行編創動作（D）幼兒歌曲長度選擇以八至十六小節爲宜。（90.日專）

（D）2.下列有關實施幼兒身體發展課程的敘述，何者正確？（A）餐點時間最好以上午九時，下午二時半爲宜（B）幼兒撞傷瘀血時，宜馬上熱敷並輕輕按壓（C）劇烈運動後，應即刻補充幼兒水分（D）無須立即糾正幼兒不良習慣，可伺機以角色扮演輔導。（90.日專）

（D）3.下列何種教學方法對「幼兒主動閱讀習慣的養成」可能會有反效果？（A）讓幼兒隨時有機會拿取圖書（B）不限制幼兒閱讀時間

（C）鼓勵幼兒講故事（D）多教幼兒認識國字。（90.日專）

（A）4.媽媽看到芳芳爲她所畫的畫像，下列媽媽的回應，何者最能培養芳芳的自信心？（A）你畫媽媽在做什麼（B）這個眞的是我嗎？（C）我那有那麼醜？（D）我的嘴巴怎麼這麼大？（90.日專）

（B）5.下列敘述何者錯誤？（A）遊戲結束前10分鐘，應提醒幼兒該活動即將結束（B）爲幼兒安排每日的活動，應以靜態活動爲取向（C）每日下午爲幼兒安排輕鬆、舒適的活動（D）必須爲幼兒安排個別活動時間。（89.四技商專）

（D）6.「夏天的衛生」單元中，以畫海報向社區宣傳環境清潔是屬於何種課程？（A）語文課程（B）常識課程（C）工作課程（D）社會課程。（89.四技商專）

（B）7.托兒所靜息活動的實施應注意：（A）保持固定形式（B）時間長短不一（C）僅限在室內進行（D）搭配節奏活潑熱鬧的樂曲。（89.四技商專）

（C）8.鼓勵幼兒複講故事或於故事說完後，對幼兒提出問題的用意及功能，下列敘述何者錯誤？（A）能增進幼兒表達能力（B）有助兒童聽故事時的專注立即記憶力（C）有助幼兒情緒發展（D）能培養幼兒的思考能力。（88.四技商專）

（B）9.在班級中常見某些幼兒會模仿老師說故事的樣子，這代表著（A）幼兒有個別差異（B）保育員的行爲舉止對幼兒具有潛移默化的作用（C）幼兒是縮小版的成人（D）保育員的教學成功。（88.四技商專）

（B）10.在實施造型教學活動的注意事項中，哪一項是錯誤的敘述？（A）活動進行時，可播放背景音樂（B）幼兒遇有困難時，宜馬上協助其完成（C）保育員應隨機在技巧、興趣、態度、習慣上給與輔導或鼓勵（D）應先示範工具之使用方法並予以練習機會。

（D）11.參觀自然科學博物館是屬於哪一種課程領域利用社會資源的例子？（A）語文（B）遊戲（C）工作（D）常識。（88.四技商專）

（A）12.安全教育的實施屬於幼兒六大課程領域中，何種領域的教學目標？（A）健康（B）遊戲（C）常識（D）工作（88.82.四技商

專）

(C) 13.「童話世界」是較傾向於哪一種課程領域為中心的單元活動？（A）遊戲（B）工作（C）語文（D）常識。（88.四技商專）

(D) 14.保育人員在語文能力方面須具備的項目，下列何者不包括在內？（A）瞭解幼兒的語言能力，協助增加語彙（B）能與幼兒溝通及互動（C）口齒清晰，有適當表情（D）能教寫注音符號及矯正幼兒發音。（87.四技商專）

(A) 15.依托兒所較保內容中，提及幼兒的「常識」學習內容：①讓幼兒認識當地的名勝古蹟；②讓幼兒在園所裡飼養與栽培動植物；③讓幼兒認識身體主要器官的功能；④讓幼兒觀察四季與天氣的變化。下列何者正確（A）①②③④（B）①②③（C）①③④（D）①②④。（87.四季商專）

(C) 16.設計一首幼兒兒歌或童謠的要點，下列敘述何者正確？（A）適合幼兒唱的音程是五～八度音（B）適合幼兒音樂活動的節奏依序為四二拍→四三拍→四二拍（C）幼兒歌曲的長度以八小節至十六小節為宜（D）歌詞用語加深，以利幼兒學習語文。（87.四技商專）

(C) 17.關於運用「全語言」（whole language）概念的語文學習，以下敘述何者正確？（A）教導幼兒學習且熟練讀寫所需之技能（B）讓幼兒共同唸誦故事及歌謠並教導其文意（C）讓幼兒在自然環境下，經由生活經驗的表達及分享中使用語言（D）使用識字卡，讓幼兒反覆練習。（87.四技商專）

(B) 18.有關幼兒繪畫能力的發展，下列敘述何者最正確？（A）幼兒所畫的人呈蝌蚪的樣子，是處於象徵其階段（B）圖示期的幼兒會將不同平面的東西都排列一起畫，無法對物體的關係做直接的寫生（C）塗鴉期的幼兒通常先會畫上下的縱線，然後是左右的橫線（D）幼兒畫的人物向四周展開，此強調是畫法。（87.四技商專）

(C) 19.讓幼兒將玩具依照其輕重、大小、粗細或長短順序排列，主要發展下列何種概念？（A）配對（B）分類（C）序列（D）對應。（86.四技商專）

(D) 20.下列何種對幼兒作品反應的回話，最可能降低幼兒的自信，增加

挫折感？（A）「這條長長的是什麼？」（B）「想想看，還有什麼東西會在天空飛來飛去？」（C）「小猴子怎麼沒有尾巴？」（D）「太陽要畫在上面！人要在地上走！魚才是在水裡游的！」。（86.四技商專）

（C）21.為小班幼兒設計有關工作領域的學習活動，下列何者不適宜？（A）漿糊畫（B）麵團遊戲（C）立體工（D）撕貼畫。（86.四技商專）

（A）22.下列音樂教學方式何者不適當？①每天教唱一首新歌；②先熟悉旋律再教唱歌曲；③幼兒的歌曲長度最適合8～16小時；④歌曲教唱要鼓勵幼兒大聲唱才有精神（A）①④（B）②③（C）③④（D）①③④。（86.四技商專）

（D）23.有關幼兒健康與靜息方面的實施，下列何者不適當？①可運用音樂引導幼兒靜息或入睡；②不肯入睡之幼兒，老師須強制使其入睡；③如果幼兒以靜息，老師可以不用在其身旁看顧；④喚醒幼兒時，應使他立刻清醒（A）②④（B）①③（C）①②（D）②③④。（86.四技商專）

（B）24.有關幼兒語言教學的敘述，下列何者錯誤？（A）語文教學要把握時機，隨時隨地都是語文學習的機會（B）為瞭解幼兒是否理解，宜鼓勵幼兒齊聲回答（C）語文學習應讓幼兒融入在需要運用語文的情境（D）不喜歡開口說話的幼兒，最好不要常要求他在多數幼兒面前說話。（86.四技商專）

（B）25.有關戶外活動的健康習慣敘述，何者不宜？（A）運動流汗後，最好不要馬上大口喝水（B）衣鞋汗濕了，最好趕快在風口吹乾，避免著涼（C）夏天要避免在陽光下曝曬太久，以免中暑（D）進行戶外活動最好著吸汗易伸縮的衣物。（86.四技商專）

（D）26.引導幼兒飼養小動物，並記錄其每日成長情況的學習活動是屬於（A）操作活動（B）技能活動（C）實驗活動（D）觀察活動。（86.四技商專）

（B）27.有關幼兒體能活動的設計與帶領，下列何者錯誤？（A）場地大小要考慮人數與活動內容（B）為增進幼兒的耐力，活動愈激烈持久

愈好（C）注意活動環境的各種安全考量（D）注意活動過程動線安排，以避免衝撞。（86.四技商專）

（D）28.下列何種音樂教學法的教學觀念是來自語言的學習過程，並強調不斷的反覆聽及練習（A）高大宜教學法（B）吳美雲幼兒音樂教學法（C）奧福教學法（D）山葉兒童音樂教學法。（86.四技商專；87.中夜專）

（B）29.關於雕塑材料的敘述，下列何者錯誤？（A）使用油土做泥工時，以單色為宜（B）沙箱宜選用顆粒較細的沙（C）為方便揉搓，麵團以拳頭大小為宜（D）雕塑宜選用質軟的材料。（85.四技商專）

（B）30.下列何者是2～5歲幼兒定期健康檢查最佳的時間？（A）一個月一次（B）半年一次（C）一年一次（D）二年一次。（85.四技商專）

（A）31.下列敘述：①事物可以根據相同或相似的特性加以分組；②不同度量的事物可以比較；③事物的形狀改變時，其數目和重量仍不變；④液體放在方形或圓形容器裡，其量仍不變。何者是幼兒學習「數」之前，應先學習的概念？（A）①②③④（B）①②④（C）①③④（D）②③④。（85.四技商專）

（A）32.在實施音樂教學時，下列何者不宜？（A）合奏時應特別注意技巧的表現（B）樂曲的選擇避免用悲哀、沉重的曲調（C）聆聽的目的為培養幼兒對音樂的感受力（D）樂隊應採男女幼兒混合編組的方式。（85.四技商專）

（B）33.下列關於教師實施遊戲化統合課程的敘述，何者錯誤？（A）宜著重幼兒直接經驗與實際生活（B）教學應以分科為主（C）應注重團體活動（D）注重動態的工作及個別活動。（85.四技商專）

（B）34.關於托兒所作息時間分配的敘述：①在劇烈活動後，應有3～5分鐘的靜息；②半日班幼兒可於上午十點供應點心；③說故事時間以30分鐘最好；④由老師自行安排上下課時間，不須硬性規定。下列何者較適宜？（A）①②（B）①②④（C）①②③（D）①②③④。（85.四技商專）

（D）35.安排3～6歲幼兒的繪畫活動，下列何者最不宜？（A）版畫（B）

故事畫（C）自由畫（D）實物素描。（84.四技商專）

（D）36.關於幼兒「數」概念的學習，下列何者有誤？（A）應使用數據或實物，避免抽象的數學符號（B）幼兒會數數，並不表示已瞭解數和數量的關係（C）在三歲時，可給予辨認0～3的阿拉伯數字之學習活動（D）教導幼兒「數」概念時，應由最小的"0"開始。（84.四技商專）

（C）37.關於造型活動的指導，下列何者不屬於引導幼兒構思的方法？（A）回憶生活經驗（B）故事的聯想（C）技法示範（D）觀察配合想像。（84.四技商專）

（B）38.關於自然領域的學習活動，下列何者有誤？（A）輔導時應重視學習過程（B）設計時最好只包含一種主要行為目標（C）活動前後經常和幼兒進行討論（D）安排充分的時間，讓幼兒自由操作。（84.四技商專）

（D）39.在實施音樂課程時，下列何者不宜？（A）可採新舊歌曲交錯學習的方式（B）唱遊的動作可由幼兒自編或師生共同創作（C）不必太注重幼兒錯誤的糾正（D）習唱的方法應儘量單一固定。（84.四技商專）

（A）40.下列何者不是現行教育部頒布「幼稚園課程標準」的工作課程領域目標？（A）幫助幼兒發洩情緒（B）滿足幼兒對工作的自然需求（C）培養幼兒良好工作習慣與態度（D）擴充幼兒生活經驗並培養工作的興趣。（83.四技商專）

（C）41.下列何者不屬於幼兒社會學習的課程內容？（A）幫助幼兒建立自我的概念（B）幫助幼兒認識社會環境（C）增進幼兒身體的強健（D）培養幼兒解決問題的能力。（83.四技商專）

（D）42.下列何者不屬於「量的保留」？（A）長度保留（B）固體保留（C）重量保留（D）數的保留。（83.四技商專）

（A）43.「增進適應團體生活之能力」屬於下列哪一種課程領域的教學目標？（A）探索的課程領域（B）語文的課程領域（C）創造性的課程領域（D）身體發展的課程領域。（83.四技商專）

（A）44.下列何者不宜用來評量幼兒音樂課程活動的表現？（A）能讀五

線譜並演奏樂器（B）能安靜地聆聽音樂（C）能與別人輪流或交換使用樂器（D）能隨音樂的節奏，運用身體各部分的動作自由創作。（83.四技商專）

(D) 45.下列何者屬於小肌肉的練習活動？（A）溜滑梯（B）走平衡木（C）盪鞦韆（D）穿線遊戲。（83.四技商專）

(B) 46.關於幼兒閱讀的實施方式，何者錯誤？（A）閱讀書架採開放架式，便於幼兒隨時自由取閱（B）不鼓勵幼兒共同閱讀，以免相互干擾、爭執（C）鼓勵幼兒講述故事，或將故事編繪成圖畫書（D）適當限制閱讀時間，以免影響幼兒視力及閱讀興趣。（83.四技商專）

(C) 47.下列引導幼兒說話練習的方法，何者錯誤？（A）運用各種示意法（B）讓幼兒複述簡短的故事（C）運用演進語料，由全部到部分的漸進練習（D）利用問答法引導說話練習。（83.四技商專）

(B) 48.下列新歌教唱的注意要點，何者有誤？（A）帶領幼兒練熟歌詞（B）由部分至整體的教唱（C）先彈唱幾次，讓幼兒熟悉旋律（D）向幼兒解釋歌詞意義。（83四技商專）

(B) 49.幼兒的體能活動，每天以不超過多少時間為宜？（A）20～40分鐘（B）40～60分鐘（C）60～80分鐘（D）80～100分鐘。（83.四技商專）

(D) 50.關於幼兒數量形概念的教學，下列何者不是合適的方法？（A）安排情境，透過生活經驗來學習（B）透過團體遊戲，提高學習興趣（C）利用實物與教具隨機教學（D）先輔導幼兒數數，再作分類、配對等活動。（82.四技商專）

(B) 51.工作教學活動中，哪一項不適合小班的幼兒？（A）繪畫（B）木工（c）紙工（d）泥工。（82.四技商專）

(A) 52.關於托兒所的圖書管理，下列敘述，何者不正確？（A）不採開架式，以免圖書遺失或鬆散脫頁（B）可由教師負責圖書管理（C）將圖書分為幼兒讀物與教師參考書兩類（D）幼兒圖書宜選擇版式合宜、紙面不反光者。（82.四技商專）

(C) 53.教師常用照顧遊戲、操作遊戲、實驗遊戲及觀察遊戲來引導下列

何種領域的教學活動？（A）工作（B）健康（C）常識（D）音樂。（82.四技商專）

（A）54.指導幼兒節奏樂，其二拍、四拍及三拍子的打法依序分別是（A）強、弱；強、弱、次強、弱；強、弱、弱（B）弱、強；弱、次強、弱、強；弱、弱、強（C）強、弱；強、次強、弱、弱；強、次強、弱（D）弱、強；弱、次強、弱、強；弱、次強、強。（82.四技商專）

（D）55.關於工作領域的課程活動，下列何項敘述有誤？（A）選擇材料時，應多選「原料」，避免用「熟料」（B）木工場所最好在教室外另闢一角，讓幼兒專心操作，但要隨時注意安全（C）泥工宜選用較易揉搓塑造的材料，色彩最多三色即可（D）幼兒手細，縫針宜用小號針，以防滑落。（82.四技商專）

（B）56.下列有關幼兒造型活動的敘述，何者錯誤？（A）採用啟發式教學法，讓幼兒有創造的機會（B）提供臨摹的範本，增進幼兒的技巧（C）重視欣賞教學，以培養幼兒美感（D）作品的表現方式與形態，不必過於強調。（83.中夜專）

（A）57.讓幼兒聆聽各類聲音，來感受聲音的大小、高低、強弱、快慢、長短等，這是幼兒音樂課程內容的哪一項？（A）欣賞（B）韻律（C）唱遊（D）節奏樂。（82.四技商專）

（B）58.下列何者不是幼兒定期健康檢查的項目？（A）身高體重測量（B）體溫測量（C）牙齒檢查（D）腹部檢查。（88.北夜專）

（C）59.哪一項語文活動不符合「全語文」的學習精神？（A）大人與幼兒非正式的互動、交談（B）說故事給孩子聽（C）要求孩子反覆唸字卡上的字（D）讓孩子進行角色扮演活動。（88.北夜專）

（B）60.下列何者為幼兒美勞活動的素材？（A）拼圖（B）色紙（C）布偶（D）紙娃娃。（88.北夜專）

（B）61.下列何者為我國的民俗節日？（A）雙十節（B）清明節（C）青年節（D）耶誕節。（88.北夜專）

（C）62.媽媽為二歲半的小菁選擇圖畫書，下列何者不適宜？（A）故事宜簡短（B）最好能符合幼兒的生活經驗（C）文字愈多愈好（D）

裝訂宜牢固。（88.北夜專）

（D）63.下列哪些物品可製造出音高變化？①木魚；②鈴鼓；③笛子；④玻璃瓶；⑤餅乾盒；⑥鐵琴。（A）③⑥（B）②③⑥（C）①③④⑥（D）③④⑥。（88.北夜專）

（B）64.下列何者為幼兒美勞活動的素材？（A）拼圖（B）色紙（C）布偶（D）紙娃娃。（88.北夜專）

（C）65.當幼兒畫「我的家」時，除了家的外形外，還畫出樓梯、桌子、床、冰箱等室內擺設，此種繪畫方式稱為：（A）強調式的畫法（B）擬人式的畫法（C）透明式的畫法（D）展開式的畫法。（87.北夜專）

（C）66.下列哪些是以手操作的傀儡戲？①布袋戲；②皮影戲；③歌仔戲；④懸絲偶戲；⑤影子戲。（A）①②④⑤（B）①②⑤（C）①②④（D）②③④。（87.北夜專）

（C）67.幼兒在戶外活動時，若不小心被蜜蜂或螞蟻叮咬，身邊又無任何藥品時，最快的處理方式為：（A）塗抹口水（B）塗抹泥巴（C）塗抹尿液（D）塗抹樹葉汁液。（87.北夜專）

（A）68.提供幼兒學習的工具材料應以素材為主，請問下列何者為「素材」？（A）黏土（B）著色本（C）組合模型（D）貼紙。（87.北夜專）

（A）69.請幼兒用粉筆在黑板上畫出救護車的聲音，其音樂旋律的形態為（A）鋸齒形態（B）————（C）…………（D）ZZZZZ。（87.北夜專）

（D）70.教師指導幼兒午睡時，何種方式不正確？（A）調暗光線，並播放輕柔音樂（B）以和悅聲音催醒（C）以動作表情暗示幼兒入睡（D）為幼兒舖床、疊被。（86.北夜專）

（A）71.當小華興緻正濃的玩積木時，而其上床睡覺的時間已到，應如何處理較好？（A）告知其再玩3分鐘，就要準備睡覺了（B）告訴孩子若立刻去睡覺，就給其一張貼紙（C）讓其繼續玩到不想玩（D）嚴格的讓其立即停止玩積木。（86.北夜專）

（D）72.下列何者不是教師發問技巧的原則？（A）鼓勵提問題（B）強調

正確答案（C）討論的內容應公開（D）討論的結果應具開放性。
（86.北夜專）

（A）73.下列何者為開放式的遊戲材料？（A）黏土（B）拼圖（C）玩具
槍（D）洋娃娃。（86.北夜專）

（D）74.若幼兒能指出物體彼此間的方向、距離、位置關係，表示幼兒具
有何概念？（A）集合（B）序列（C）測量（D）空間。（86.北
夜專）

（C）75.當幼兒以錯誤的語句發問時，教師應如何處理？（A）反覆矯正幼
兒的語句、語法（B）等幼兒以正確的語句發問時，再予以反應
（C）以正確語句重複幼兒的問句，並予以回答（D）告訴幼兒不
可再犯同樣錯誤。（86.北夜專）

（B）76.幼兒較保課程，以下列何者貫穿統整？（A）語文（B）遊戲（C）
工作（D）常識。（85.北夜專）

（D）77.為幼兒說故事應注意的事項，下列何者正確？（A）說故事者應
熟悉內容，一次以不超過30分鐘為原則（B）安排幼兒排排坐較能
控制秩序（C）音量、表情、動作應儘量以誇張呈現（D）發問
後，候答時間以3～5秒為宜。（85.北夜專）

（A）78.「數字賓果」、「形狀鑲嵌板」、「食物分類卡」三者分別屬於何
種認知教具？（A）對應、對應、分類（B）分類、對應、分類
（C）對應、分類、序列（D）序列、對應、分類。（85.北夜專）

（B）79.托兒所內幼兒進行黏土塑造活動，最好以下列哪種方式進行？（A）
團體教學（B）小組教學（C）個別指導（D）不拘方式。（85.北
夜專）

（D）80.下列何種遊戲最有助於培養幼兒聚歛性思考的能力？（A）玩沙
（B）堆積木（C）自由畫圖（D）拼圖。（85.北夜專）

（A）81.下列哪些教學活動，不屬於「健康科」課程？①我的身體；②有
趣的人身樂器；③種子發芽了；④洗洗手；⑤各行各業；⑥可怕
的火；⑦好玩的沙；⑧我生氣了；⑨故事接龍。（A）②③⑤⑦
⑨（B）⑤③⑥⑧⑨（C）①②③④⑤（D）③⑤⑥⑦⑨。（84.北
夜專）

（B）82.幼兒意外傷害的處理，何者正確？（A）撞傷瘀血，馬上熱敷，並輕壓患處（B）傷口流血可用冷開水沖洗（C）使用止血帶每30分鐘放鬆（D）幼兒受傷後高聲哭叫，表示情況嚴重。（84.北夜專）

（D）83.下列幼兒定期健康檢查之敘述，何者正確？（A）由園所教師負責檢查（B）每半年至一年檢查一次（C）每三個月測量身高、體重一次（D）每月體重增加二公斤連續二、三個月，應密切注意。（84.北夜專）

（B）84.在教育部所頒訂的「幼稚園課程標準」中，開宗明義地指出幼稚教育之實施，應以下列哪些項目為主，並且與家庭教育密切配合：（A）感官教育、生活教育、藝術教育（B）健康教育、生活教育、倫理教育（C）生活教育、倫理教育、技能教育（D）感官教育、生活教育、倫理教育。（83.北夜專）

（D）85.在下列處理燙傷的方式，何者錯誤？（A）將傷處浸在冷水中10～20分鐘（B）在皮膚未腫之前，輕輕移除傷處的配件（C）不要把水泡弄破（D）冷敷之後，在傷處塗敷軟膏、油脂或外用藥水。（83.北夜專）

（A）86.依據現行「家事職業學校課程標準」，「知覺」是屬於何種課程領域內容？（A）身體發展的課程領域（B）語文課程領域（C）創造性課程領域（D）探索性課程領域。（88.中夜專）

（D）87.探索的課程領域內容，包括：（A）感覺、知覺、動作發展（B）傾聽、說話、閱讀（C）音樂、造型、戲劇活動（D）社會、自然、數、量、形。（88.中夜專）

（A）88.請幼兒在二張看起來一樣的圖案中，找出五個不一樣的地方，此種活動在語文領域上稱之為（A）視覺辨認（B）視覺記憶（C）聽覺辨認（D）聽覺記憶。（88.中夜專）

（A）89.因應夏季各種傳染疾病的流行，教師在活動設計上可①帶領幼兒至醫院實際瞭解；②宣導常洗手的好習慣；③隨時留意環境的清潔與衛生；④教導幼兒自我保護和注重個人衛生的觀念，下列何者正確？（A）②③④（B）②④（C）①③④（D）①②④。（87.中夜專）

（D）90.下列何者不是寫前準備的活動設計？（A）利用模型描邊畫圖（B）從相似圖中找出不一樣的地方（C）玩嵌合式的組合玩具（D）姓名的運筆練習。（87.中夜專）

（C）91.小明再戶外奔跑時，不小心撞傷，下列處理方式何者最不妥當？（A）將傷部降低，以冰敷鎮痛（B）注意內部是否受傷（C）立即揉搓傷處，以退紅腫（D）如有骨折宜設法固定，儘可能不要移動。（87.中夜專）

（B）92.下列幼兒工作課程的實施要點，何者錯誤？（A）工具的使用法，應先予以示範再給予操作練習之機會（B）幼兒遇到困難時，教師應給予立即的協助，並代為完成作品（C）使用撕、剪、摺、貼、編等的紙工技能，完成不同式樣之作品（D）使用塑膠泥或彩色麵團做泥工時，以單色為宜。（87.中夜專）

（C）93.有關幼兒每日作息安排的敘述，下列何者錯誤？（A）須注意動態活動的平衡（B）幼兒生理上的需求應予以特別的注意（C）作息表訂定後，須確實執行，不可變更（D）擬訂作息表時，還須考慮幼兒的學習經驗與目的。（87.中夜專）

（A）94.以透過音樂來表現自我、鼓勵即興創作為目標的音樂教學法為：（A）奧福教學法（B）高大宜教學法（C）吳美雲音樂教學法（D）山葉兒童音樂教學法。（87.中夜專）

（D）95.哪個時期的兒童繪畫，圖中人或物都向四周或向上下展開，且經常是透明式畫法：（A）象徵期（B）塗鴉期（C）前圖示期（D）圖示期。（87.中夜專）

（A）96.對於幼兒音樂教育的描述，下列何者是錯誤的？（A）節奏感的培養是音樂教育的第一步驟（B）音樂教育愈早開始越好（C）感覺的啟發重於知識技巧的灌輸（D）可利用音樂優美的旋律來刺激嬰兒聽覺的發展。（86.中夜專）

（D）97.年齡越小的幼兒，越適合進行下列哪一種紙工活動？（A）紙雕（B）紙漿工（C）捲紙工（D）撕紙工。（86.中夜專）

（D）98.下列何者不屬於自然常識領域的遊戲？（A）照顧遊戲（B）實驗遊戲（C）觀察遊戲（D）造型遊戲。（86.中夜專）

（B）99.下列何項課程不是屬於探索的課程領域？（A）數學（B）文學（C）科學（D）社會。（86.中夜專）

（D）100.下列何者不是幼兒執筆寫字前應具備的基本能力？（A）能手眼協調地操作剪刀（B）能正確自然地握筆（C）熟悉由左到右、由上到卜的筆劃順序（D）能唸簡單的兒歌。（86.中夜專）

（C）101.教師在進行幼兒的造型活動時，下列輔導方法何者是正確的？（A）重視幼兒學習的結果（B）讓幼兒臨摹範本（C）利用直觀教學法，激發幼兒實際生活體驗（D）替幼兒選定題目和內容。（86.中夜專）

（C）102.在教導幼兒唱歌時，下列方法何者錯誤？（A）可新舊歌曲交錯學（B）老師的琴聲應放小一點（C）最好是分句教唱（即老師唱一句，幼兒跟唱一句）（D）教師可用吉他或口琴伴奏。（86.中夜專）

（B）103.對於幼兒傾聽能力的練習，下列方法何者不宜？（A）讓幼兒聽音模仿（B）傾聽練習時，規定幼兒做到保持靜止（C）玩跟隨指令的遊戲（D）保持輕鬆愉快的氣氛。（86.中夜專）

（A）104.對於幼兒繪畫活動的描述，下列何者是錯誤的？（A）幼兒因小肌肉尚未發展成熟，不適宜實施水彩畫（B）可鼓勵幼兒一同作畫（C）一幅畫中可使用各種畫筆作畫（D）不可強求幼兒畫出物象。（86.中夜專）

（B）105.下列哪一種方法減低幼兒學寫字的興趣？（A）在教室內各用具上標上名稱（B）每日讓幼兒寫幾行字（C）老師將幼兒想說的話寫下來並讀給幼兒聽（D）引導幼兒隨意圖畫字。（85.中夜專）

（C）106.幼兒搭建積木時，不小心打倒，能重新且專心再搭建這是因為該幼兒具有何特性？（A）冒險性（B）好奇心（C）挑戰性（D）想像力。

（A）107.下列敘述何者是對的？（A）2～7歲幼兒思考缺乏可逆性（B）具體運思期的幼兒具有抽象概念（C）具體運思期的幼兒能瞭解別人的觀念（D）2～7歲幼兒無法注意力集中某一點。（85.中夜

（專）

（C）108.面對幼兒不敢畫、不會畫時要如何指導？（A）拉著幼兒的手畫畫（B）畫某個形狀給幼兒模仿（C）問幼兒是否會畫一條線，當幼兒動筆時立即給予誇獎（D）讓幼兒呆坐著等待他自己拿筆畫。（85.中夜專）

（C）109.以下何者不是教幼兒唱歌時應注意的要點？（A）歌詞要口語化，簡單明顯（B）先引導幼兒唱舊歌，再教唱新歌（C）聽到幼兒唱錯了應立即糾正其錯誤（D）節奏樂曲要容易顯明變化少。（85.中夜專）

（D）110.當幼兒很高興地拿自己的圖畫給爸爸看，爸爸細心地欣賞他的畫並得意地看著，這對該幼兒會有何影響？（A）培養安全感（B）培養獨立性（C）訓練幼兒表達自己（D）培養自尊與自信。（85.中夜專）

（B）111.下列何者不是工作科課程的目標？（A）滿足幼兒對工作的自然需求（B）養成愛護動、植物的習慣（C）培養幼兒良好的工作習慣（D）增進幼兒欣賞審美的能力。（85.中夜專）

（B）112.如何培養幼兒繪畫的能力，下列何者是錯誤的？（A）提供不同的繪畫方法（B）多提供著色畫本（C）多提供生活經驗（D）提供大張的紙張和大支的蠟筆。（85.中夜專）

（D）113.為培養幼兒良好的生活習慣，下列方法哪一種最不恰當？（A）教師以身作則（B）幼兒做到時給予讚美（C）不斷地提醒幼兒（D）幼兒未做到時予以責罰。（85.中夜專）

（C）114.下列有關托兒所中餐點供應的敘述，何者錯誤？（A）食物的調配應注重美味可口（B）幼兒偏食情況嚴重時，須與家長聯絡（C）餐點供應時間宜距正餐時間的一小時前（D）可由幼兒輪流擔任餐點分配工作。（84.中夜專）

（D）115.在賈德納（H. Grardner）的七大智能領域中，下列何者與幼兒學習語言的方式最有關？（A）自我認識（B）體能（C）邏輯推理（D）音樂。（88.嘉南、高屏夜專）

（C）116.在兒童文學中，我國的注音符號與國外哪一項書籍性質最為相

同？（A）數數看（B）童話（C）字母書（D）漫畫書。
（87.88.嘉南、高屏夜專）

（D）117.爲讓幼兒學習比較哪邊多或少是運用？（A）配對（B）分類（C）
序列（D）對應。（86.嘉南、高屏夜專）

（A）118.幼兒的清潔習慣，下列哪二項特別重視？（A）牙齒與雙手（B）
眼睛與鼻子（C）雙足與脖子（C）頭髮與臉部。（86.嘉南、高
屏夜專）

（D）119.幼兒安全教育教材的編選應注意：（A）配合幼兒的身心發展能
力和需求編選教材（B）可利用偶發事件編選教材（C）配合單
元活動設計編選有關的教材。（D）以上皆是。（86.嘉南、高屏
夜專）

（B）120.發表與討論的目的是（A）要教師講述重要的知識（B）肯定幼
兒的經驗與想法（C）訓練發表能力（D）讓幼兒互相溝通。
（86.嘉南、高屏夜專）

（C）121.依據內政部頒布「托兒所教保意義與內容」，托兒所內嬰幼兒活
動內容應包括哪幾項？（A）五項（遊戲、音樂、語文、工作、
常識）（B）五項（遊戲、音樂、工作、故事與歌謠、常識）（C）
六項（健康、遊戲、音樂、工作、語文、常識）（D）六項（遊
戲、音樂、工作、語文、故事與歌謠、常識）。（85.嘉南、高屏
夜專）

（B）122.某托兒所約在中午12：00供應午餐，其上午點心在上午幾點供應
最適當？（A）9：30（B）10：00（C）10：30（D）11：00。
（85.嘉南、高屏夜專）

（C）123.有關嬰幼兒生活習慣之培養，以下哪一項不是適宜的原則？（A）
每天至少洗澡一次（B）一歲以內嬰兒每天需睡眠11小時以上
（C）至少應有一平方公尺活動場所供一足歲嬰兒翻身、坐立、爬
行（D）一歲以內最好食用母奶。（85.嘉南、高屏夜專）

（B）124.以下哪一種方法最不適合用於輔導幼兒培養均衡飲食習慣？（A）
進食前向幼兒說明食物特性（B）允諾幼兒吃完食物給予獎賞
（C）保持進食氣氛愉快（D）注意食物之色香味。（85.嘉南、高

屏夜專）

（B）125.在托兒所教保活動中，自然聲音（如鳥鳴、火車聲）的模仿是屬於哪一類課程的活動內容？（A）遊戲（B）音樂（C）工作（D）語文。（85.嘉南、高屏夜專）

（C）126.以下哪一項課程內容不適合在托兒所階段進行？（A）園藝（B）故事表演（C）練習寫國字（D）參觀旅行。（85.嘉南、高屏夜專）

（B）127.以自然為中心的單元活動設計，在教學方面應注意（A）儘量避免引導幼兒自動自發學習（B）團體性教學與個別畫教學要適當的配合運用（C）在實際生活中學習，以傳授方式進行（D）以上皆是。（84.嘉南、高屏夜專）

（D）128.設計一個有關社會單元活動之時，輔導幼兒社會化，可依下列何項進行？（A）適應新環境（B）建立人際關係（C）認識文化（D）以上皆是。（84.嘉南、高屏夜專）

（A）129.四歲到六歲的幼兒喜歡畫生活中熟悉的題材，往往是一想到什麼就畫什麼，這是屬於繪畫行為發展的何種階段？（A）圖示期（B）前圖式期（C）象徵期（D）命名期。（88.保甄）

（B）130.下列敘述有關幼兒繪畫黃金時期的現象，何者不適宜？（A）幼兒較易模仿及受他人影響（B）父母和老師應多畫給幼兒看，教他如何畫（C）幼兒是畫其所「感」、所「想」（D）幼兒不畫其所「見」。（88.保甄）

（C）131.「蝌蚪人」在幼兒藝術發展階段中，為哪一時期的繪畫特徵？（A）塗鴉期（B）象徵期（C）前圖式期（D）成熟期。（88.保甄）

（D）132.音樂課程的教學目標，下列何者較適宜？（A）發掘具有音樂天賦的幼童（B）能於晚會中參與演出（C）訓練幼兒彈奏樂器的技能（D）藉由音樂活動抒發情感。（88.保甄）

（C）133.幼兒雖未能畫出具體的形象，卻能為他自己所畫的圖命名，是屬於：（A）圖式期（B）前圖式期（C）象徵期（D）塗鴉期。（87.保甄）

（A）134.對幼兒的繪畫輔導，下列哪一個說法需要修正？（A）宜著重美的創作（B）幼兒繪畫是一種心靈的活動（C）幼兒的圖畫是一種符號與紀錄（D）欣賞幼兒的繪畫與欣賞成人的繪畫不同。（87.保甄）

（A）135.托兒所語文的課程內容不包括：（A）書寫（B）傾訴（C）說話（D）閱讀。（87.保甄）

（A）136.下列遊戲材料何者對幼兒的創造力助益較少？（A）拼圖（B）水（C）沙（D）黏土。（87.保甄）

（D）137.幼兒捉到一隻蝸牛時，下列老師的問話，何者最為開放？（A）你抓到什麼？（B）在哪裡抓到的？（C）摸摸看，軟的還是硬的？（D）牠在想什麼？（87.保甄）

（C）138.「數量形」是屬於哪一種課程領域的內容？（A）身體發展的課程領域（B）語文的課程領域（C）探索的課程領域（D）創造性的課程領域。（87.保甄）

（D）139.幼兒自我概念的培養是屬幼稚園課程中的哪一個領域？（A）常識（B）語文（C）工作（D）健康。（86.保甄）

（D）140.我國現行幼稚園課程標準是以何者為中心？（A）藝能教育（B）智能教育（C）道德教育（D）生活教育。（81.86.保甄）

（D）141.幼稚園中最常見的意外事件：（A）燙傷（B）骨折（C）扭傷（D）跌傷。（86.保甄）

（D）142.下列何者不是幼兒數概念的內容？（A）物體數、量、形之比較（B）方位（C）時間（D）動力。（86.保甄）

（B）143.依「幼稚園課程標準」規定，幼兒數概念學習的範圍為（A）1～50（B）0～10（C）1～20（D）1～100。（86.保甄）

（B）144.幼兒發展音樂性的第一步為（A）唱（B）聽（C）韻律（D）演奏。（86.保甄）

（B）145.兩歲幼兒其造型發展特徵正值（A）無控制期（B）塗鴉期（C）前圖示期（D）圖示期。（86.保甄）

（C）146.讓幼兒排列數字卡的順序，這是什麼性質的活動？（A）數數看（B）配對（C）序列（D）對應。（85.保甄）

（B）147.幼兒安全教育的實施要點是：（A）限制幼兒的戶外遊戲（B）輔導幼兒使用工具或器材的安全動作（C）減少戶外教學，多在室內活動（D）危險事件發生時，再隨時與以阻止。（85.保甄）

（D）148.哪個年齡階段的幼兒，常喜歡隨意塗鴉？（A）三歲半至四歲（B）兩歲半至三歲半（C）一歲至一歲半（D）一歲半至兩歲半。（85.保甄）

（C）149.幼兒玩黏土或麵粉團時，使用下列哪一種工具較可能限制幼兒的創意？（A）竹筷子（B）塑膠刀（C）壓印模型（D）各式瓶蓋。（85.保甄）

（D）150.引導全班幼兒齊聲唱歌，最多不宜超過幾次？（A）四次（B）五次（C）二次（D）三次。（85.保甄）

（C）151.老師經常習慣於問幼兒：「是不是」、「好不好」、「對不對」的封閉式問題，主要是封閉幼兒的（A）行動（B）情感（C）思考（D）意願。（85.保甄）

（C）152.自然課程培養幼兒的科學方法，不包括下列哪一項？（A）比較（B）發表（C）記憶（D）應用10以內的數字。（85.保甄）

（C）153.下列何者不宜是幼兒戶外教學前的準備工作？（A）預備醫藥箱（B）與幼兒討論預測戶外可能看到的事物（C）多準備糕點糖果，讓幼兒在戶外食用（D）查看戶外教學的場地。（85.保甄）

（B）154.福祿貝爾主張幼稚園最重要的課程是（A）工作（B）遊戲（C）語言（D）音樂。（85.保甄）

（B）155.一群幼兒玩捉迷藏，是屬於哪一種遊戲？（A）戲劇遊戲（B）規則遊戲（C）練習遊戲（D）建構遊戲。（85.保甄）

（B）156.老師為幼兒說故事的方式，下列何者不宜？（A）運用布偶或道具（B）故事分次講述（C）表情或動作避免過度誇張（D）先讓幼兒看書的封面和書名。（85.保甄）

（D）157.我國「幼稚園課程標準」的語文領域，不包括下列哪一種內容？（A）聽（B）說（C）讀（D）寫。（85.保甄）

（D）158.下列哪一種玩具，著重於培養幼兒解決問題的能力？（A）杯子＆瓶子（B）蘋果＆橘子（C）筷子＆刀叉（D）花＆花瓶。

（C）159.老師為幼兒講故事之後，下列何者為不適宜的延續方式？（A）將故事書放置在幼兒的圖書角（B）進行故事的角色扮演（C）引導幼兒說出這各故事在教我們什麼（D）讓幼兒自由發表對故事內容的感想。（84.保甄）

（B）160.老師看到幼兒拿球丟人，對幼兒說：「球要丟向籃子裡，不可以拿來丟人。」是運用哪一種引導行為的方式？（A）限制行為和願望（B）限制行為，不限制願望（C）限制願望，不限制行為（D）不限制行為和願望。（84.保甄）

（A）161.引導幼兒「觀察」周遭環境的事物，是著重於學習：（A）科學的方法（B）科學的知識（C）科學的態度（D）科學的概念。（84.保甄）

（A）162.幼兒睡眠時，播放的音樂宜是：（A）曲調優美（B）節奏輕快（C）節奏明顯（D）曲調活潑。（84.保甄）

（C）163.幼兒食用點心時間和正餐時間最好相距多久？（A）1小時（B）1小時30分（C）2小時（D）2小時30分。（82.84.保甄；88.北夜專）

（C）164.幼兒每日午睡時間以多久為宜？（A）30分鐘（B）1小時（C）1至2小時（D）3小時。（83.保甄）

（B）165.幼兒吃餐點時，適宜播放何種音樂？（A）節奏較快、曲調優美（B）節奏適中、曲調優美（C）節奏明顯、曲調活潑（D）節奏較快、曲調活潑。（83.保甄、幼教系）

（B）166.下列幼兒用餐方式，何者是不適宜的？（A）用餐時播放輕柔的音樂（B）用保利龍免洗餐具（C）讓幼兒拿取自己餐具並收拾（D）讓幼兒可以輕聲交談。（83.保甄）

（A）167.現行幼稚園課程標準是在何時公布？（A）76年1月（B）73年2月（C）70年11月（D）64年12月。（83.84.保甄）

（D）168.依照我國的幼稚園課程標準，幼稚園課程的中心是：（A）道德教育（B）人格教育（C）健康教育（D）生活教育。（83.保甄）

（C）169.下列何者行為顯示幼兒真正具有數概念？（A）能順序唱數1到10（B）能辨認1到10的數字（C）能一一計數實物，說出其總個

數（D）能寫出1到10的數字。（83.保甄）

（C）170.幼兒的保留概念隨著年齡的增長而發展，其最先呈現的保留概念為（A）重量（B）容量（C）數量（D）面積。（83.保甄）

（C）171.在幼教機構中，輔導幼兒最重要的項目是：（A）才藝教學（B）倫理教學（C）良好生活習慣（D）雙語教學。（83.保甄）

（D）172.讓幼兒排列數字的順序，是屬於下列哪一種活動？（A）對應（B）分類（C）配對（D）序列。（83.保甄）

（A）173.幼兒在數量形概念的學習中，須能辨認：（A）0～10（B）0～20（C）0～50（D）0～100的阿拉伯數字，並瞭解數字所代表的真正涵意。（83.保甄）

（C）174.適合幼兒歌曲長度，以幾小節為宜？（A）8～10（B）10～16（C）8～16（D）16～20小節。（79.80.北公幼；83.保甄；84.台公幼）

（C）175.一首歌曲由全班幼兒先後分組唱完的方式，稱為（A）分唱（B）合唱（C）接唱（D）習唱。（83.保甄）

（B）176.幼兒的繪畫活動，下列何者為不適宜的方式？（A）版畫（B）實物素描（C）合作畫（D）圖案畫。（83.保甄）

（B）177.輔導幼兒閱讀的發展，下列何者為不適宜的方式？（A）在教室設置圖書角（B）每天帶領全班幼兒一起唸誦讀本（C）為幼兒講述故事書（D）鼓勵幼兒注意生活中使用的文字。（83.保甄）

（A）178.有關幼兒的各種心理需求，是列入幼稚園課程標準中的哪個領域？（A）健康（B）常識（C）社會（D）未列入課程標準。（83.保甄）

（C）179.讓幼兒聆聽欣賞樂曲，其對幼兒的主要目的是：（A）欣賞樂曲的內容（B）學習「唱」、「奏」的技巧（C）培養音樂的感受力（D）以上皆是。（83.保甄）

（A）180.下列有關幼兒的工作活動，何者為適宜的實施方法？（A）選用體積、色彩、質地不同的積木（B）沙箱宜遠離洗手臺（C）縫工宜選用較柔軟的紙或布（D）塑膠宜選用質地較硬的材料。（83.保甄）

（B）181.拼圖和猜謎語，是屬於下列哪一項遊戲？（A）模仿想像遊戲（B）思考及解決問題遊戲（C）創造性遊戲（D）感覺運動遊戲。（83.保甄）

（B）182.下列哪一項不屬於幼兒的自然課程培養的「科學態度」？（A）欣賞（B）推理（C）細心（D）自動。（83.保甄）

（A）183.下列的數學活動方式，何者對幼兒不適宜？（A）教師操作教具讓幼兒觀看（B）進行小組活動（C）在生活情境中隨機教學（D）讓幼兒操作實物。（83.保甄）

（D）184.在韻律活動中，鼓勵幼兒自編和別人不一樣的動作，是針對創造力的哪一種特性？（A）流暢性（B）變通性（C）精進性（D）獨創性。（83.保甄）

（B）185.最適合幼兒的節奏為：（A）二拍，其次為三拍，再次為四拍（B）二拍，其次為四拍，再次為三拍（C）四拍，其次為二拍，再次為三拍（D）四拍，其次為三拍，再次為四拍。（82.台公幼；80.北公幼；82.保甄、幼教系）

（C）186.幼兒練習節奏樂器的時間，每次以多少時間為宜？（A）40～50分鐘（B）30～40分鐘（C）20～30分鐘（D）10.～20分鐘。（76.83.保甄；81.北公幼；82.台公幼）

（D）187.依據課程標準，何者非健康課程領域的範圍？（A）健康的身體（B）健康的心理（C）健康的生活（D）健康的社會。（81.82.保甄）

（C）188.讓幼兒運用各種畫筆（如蠟筆、粉臘筆、水彩等），構成熱鬧的畫面，稱為（A）自由畫（B）合作畫（C）混合畫（D）顏色畫。（82.保甄）

（B）189.下列哪一項是屬於幼兒的自然課程需培養的「科學態度」？（A）比較（B）好奇（C）分類（D）推理。（82.保甄）

（D）190.幼兒的繪畫開始逐漸和現實相連，通常是在那個年齡階段？（A）一歲半至三歲（B）二歲至三歲（C）三歲至五歲（D）五歲至七歲。（82.保甄）

（B）191.安排幼兒作息時間表時，宜注意的原則中，下列敘述何者為非？

（A）各項活動類型間應相互平衡（B）餐點的安排應特別注意幼兒心理上的需求（C）作息表必須有彈性（D）全日制的下午時間，宜安排一些較輕鬆的活動。（88.日專）

（D）192.參觀自然科學博物館是屬於下列哪一種課程領域利用社會資源的例子？（A）語文（B）遊戲（C）工作（D）常識。（88.日專）

（C）193.鼓勵幼兒複述故事，或於故事說完後，對幼兒提出問題的用意及功能。下列敘述何者錯誤？（A）能增進幼兒表達能力（B）有助幼兒聽故事時的專注力及記憶力（C）有助幼兒的情緒發展（D）能培養幼兒的思考能力。（88.日專）

（D）194.在繪畫發展上，老師及家長可以如何協助孩子？（A）提供自己的經驗，必要時加以修飾，以使其較有成就感（B）常鼓勵孩子：「你真能幹，畫得好像哦！」以增強其信心（C）等孩子使用蠟筆、彩色筆熟練後才提供水彩或墨汁，以免妨礙手部發展（D）讓孩子彼此互相欣賞作品。（88.日專）

（B）195.以語文為中心的單元活動，其設計範圍可包括：①寫前準備；②傾聽；③看；④動作語言；⑤說。以上敘述，何者正確？（A）①②⑤（B）①②③④⑤（C）①④⑤（D）①②③⑤（88.日專）

（B）196.在實施造型教學活動的注意事項中，哪一項是錯誤的敘述？（A）活動進行時，可播放背景音樂（B）幼兒遇有困難時，宜馬上協助其完成（C）保育員應隨機在技巧、興趣、態度、習慣上給予輔導或鼓勵（D）應先示範工具之使用方法並予以練習機會。（88.日專）

（C）197.「童話世界」是較傾向於哪一種課程為中心的單元活動？（A）遊戲（B）工作（C）語文（D）常識。（88.日專）

（C）198.安全教育在幼稚園課程標準中是列在哪一領域？（A）工作（B）常識（C）健康（D）語文。（88.日專）

（C）199.讓幼兒將玩具依照其輕重、大小、粗細或長短順序排列，主要發展下列何種概念？（A）配對（B）分類（C）序列（D）對應。（86.日專）

（A）200.下列音樂教學方式何者不適當？①每天教一首新歌；②先熟悉旋

律再教唱歌曲；③幼兒歌曲的長度最適合八至十六小節；④歌曲教唱要鼓勵幼兒大聲唱才有精神。（A）①④（B）②③（C）③④（D）①③④。（86.日專）

（D）201.下列有關幼兒數量的學習能力發展順序為何？①10以內的實物，無論如何變換空間、距離，均能正確數算；②能一對一對應，正確數算10以內的實物；③順序唱數1～10；④能用手一對一點數，但無法說出正確數目。（A）③→②→④→①（B）③→④→①→②（C）④→③→②→①（D）③→④→②→①。（86.日專）

（C）202.為小班幼兒設計有關工作領域的學習活動，下列何者不適宜？（A）漿糊畫（B）麵團遊戲（C）立體工（D）撕貼畫。（86.日專）

（C）203.有關幼兒安全生活的實施，下列方式何者不適當？（A）隨時注意環境中的障礙物與危險物品（B）只要注意安全，教導正確使用方式，仍可讓幼兒操作使用木工用具（C）戶外遊戲易導致意外傷害，應避免安排戶外活動（D）規勸幼兒違反遊戲規則的行為。（86.日專）

（A）204.兩歲以前幼兒的繪畫發展階段是處於塗鴉期，其中發展包括以下階段：①縱線錯畫；②點錯畫；③橫線錯畫；④錯綜混合錯畫；⑤圓形錯畫。正確的順序為：（A）②→③→①→⑤→④（B）②→①→③→⑤→④（C）②→③→①→④→⑤（D）②→③→①→⑤→④。（86.日專）

（A）205.在實施音樂教學時，下列何者不宜？（A）合奏時應特別注意技巧的表現（B）樂曲的選擇避免用悲哀、沉重的曲調（C）聆聽的目的是培養幼兒對音樂的感受力（D）樂隊應採用男女幼兒混合編組的方式。（85.日專）

（C）206.下列敘述：①事物可以根據相同或相似的特性加以分組；②不同度量的事物可以比較；③事物的形狀改變時，其數目和重量仍不變；④液體放在方形或圓形容器裡，其量仍不變。何者是幼兒學習「數」之前，應先學習的概念？（A）①②③④（B）①②④

（C）①③④（D）②③④。（85.日專）

（B）207.下列何者不是語文課程最主要的教保內容？（A）傾聽說話（B）寫國字（C）故事和歌謠（D）閱讀。（85.日專）

（B）208.在教學設計上強調「手部信號」及「節奏數法」的是哪一種教學法？（A）奧福教學法（B）高大宜教學法（C）山葉兒童音樂教學法（D）吳美雲幼兒音樂教學法。（85.日專）

（B）209.關於雕塑材料的敘述，下列何者錯誤？（A）使用油土作泥工時，以單色為宜（B）沙箱宜選用顆粒較細的沙（C）為方便揉搓，麵團以拳頭大小為宜（D）雕塑宜選用質軟的材料。（85.日專）

（A）210.下列關於教師進行語文教學的敘述，何者錯誤？（A）說比聽更重要，所以不要錯過任何教說話的機會（B）宜採用個別徵答的方式，勿讓幼兒齊聲回答（C）教學若生動多變化可以引發學生學習動機與興趣（D）對於不愛開口的幼兒，勿強迫當眾發言。（85.日專）

（C）211.下列關於身體、探索性、創造性及溝通四大領域敘述，何者錯誤？（A）「身體發展」屬於身體課程領域（B）「營養」屬於探索性課程領域（C）「知覺發展」屬於創造性課程領域（D）「文學」屬於溝通課程領域。（85.日專）

（B）212.進行新歌教唱的步驟包含：①教師示範及導唱整首新歌；②以鋼琴將整首新歌彈奏一、二遍；③歌詞與曲調同時學習，遇難唱處可重複唱幾遍；④模仿各種聲音，並配合動作讓幼兒隨琴聲輕哼曲調。下列何者是較適宜的順序？（A）①→②→③→④（B）②→①→④→③（C）①→②→④→③（D）②→①→③→④。（85.日專）

（D）213.關於幼兒「數」概念的學習，下列何者有誤？（A）應使用教具或實物，避免抽象的數學符號（B）幼兒會數數，並不表示已瞭解數和數量的關係（C）在三歲時，可給予辨認0～3的阿拉伯數字之學習活動（D）教導幼兒「數」概念時，應由最小的"0"開始。（84.日專）

（C）214.關於造型活動的指導，下列何者不屬於引導幼兒構思的方法？（A）回憶生活的經驗（B）故事的聯想（C）技法示範（D）觀察配合想像。（84.日專）

（C）215.對於幼兒偏食行為的輔導，下列何者不宜？（A）食物烹調多作變化（B）利用少量漸進的方式，讓幼兒逐漸習慣（C）堅持幼兒要吃完所有食物（D）讓偏食幼兒與無偏食習慣幼兒一同進餐。（84.日專）

（D）216.給2～3歲幼兒閱讀的圖畫書，圖畫與文字的比例，下列何者最適宜？（A）1：2（B）1：1（C）2：1（D）4：1。（84.日專）

（C）217.下列何者不屬於幼兒社會學習的課程內容？（A）幫助幼兒建立自我的概念（B）幫助幼兒認識社會環境（C）增進幼兒身體的強健（D）培養幼兒解決問題的能力。（83.日專）

（D）218.下列關於幼兒餐點的教學活動，何者正確？（A）為便於幼兒食用餐點，可用湯水吞送食物（B）在餐廳中用餐，應要求幼兒不可交談（C）為避免幼兒打翻餐點，餐點的分配不可讓幼兒協助（D）幼兒有偏食習慣，應加以個別輔導。（83.日專）

（D）219.下列關於幼兒音域和音程的敘述，何者錯誤？（A）音程跳躍以三度到五度最合適（B）歌曲的長度以八小節至十六小節為宜（C）幼兒的音域很窄，選唱的曲子最好在C調的八度音內（D）較適合幼兒的節奏為二拍子，其次為三拍子，再其次為四拍子。（83.日專）

（C）220.下列教師講故事的注意事項，何者錯誤？（A）講故事時的語調要又變化（B）要有適當的動作表情（C）每講完一個故事，須強調故事的教育目的（D）要熟悉故事內容才能集中幼兒的注意力。（83.日專）

（A）221.「增進適應團體生活之能力」屬於下列哪一種課程領域的教學目標？（A）探索的課程領域（B）語文的課程領域（C）創造性的課程領域（D）身體發展的課程領域。（83.日專）

（A）222.托兒所舉辦的定期健康檢查，不包括下列哪一項？（A）X光檢驗（B）量身高、體重（C）預防接種（D）請專門醫生進行檢

查。（83.日專）

（B）223.下列新歌教唱的注意要點，何者錯誤？（A）帶領幼兒唸熟歌詞（B）由部分至整體的教唱（C）先彈唱幾次，讓幼兒熟悉旋律（D）向幼兒解釋歌詞意義。（83.日專）

（C）224.下列何者不屬於寫前練習的活動？（A）連線畫（B）摺剪紙（C）說故事（D）玩拼圖。（83.日專）

（B）225.關於幼兒閱讀的實施方式，何者錯誤？（A）閱讀書架採開放式，便於幼兒隨時自由取閱（B）不鼓勵幼兒共同閱讀，以免相互干擾、爭執（C）鼓勵幼兒講述故事，或將故事編繪成圖畫書（D）適當限制閱讀時間，以免影響幼兒視力及閱讀興趣。（83.日專）

（C）226.下列引導幼兒說話練習的方法，何者錯誤？（A）運用各種示意法（B）讓幼兒複述簡短的故事（C）運用演進語料，由全部到部分的漸進練習（D）利用問答法引導說話練習。（83.日專）

（B）227.下列教師的指導靜習的方法，何者不宜？（A）教師以動作表情暗示幼兒安靜或入睡（B）堅持不肯入睡的幼兒也一定要睡覺（C）提供安靜的靜習環境，並將窗簾拉上（D）幼兒醒後，讓他們自己整理衣服、喝開水。（83.日專）

（C）228.由老師彈琴或放一段音樂，讓幼兒憑著對此音樂的感覺，選擇顏色、造型或材料來畫圖，這主要是下列哪一項的活動？（A）健康（B）遊戲（C）工作（D）常識。（82.日專）

（C）229.教師常用照顧遊戲、操作遊戲、實驗遊戲及觀察遊戲來引導下列何種領域的教學活動？（A）工作（B）健康（C）常識（D）音樂。（82.日專）

（D）230.關於幼兒數、量、形概念的教學，下列何者不是合適的方法？（A）安排情境，透過生活經驗來學習（B）透過團體遊戲，提高學習興趣（C）利用實物與教具隨機教學（D）先輔導幼兒數數，再作分類、配對等活動。（82.日專）

（B）231.工作教學活動中，哪一項不適合小班的幼兒？（A）繪畫（B）木工（C）紙工（D）泥工。（82.日專）

（C）232.關於幼兒輕微燙傷的處理，下列哪一項敘述不正確？（A）一開始及徹底冷敷，以免起水泡（B）在皮膚為紅腫之前，宜寬鬆衣服及配件（C）若起水泡，則剪破水泡，使液體流出，減輕紅腫（D）冷敷後，避免在傷處塗敷軟膏或外用藥水。（82.日專）

（A）233.讓幼兒聆聽各類聲音，來感受聲音的大小、高低、強弱、快慢、長短等，這是幼兒音樂課程內容中的哪一項？（A）欣賞（B）韻律（C）唱遊（D）節奏樂。（82.日專）

（D）234.關於工作領域的課程活動，下列何項敘述有誤？（A）選擇材料時，應多選「原料」，避免用「熟料」（B）木工場所最好在教室外另闢一角，讓幼兒專心操作，但要隨時注意安全（C）泥工宜選用較易揉搓塑造的材料，色彩最多三色即可（D）幼兒手細，縫針宜用小號針，以防滑落。（82.日專）

（D）235.關於幼兒音樂教學的實施，下列敘述，何者正確？（A）幼兒唱歌時，應特別注意糾正錯誤（B）儘量鼓勵幼兒大聲唱歌（C）新歌要一次教完（D）習唱法要多變化。（82.日專）

（B）236.幼兒每日應攝取哪幾類食物，以維持均衡之營養（A）餅乾、奶油、魚、果汁、牛奶（B）五穀、油脂、魚肉蛋奶、蔬菜、水果（C）牛奶、麵包、果凍、乳酪、魚（D）麵類、豆類、乳類、蛋類、魚類。（82.日專）

（A）237.指導幼兒節奏樂，其二拍、四拍及三拍子的打法依序分別是：（A）強、弱；強、弱、次強、弱；強、弱、弱（B）弱、強；弱、次強、弱、強（C）強、弱；強、次強、弱、弱；強、次強、弱（D）弱、強；弱、次強、弱、強；弱、次強、強。（82.日專）

（C）238.給3～5歲的幼兒講故事，應符合下列何項原則？（A）不要重複同一故事，以免幼兒厭煩（B）最好必要一次講完，以保持幼兒高度興趣（C）讓幼兒參與到故事的命名及情節當中（D）教師站著講，可讓全部幼兒看到老師。（82.日專）

（D）239.維護幼兒行的安全，下列敘述何者錯誤？（A）四歲以下的幼兒上下學最好有人接送（B）應教導幼兒認識各種交通標誌（C）

幼兒娃娃車輛應每半年整修一次，每日由司機檢查一次（D）幼兒若步行上學，應教導其走僻靜人少之巷道，較為安全。（82.日專）

（C）240.關於幼兒意外傷害的處理，下列何者正確？（A）被蜜蜂、螞蟻或黃蜂叮咬，應立即塗抹醋或檸檬汁（B）撞傷瘀血，應馬上熱敷（C）嚴重外傷，應立即止血，避免感染，然後送醫（D）遇中毒狀況，應立即催吐。（82.日專）

（A）241.安全教育的實施屬於幼兒六大課程領域中，何種領域的教學目標？（A）健康（B）遊戲（C）常識（D）工作。（82.日專）

（B）242.幼兒餐點的實施，宜遵照下列何項原則？（A）每次點心時間約為5～10分鐘（B）點心時間距前正餐約2小時（C）點心以經濟性和多變化為原則，宜多採用現成的餅乾或糕點（D）為注意衛生，宜採用保麗龍免洗餐具。（82.日專）

第四章

幼兒教保
的原則與方法

一分鐘提示

　　如果說教保內容是教保心臟，教保方法則為教保四肢，教保原則即為教保眼睛，有了眼睛，加上四肢良好的運作，幼兒學習才能事半功倍。本章從師生關係談到教學原則、方法，及常用的教學法，請同學務必熟讀，尤其是教學原則（理論及倡導人）、教學法（創始人及教學法內涵）的部分，更是出題的重點。九十年統一入學測驗從此章出現的試題即佔了二成以上，可見此章節的重要性。

重點整理

模擬試題

歷屆試題

重點整理

壹、輔導幼兒行為的原則

一、師生關係

（一）教師是決定幼兒學校經驗內容的最大因素。

（二）教室是否安全可信賴，端賴師生間的關係。

（三）教師會影響幼兒對學習的態度興趣與感受。

（四）教師對人、處世的態度會影響幼兒的態度。

（五）教師同理心對待幼兒以建立正確自我概念。

（六）教師協助幼兒自我尊重與人建立良好關係。

二、教室管理理論

師生關係如上述，良好的師生關係建立在良好的教室關係，教室管理的重要不言而喻。而所有的管理理論皆可考慮個人的需求及對幼兒表達尊重、關懷的方式來運用。其內容如下：

	教室管理
人文理論	1.派別：人文學派。 2.主張者：卡爾·羅吉斯（C. Rogers）。 3.內涵：學者認為教師的首要之務，要使個人與團體之間的關係更人性化，並能幫助幼兒發展個人獨特的潛能，及積極看待自我和世界。 4.教師特質：誠實、開放、溝通有技巧（主動傾聽、傳達不帶批判性的訊息、開放式的解決問題。）
民主理論	1.派別：人文學派。 2.主張者：魯道夫·德列克（Rudolf Dreikurs）。 3.內涵：學者認為幼兒帶有強烈的慾望，想成為社會人。當此欲

民主理論	望無法以合作、積極的方式達到時，幼兒會沮喪，甚至採取干擾行為。教師應協助幼兒成為團體中受尊重、有責任的一份子。 4.教師特質：具有尊重、合作、參與決策等的民主概念。
行為理論	1.派別：行為學派。 2.主張者：史金納（Skinner）。 3.內涵：學者認為所有的行為都是受外界的刺激所引起的，引發預期行為及改變不良行為的程序都可教導。 4.教師特質：不介入衝突，但控制行為事件。
心理動力論	1.派別：精神學派。 2.主張者：佛洛依德（S. Freud,1856～1936）。 3.內涵：面對和解決幼兒的行為問題時，宜根據幼兒過去的經驗以及對他性格的影響，以同理心的態度來深入瞭解幼兒的情緒經驗。 4.教師特質：善用認同、轉移的過程處理幼兒的行為問題且重視親職教育。

三、教室管理要領

給老師的話：

（一）當教室內噪音增高時，教師可把說話聲音放柔和或停止說話。

（二）為吸引幼兒的注意力，教師可蹲下身子與幼兒同高直接說話。

（三）如果你真有意願讓幼兒自己做決定時，問話中才給他做選擇。

（四）輔導幼兒的行為時，避免使用會產生競爭、損及自尊的字眼。

（五）避免幼兒覺得只有在他們不乖時才被注意，輔導時，要用積極、肯定、正向的言語。如下表：

消極、否定、負面	積極、肯定、正向
1.不要把衣服弄髒了！	1.做美勞時，你最好加上一件罩袍。
2.不要亂翻書！	2.書要愛惜，翻書時請輕一點。
3.不要在教室內到處跑！	3.要跑，請到操場，場地大。
4.不要亂丟垃圾！	4.請把垃圾放到垃圾桶裡。

第四章　幼兒教保的原則與方法

（六）為有效做好教室管理工作，亦可與幼兒討論，共同訂定常規，
共同遵守。

四、衝突處理要訣

（一）當某個幼兒的情緒猛烈爆發時，教師應立即安撫，同時保護其
他的幼兒及財物。

（二）給幼兒一個場所、一段時間，讓他將情緒沉澱下來，同時思索
他可能想做的事。

（三）表達你對破壞行為的不認同，但語氣關切。

（四）和幼兒討論、尋求不再發生類似行為的辦法，而不是試圖找出
該受處罰的「人」以及為何會發生的「事」。

（五）不可粗暴的懲罰或處理。

五、和幼兒溝通的技巧

所謂的「溝通」是指訊息、信號或消息的給予和接受。和幼兒溝
通，不論透過語言或非語言，首在尊重幼兒，這是第一步。其基本溝通技
巧如下：

（一）認知的能力：確實理解對方所傳出的訊息。

（二）真實的反應：對對方的字語及情緒，能認真傾聽、理解、並做
出正確的反應。

（三）敏銳的反應：受噪音、空間、溫度等物理的影響，以及個人外
表、成見的影響，而有溝通上的障礙時，應能敏銳而正確地知
道對方的需要。

（四）解決人際問題的能力：協助幼兒學會解決人際問題的能力。

湯馬士・高登（Thomas Gordon）將溝通技巧界定為所謂「接受的語
言」，共四種反應方式：

（一）被動的傾聽：亦即沉默。仔細地聽，不作任何言語的反應。

（二）單純的承認：點頭表示肯定，或者發出鼓勵、贊同的聲音。

（三）打開門扉：在「單純的承認」中加入話語。如：「是，是，我
知道。」；「對這點，請多告訴我一些。」

（四）主動傾聽：向對方表達你的同理瞭解。當他人有問題時，這是高登認為最有效的反應方式。和幼兒溝通時，採用主動傾聽的反應方式會讓幼兒認為你是個值得信賴的人。

貳、幼兒教保的教學原則

依教學的起點、過程、結果可分為：

一、依教學的起點言

（一）準備原則

1. 創始人：桑代克（E. L. Thorndike）。

2. 理論：

①桑代克的學習三原則：準備律、練習律、效果律。

②準備原則出自其中的準備律。

③一切的反應須視個體本身的反應如何來決定，個體如果對某個刺激正準備回應，為了滿足個體，他會積極去做。

3. 意義：準備原則的運用：

①教師的準備：瞭解教育目標、布置教學情境、編寫教案、準備教具、認識學生。

②學生的準備：學生的能力、成熟度、過去的經驗、心理準備（動機）。

4. 教學上的應用：引起動機可以使用的方法：

①以簡短故事或趣事。

②利用實物、標本、畫圖、照片、影帶或豐富的情境。

③以遊戲、工作、歌唱或周遭事物、時事。

④以實際參觀、郊遊、討論。

⑤說明新教材的價值和功用。

⑥和幼兒討論疑難的問題。

（二）類化原則

1. 創始人：赫爾巴特（J. F. Herbert）。

2. 理論：類化又稱統覺。教學要依據學生舊有的經驗，來領悟

新的知識，再使新舊知識起同化作用，以達到貫通的效果。
所以舊經驗是同化新知識的基礎。赫爾巴特的四段教學法：

①階段一：明瞭。以舊經驗作為解釋新教材的基礎。

②階段二：聯絡。新教材與舊經驗間產生關連。

③階段三：系統。新舊經驗融成一新的經驗系統。

④階段四：方法。將系統知識應用於實際。

明瞭、聯絡兩階段是應用類化原則的教學步驟。

3.意義：將新的學習與舊的經驗連結在一起，以達到最高的學習效果。

4.教學上的應用：

①教材的選擇：根據幼兒的能力、興趣、舊經驗及心理發展的程度來選擇。

②教材的組織：由心理組織法到論理組織法。

③教材的排列：由已知到未知、由具體到抽象、由簡單到複雜、由易到難。

④教學方法：藉由回憶、利用、提供經驗等方式，作為幼兒學習新教材的類化基礎。

二、依教學的過程言

（一）自動原則

1.理論：所謂「自動原則」乃指學習者在學習活動中主動且積極，此時，學習是一種自動自發的行為。孔子的「舉一反三」、杜威的「做中學」、福祿貝爾的「自發活動」，皆為此中圭臬。

2.意義：幼兒學習所要具備的「聽」、「看」、「做」運用自動原則在幼兒教育上則為：「自己」、「主動」、「活動」。

3.教學上的應用：

①活動前要引起幼兒的學習動機。

②布置刺激有趣的環境，吸引幼兒自動學習，勇於嘗試。

③重視幼兒學習的歷程，而非只看表面的結果。

④時間安排充分，每位幼兒都有參予的機會。

（二）個性適應原則

1.理論：每個人因受天生遺傳與環境的影響而在身、心方面有著許多的不同，此爲個別差異。

2.意義：

①適應幼兒的差異：瞭解幼兒差異的原因和現象，才能因材施教，使人適性發展、盡其才。

②適應教師的差異：進行協同教學。

3.教學上的應用：

①學制上：設置各類型的學校，以適應智力及不同興趣的學生。如：資賦優異班、能力分班、特殊教育班、分組活動（個別活動）、角落活動等。

②行政上：課程採用發現教學模式設置興趣角，以適應幼兒個別差異，教材以幼兒能力適性調整，人數每班不超過30人。

③方法上：採個別指導，速度要合適，能發掘特殊才能，鼓勵幼兒自我比較，多利用器材設備，協助幼兒自學。

（三）社會化原則

1.理論：人不能離群索居，在充分適應個別差異、發展個人所長的同時，人也要能參與社會生活。

2.意義：使個人成爲社會人的過程和作用，即爲「社會化原則」。

3.教學上的應用：

①教材：多選擇應用於社會生活的教材。

②教學：多設計共同合作的學習方式，且善用社會資源。單元活動可設計「開商店」、「小小樂隊」等要一起合作的單元。

③指導：採用互助合作的方式，強調集體創作的成就。如：合作畫。

（四）完形學習原則

1.理論：又稱爲統整原則。此原則是以格斯塔心理學派（Gestalt Psychology）的理論作爲基礎。認爲學習是個體對整個刺激情境所做的整體性反應。強調幼兒認識、應付、控制、改造環境的能力。

2.意義：學習要注重整體性的瞭解。不主張分科教學，而單元學習的教學就是「完形學習原則」。

3.教學上的應用：目前幼稚園所採用的單元設計教學即此原則的應用。其說明如下：

①教材組織：採用單元組織，將有關的教材組合在一起，作成一完整的體系。

②教法：採用單元教學法，使幼兒獲得完整的生活經驗。

三、依教學的結果言

（一）熟練原則

1.倡導者：美國人莫利生（H. L. Morrison）。

2.理論：熟練公式：教學前測驗→教學→測驗教學結果→修正教學方法→再教學→再測驗教學結果→……直到學習熟練。

3.意義：教學時，讓幼兒不斷地練習所學習的事物，直到純熟，符合預期的目標。積極面：靈活運用，增加學習效果；消極面：減少遺忘。

4.教學上的應用：提供幼兒多次練習和應用的機會。

①教材：有意義、有組織、幼兒容易理解和學習。

②教法：有效的學習方法，再經常練習和應用，直到熟練。

③教學過程中要適時協助和矯正，以加強幼兒的熟練度。

（二）同時學習原則

1.倡導者：美國教育家克伯屈（W. H. Kilpatrick）。

2.理論：把學習分爲：

①主學習：教學時直接所要達成的目標，一般指知識、技能、態度或理想。

②副（聯）學習：與主學習有關的思想和觀念，多屬知識的學習。

③附學習：學習時所養成的興趣、態度、情感和理想。亦即為「教訓合一、注重身教」。克伯屈特別看重第二、三項的學習。因大多數的教學過於重視知識、技能的獲得，而忽略理想、情感的人格陶冶。

3.意義：幼兒在一個學習活動中，可以同時學到許多的事物，如在「水」的單元中：

①主學習：可以學到水的特性、功能。

②副學習：可以從學習中瞭解水對人類的貢獻、水和人的關係。

③附學習：懂得節約用水、飲水思源。

4.教學上的應用：

①主學習、副學習、附學習間要有適當的比例，以求學習的完整。

②教學評量應包括幼兒的價值批判、情趣的欣賞和態度的養成。

③身教、言教並重。

（三）興趣原則（補充）：理論：杜威（J. Dewey）認為興趣和努力是克服困難的條件。克伯屈（W. H. Kilpatrick）指出教學既然要擴大幼兒學習興趣的範圍，不妨由直接興趣中產生或培養無數的間接興趣，使之自然成為直接興趣。

參、幼兒教學常用的教學法

常用的教學法有多種，教學時應依據幼兒的學習活動目標以及幼兒的年齡及能力來決定所要採用的教學法。

一、思考教學法

啟發幼兒思想、增進幼兒知識。可分為：

（一）講述法

    1.傳統教學中，最常用的教學法。

    2.運用時機可在遊戲活動前的介紹、引起動機、活動過程中的暗示、活動間的銜接以及活動後的分享。

    3.講述時間不宜太長。

    4.講述時，注意說話的技巧、表情以及教具、實物的運用。

（二）討論教學法

    1.目的：肯定幼兒的經驗與想法。

    2.使用最佳時機：活動前的團體討論、活動後的分享討論以及常規和偶發事項的討論。

（三）問答教學法：教師所提出的問題必須和幼兒的舊經驗、學習經驗或幼兒實際觀察的事物相關。

（四）啓發式教學法

    1.不是填鴨式的教學法。

    2.重視幼兒整個的學習過程，以及思想的啓發。

    3.布置合宜的學習情境。

    4.提供豐富、有創造性的素材。

    5.讓幼兒透過感覺、觀察、操作、實驗等方法學習。

（五）設計教學法：運用具體的材料，幼兒自己計畫、完成一件工作。其特點如下：

    1.設計是有目的、有計畫的活動。

    2.設計是手腦並用的完整活動。

    3.設計是自動自發、在實際中、在創造思考中皆可進行的活動。

    4.設計的步驟為決定目的→擬定計畫→實施工作（進行活動）→評量活動。

（六）觀察教學法

    1.又稱直觀教學法。利用實物、模型、幻燈片、事實等來教學。

    2.不能單獨使用，須配合講述法和問答法。觀察前提問題刺激

觀察力，觀察後用講述法統整，教學更完整。

（七）實驗教學法：透過遊戲及實際操作的過程，讓幼兒觀察、發現及比較。其目的為：

　　1.激發幼兒對周遭事物的好奇心。

　　2.培養幼兒對事物敏銳的觀察力。

　　3.培養幼兒探討自然事物的興趣。

二、練習教學法

有關語文符號的熟識和記憶，以及動作技能的學習。

（一）目的：養成機械的習慣、熟練的技能和記憶。

（二）注意事項：

1.使練習遊戲化，增加幼兒練習的興趣。

2.教師以正確的示範來引導幼兒模仿。

3.安排重複練習的機會，並給予適當的鼓勵。

三、欣賞教學法

培養幼兒的興趣、態度、理想和價值觀。

（一）藝術的欣賞：培養如音樂、美術、欣賞自然風景等的休閒生活習慣。

（二）道德的欣賞：透過名人傳記、寓言等培養幼兒高尚的情操與良好的品格。

（三）理智的欣賞：有關科學、發明、知識的欣賞，培養幼兒探求真理的精神及求知的興趣。

四、發表教學法

發表教學法的目的為培養幼兒的表達能力。包括：用言語表達；用造型表達；用戲劇、音樂表達。

肆、教保教學常用的實驗性教學法

一、五指教學法

（一）源起：

1. 陳鶴琴先生在上海擔任國立幼稚師範專科學校校長時，提出五指教學法，對當時的幼兒教育影響很大。

2. 民國41年台北女子師範學校附設幼稚園主任熊慧英女士，依據「五指活動」編寫了《幼兒單元活動教材法》一書，至此，此教學法遂被推廣。

3. 盛行於民國41～48年。

（二）意義：五指比喻為健康、社會、科學、藝術、語文等五項教學，有如手指、手掌，血脈相通，不可分

（三）特色：此法注重整體，不在分枝，表面上看似分科，實際上教材連貫又整體，為發展德智體群美五育均衡的課程。

（四）優缺點：

1. 優點：聯絡各科教材，把握各課程的特點。

2. 缺點：

（1）以教材、教師為中心，幼兒自動參與的機會少。

（2）教具少，課程缺少變化。

（3）較難啓發或引導幼兒創作。

二、方案教學法

（一）源起

1. 1908～1911年間，由美國人史蒂文生（Stevenson）首先提出。

2. 1918年，克伯屈教授發表〈方案教學法〉一文，倡導此法，為許多小學爭相採用。

3. 倡導進步主義教育的杜威和提倡方案教學的克伯屈兩位同時反對以「科目」型態為本位的課程組織。

4. 1967年普勞頓報告書發布後，英國的小學至今以此教法為主

要的教學方式之一。

5.義大利雷吉歐學前教育機構，以觀察方式評量幼兒的學習，首創駐校藝術老師，即為實踐方案教學非常成功的學校。

6.美國的凱茲博士（Lillian Katz）及查德博士（Sylvia Chard）也大力提倡此法。目前台灣的幼教界亦受此教法的影響。

（二）意義：幼兒依自己感興趣的特定主題計畫，再依計畫進行的方法為方案教學法。其特色為：

1.注重幼兒的自主性與內在動機。

2.以幼兒為本位，教師和孩子皆為教室情境的主人。

3.不是一個新的教學法，而是一個重要的教學理念，一個教與學互動的過程。

（三）理論基礎

1.皮亞傑認知發展論：

（1）知識起源於對問題的實際探索與操弄。

（2）主動學習的重要性。

（3）提供尚待解決的問題，有利於個體的認知發展。

2.後皮亞傑學派：

（1）深入性：幼兒也有可能對某一特定的領域做深入的探討。

（2）互動性：同儕和成人在幼兒的學習過程中的重要性。

（3）獨特性：課程的安排上顧慮到個體的發展。

3.維高斯基理論：

（1）互動性：學習活動的過程是在幼兒與他人的互動間展開。

（2）獨特性：提出「最佳發展區域」理論來支持個別差異的觀點。

4.布魯納認知理論：

（1）學習者會主動組織素材作為自己的認知結構——發現學習的提供者。

（2）為主體網提出理論基礎（人類取得或儲存知識乃是透過

分類的過程）。

（四）實施要點

1.選擇主題：

（1）選擇能幫助幼兒瞭解別人的主題。

（2）選擇能促進幼兒和父母溝通的主題。

（3）選擇的主題能鼓勵幼兒在學校外尋找資訊的來源。

（4）選擇的主題能讓幼兒更能瞭解其所居住的世界。

（5）選擇的主題能根基於幼兒已有的知識和能力。

（6）選擇的主題能讓幼兒在真實生活中瞭解讀、寫、數算的價值。

（7）選擇的主題能提供幼兒戲劇扮演或表現想法的機會。

2.初步計畫：

（1）畫一個主題網：可在團體中以腦力激盪的方式尋得。這會讓主題的範圍更明確。

（2）確定重要事件的大綱。

（3）調查可能的所有戶外教學活動。

（4）蒐集資源。

3.發展階段：方案教學施行時，可分為三個階段、五個要點。

（1）三個階段：

①階段一（方案開始）：從幼兒已具有的知識和興趣中回顧。

②階段二（方案發展）：提供幼兒新的經驗和研究的機會。

③階段三（方案結束）：對所學習的方案評估、省思、分享。

（2）五個要點：

①團體討論、實地參訪、發表、調查、展示。

②每一個階段可依五個要點施行，而每一個階段在方案中所持續的時間比例，在幼稚園時期為：

· 階段一：25%

·階段二：50％

·階段三：25％

4.重視記錄：在活動進行中，教師應用筆記本、照相、拍錄影帶、錄音、蒐集幼兒作品等方式將活動的內容記錄下來，以為整個方案課程的發展做評估。

（1）方案和單元的區別：

①方案：目標經由幼兒與教師的商議慢慢有組織地發展出來，幼兒不但可以自由選擇活動，且豐富的課程所持續的時間也較長。

②單元：目標經由教師事先計畫、設定好，幼兒從事相同或相似的工作，且課程持續的時間也較短。

（2）方案教學與結構性教學的比較：

①方案教學：是自主性的活動，著重內在的學習動機和技能的運用，幼兒可自由選擇，教師處於「引導」幼兒學習和建立幼兒能力的位置。

②結構性教學：是指導性的活動，著重基本技能的獲得，外在的學習動機很重要，幼兒聽從指示，教師處於「直接指導」幼兒學習和指出幼兒不足的位置。

三、全語言教學法

全語言教學法之研究及理論基礎：

（一）心理語言學研究的影響：教材內容必須整體、全面、有意義。

（二）社會語言學研究的影響：瞭解溝通時的社會因素才能瞭解溝通的意圖。

（三）讀寫萌發研究的影響：幼兒讀寫是一個「持續的歷程」，非為某個特定的時刻。

（四）建構學習理論的影響

1.按照皮亞傑的說法，所有的學習是經由「同化」和「調適」而發生。

2.閱讀和寫作是一種和文字互動來建構意義的過程。

（1）意義：

①全語言幼稚園是一個聽、說、讀、寫同時並重的全語言
環境，幼兒能在「完整的語言」和「有意義的溝通」中
學習。

②全語言是一種教育哲學觀，不是一種教學法，更不是一
種語文教學法。

（2）全語言幼稚園的關鍵要素：

①布置一個自然、豐富的語文情境，示範使用語言的方
法。

②相信並期盼幼兒都能成為能說會讀也會寫的人。

③安排固定時段供個人及全班共同閱讀。

④重視有意義的溝通。

⑤提供對幼兒感興趣的教學活動。

⑥幼兒在語文的使用上錯誤時，應抱持接納、理解而非糾
正的態度。

四、行為課程教學法

（一）源起：民國27年張雪門先生所創，盛行於民國49～56年間。

（二）意義：以幼兒為本位，以幼兒的行為為中心，為成就幼兒身心
的發展，配合實際的教材所擬定的課程，來實踐幼兒在幼稚園
的實際行為和生活，即為行為課程教學法。

（三）實施要則

1.行為課程起於幼兒的自然行為，但課程內容須經過教師的篩
選。

2.對有需要、有興趣、但尚須討論的事情，須在「勞動上勞
心」，亦即凡事經過思考後再行動才最具價值。

3.課程的內容必須由生活中來取材，但須有遠大客觀的標準。
所以教師須要適時的引導，以及提供豐富、有啟發性的教
材，以因應幼兒將來生活之所需。

（四）計畫原則

1.學習動機：可分為教師事先設計所引起的動機和幼兒自發的動機二方面。

2.學習目的：教師預期幼兒從活動中所能學習到的教學成果。

3.教學活動：在活動過程中，教師必須對每天行為的實踐做詳細的記載。

4.活動前的準備：

（1）知識：教師應具有豐富的知識，但是行為課程是以解決幼兒生活中的問題為目標，較不易獲得完整的知識。

（2）技能：如果活動本身有技能性，教師須熟練該項技能並知其原理。

（3）分析及準備：分析每天活動的先後順序，及準備所需的工具和材料。並適時補充活動進行中其他學習行為所需要的材料。

（五）實施後的評量

1.對幼兒在活動中的行為做檢討。

2.對幼兒的行為應繼續注意和觀察。

3.對幼兒的行為要記錄，並和預定的行為目標做比較。

（六）行為課程教學法的優缺點

優點：（1）幼兒對以自己為中心的教學法較感興趣。

（2）實踐實際行為較切合生活的需要。

（3）幼兒較能適應環境、解決問題。

缺點：（1）活動實施時，仍以教師為中心。

（2）太過重視評量，推廣不易有好效果。

（3）較無法得到完整的學習。

五、大單元設計教學法

（一）源起：於民國54～59年間，由熊芷校長開始實驗，再由郭豸女士推廣到一般幼稚園，至今這種教法仍被許多幼稚園所採用，影響幼兒教育深遠。

（二）定義：大單元設計教學法是以生活重要問題為中心的完整學習
活動。其特徵如下：

1.徹底打破各科的界線。

2.由師生共同設計、實施。

3.採用心理組織法。

4.教材以單元的方式，有目的、有內容、在一定的時間內完
成。

（三）特色

1.單元主題：以實際的生活問題為學習中心，教育融入生活
中，增加幼兒解決日常生活問題的能力。

2.教材：一個單元是一個完整的學習經驗，故教材具有完整
性。

3.學習主體：以教師為重心，幼兒參與。

4.單元活動有明確的目標和周詳的計畫。

5.活動時限：單元活動的時間有彈性。一般單元進行的時間為1
～4週左右。年齡愈小，時間愈短。通常一星期為一個單元。
但也有彈性，如果活動的內容豐富，幼兒又想繼續玩，活動
的時間可拉長到幼兒不玩為止。

6.單元活動徹底打破學科的界線（合科）：一個單元，融合了
相關的學科，把零碎的知識變成了一個完整的學習經驗。大
單元聯絡教學雖也是將零碎化為完整，但保留學科的界線
（分科）。

7.單元活動的學習過程中提供幼兒機會發展社會行為。

（四）影響大單元設計教學的思潮

1.完形心理學：以實際活動貫穿各教材，教學具有統整性。

2.差異心理學：單元設計時考慮幼兒個別的差異。

3.杜威學說：讓幼兒「由做中學」，以實際行動來完成知的作
用。

4.盧梭的自然主義：以幼兒為本位。

5.經驗主義的直觀教學：和經驗愈有關的教材，愈有教育價

値。

（五）計畫要項

1.選擇單元：按照幼兒的年齡、興趣、能力，配合園所的經費、季節、時令以及當地的社區資源選擇適合的單元。

2.活動計畫要項包括三個階段：準備活動、發展活動、綜合活動。

（1）準備活動：師生共同蒐集相關的資源。

（2）發展活動：讓幼兒思考、討論、交換意見、解決問題、創造、嘗試、練習、實驗等充分活動。

（3）綜合活動：亦稱高峰活動。活動最後以表演、展覽、分享、討論、歸納等方式進行，如此這般使幼兒獲得完整的知識經驗。

3.教學日誌：記實活動內容，包括班級、日期、教師姓名、單元名稱、幼兒人數、教學準備事項、提要、活動實況、檢討改進計畫。如實、客觀、持續地做記錄必有助於教學的改進。

（六）大單元設計教學法的優缺點

1.優點：注重如何獲得生活的經驗和解決問題的能力，能獲得完整的知識經驗。

2.缺點：很多的單元因受經費、人力、環境的影響，而無法真正獲得實際的經驗。

六、發現學習教學法

（一）源起：早自蘇格拉底時即有此一古老的教學方法。約於1940年始行於英國幼兒學校，後於60～70年間盛於美國。當時的幼兒教育家布魯納（J. S. Bruner）即推崇此法。民國59年由布克太太引進，民國60年由郭多首先試行於幼稚園，現今已逐漸成為發展趨勢。

（二）意義：教師於教學前布置好各種不同的情境，讓幼兒依照自己的興趣，自由運用，主動探討、解決問題，在持續不斷的活動

中，達成自我滿足、自發學習的一種教學法，它是：

1.經驗課程的一種。

2.重視學習的過程，而非學習的結果。

3.重視發現的方法外更重視發現後的學習。

（三）教學原理的根據

1.經驗主義直觀教學：實物的觀察、親身的體驗與感受。

2.差異心理學：滿足個人不同的需要。

3.杜威理論「做中學」：自己做、自己學、自己解決問題。

4.新科學教學原理：啓發、培養幼兒學習自然科學的方法和態
　度，並從中獲得概念。

（四）特色

1.幼兒爲主體，教師是：

（1）活動的示範者。

（2）孩子的玩伴。

（3）提供幼兒材料的人。

（4）保母、護士。

（5）裁判、聽眾。

（6）鼓勵者、輔導者。

（7）知識補充者。

2.依幼兒的興趣設計。

3.能適應個別的差異。

4.單元較無時間的限制。

5.學習的氣氛自由、互信，注重經驗的學習。

（五）教室的特色

1.布置豐富，幼兒可以自由選取材料。

2.有較多的個別和小組活動。

3.教師以平等的態度對待幼兒。

4.幼兒不固定坐在椅子上，教室充滿了聲音和活動。

（六）安排活動時應注意事項

1.訂定活動規則。

2.掌握各學習角落的人數。

3.依幼兒的學習能力。

（七）實施活動時應注意事項：發現教學法除了採用發現角活動或小組活動外，亦可配合團體活動的課程。教室內可預留1／3至1／2的活動空間，供諸如：討論、分享、說故事等的團體活動使用。

（八）各種教學情境布置（亦即角落布置、發現角）：包括數學角、繪畫角、音樂角、圖書角、科學角、創作角、娃娃角。

（九）實施要點

1.依照空間的大小、教學的目的、以及幼兒的興趣來布置合宜的角落。

2.決定所需的設備及多樣性可供操作的材料。

3.先讓幼兒認識各學習角，然後與之討論訂定使用的方法和規則。

4.先輪流開放各學習角，等幼兒熟悉後，再全部開放。

5.依幼兒的發現，隨時增加學習角內的材料，以引起幼兒的興趣，進而再發現再學習。對於幼兒不感興趣的角落則應調整內容或更換布置。

6.角落櫃不要太高，方便教師注意每一個角落的活動狀況。

7.對於幼兒個人及各角落間的運作情形要隨時觀察記錄，以作調整或改善。

（十）發現學習教學法的優缺點

優點：1.單元時間彈性大。

2.幼兒相互觀摩、學習，活動又以自己為主體，興趣大。

3.教具、教材豐富，能增加幼兒創造思考的能力。

缺點：1.不易有完整的教材系統。

2.設備、教具、材料若不足，幼兒較無從發現、學習。

3.教師若經驗不夠，容易使教學活動散漫無章。

（十一）發現學習教學法與傳統教學法的比較

比較項目	發現學習教學法	傳統教學法
理論依據	以幼兒為本位	以成人為本位
學習主體	幼兒	成人（教師或父母）
師資	教師為觀察、輔導者。須受專業訓練	教師為決定、權威者
教材	合科學習	分科學習
教法	幼兒主動、發現學習	幼兒被動學習，以記憶、灌輸為主
教學型態	注重個別差異的小組活動	為團體學習的大班活動
教學重點	注重幼兒「怎麼學」	注重教師「怎麼教」
教學過程	「過程」重於「結果」	「結果」重於「過程」
學習環境	注重角落的布置與內容的更換	不重視
學習氣氛	活潑、開放	呆板、嚴肅
學習場所	走出園所之外	在園所

※資料來源：王逸芸、林惠芳（2001），《幼兒教保活動設計》。台北：龍騰。

七、創造思考教學法

（一）源起：基爾福於1950年發表演說，倡導創造性思考教學法。

（二）意義：為因應未來社會的暫時性、多樣性、新奇性的衝擊所設計出來的教學法，以便培養幼兒創造思考、解決問題的能力。此教學法是指幼兒在「支持的環境」下，以認知方面的創造力，經過思考，對事物產生獨特新穎觀點的一種教學法。

所謂「支持的環境」：自由、安全、和諧。能容忍、接受不同意見的環境。

所謂「社會的暫時性」：人類知識、狀況日新月異，不斷改變。

所謂「社會的多樣性」：人類將面臨多選擇的危機。

所謂「社會的新奇性」：人類喪失傳統，各種新奇事物一再增加，加重人類的壓力與負荷。

（三）創造力的特質

　　1.認知方面：

　　（1）敏覺性：敏於覺察問題的關鍵或缺漏。

　　（2）流暢性：對一個問題的答案有多方的見解、聯想和表達。時間愈短、答案愈多、流暢力愈高。

　　（3）變通性：對一個問題的答案具有不同的分類或不同方式的思考，甚而舉一反三。

　　（4）獨創性：答案獨一無二、觀念別人想不到。

　　（5）精進性：在原來的架構上，多出新的構想、新的觀念或新的細節。

　　2.情意方面：

　　（1）好奇心：凡事打破沙鍋問到底，樂於探究的精神。

　　（2）冒險性：勇於接受失敗和批評，再接再厲，不氣餒。

　　（3）挑戰性：勇於在混雜的情境中，尋求各種可能性，找出問題的癥結。

　　（4）想像力：對事物善於直覺推斷，且能想像具體化，具有超感官和超現實的能力。

（四）創造思考教學法的特色

　　1.沒有固定的答案。

　　2.以幼兒為主。

　　3.活動時間有彈性。

　　4.材料豐富、有變化。

　　5.學習氣氛自由，能接受不同的看法。

（五）創造思考教學法的教學原則

　　1.以失敗作為實際的教材。

　　2.接納幼兒的個別差異。

　　3.支持、鼓勵幼兒不平凡的想法或回答。

　　4.允許幼兒有充分思考的時間。一般發問後的停頓時間約為3～5秒。

　　5.鼓勵幼兒嘗試各種的學習活動。

6.傾聽、接納，師生間、幼兒間打成一片，氣氛和諧。

7.每位幼兒，人人參與，個個有機會，決定學習活動的方式或內容。

8.覺察創造的多層面。

9.教學民主，氣氛自由。

10.善用創造思考的發問技巧。

（六）創造思考發問技巧的內涵

所謂「創造思考發問技巧」是指教師所提出的問題沒有一定的答案，幼兒可以天馬行空，盡情思索，所得答案新穎、獨特、有變化。其內涵如下：

假如	讓幼兒想像不可能變為可能的情況。 例：假如你變成天使，你想做些什麼事？
列舉	舉出符合某一個條件的事物或資料。 例：有營養的蔬菜有哪些？請列舉幾種出來。
比較	就兩個或兩個以上的事物或關係，比較其異同。 例：比較一下排球和籃球有什麼不同？
替代	用其他的事物、觀念或詞句來取代原有的資料。 例：上學時，沒帶傘，回家時，突然下雨，你會拿什麼東西來擋雨？
可能	就某一件事物或關係，思考其可能會有的狀況。 例：天黑了，小昀跑出去玩，可能會發生什麼事？
除了	突破成規、既有觀念，尋找其他新的做法或觀念。 例：在學校，你除了讀書以外，還會做些什麼事？
想像	運用想像力、將不可能變為可能。 例：想想看，如果你現在有一條船，你會到哪裡去？
組合	將不同類別的事物，組合在一起。 例：用一條「蛇」、一頂「帽子」、一根「棍子」、一個會說話的「鳥」，組合成一個故事。
類推	將兩項事物、人物或觀念直接比擬，以產生新的觀念。 例：故事和漫畫有什麼相同的地方？它們和電影又有什麼相同的地方？

六W	以Who（誰）、What（什麼）、Why（為什麼）、When（什麼時候）、Where（哪裡）、How（如何）來發問。 例： 誰（Who）：誰喜歡看漫畫？ 什麼（What）：什麼漫畫書幼兒最喜歡看？ 為什麼（Why）：為什麼幼兒都喜歡看漫畫書？ 什麼時候（When）：什麼時候看漫畫書，老師不生氣？ 哪裡（Where）：在哪裡看漫畫書最好？ 如何（How）：如何看漫畫書才不會影響功課？

（七）創造思考教學法的優缺點

　　　優點：1.在沒有壓力的學習環境中學習，心情愉快，有表現機會。

　　　　　　2.課程有彈性，能適應個別差異。

　　　　　　3.自由思考、探索，能培養幼兒思維縝密、靈巧活潑。

　　　缺點：1.要有豐富的知識、經驗作基礎，才能創造。

　　　　　　2.成果無法立即看到。

八、高廣度教學法

（一）源起：又稱高瞻學齡期教育課程。於1960～1970年，由大衛・懷特博士（Dr. David Weikart）所倡導。

（二）意義

　　　1.High／Scope教學方案是由心理學家皮亞傑（Jean Piaget）依據認知發展理論所發展出來的認知導向課程（Cognitive-Oriented Curricuium）。

　　　2.以幼兒為主，課程注重幼兒的「直接經驗」和「主動學習」，以期培養獨立思考、解決問題的能力。

（三）活動方式：以期培養幼兒選擇、作規劃的能力和負責任的精神。其內容如下：

　　　1.計畫：幼兒作計畫、幼兒做選擇，大人回應幼兒的想法。

　　　2.工作：幼兒依計畫工作，大人從旁觀察、協助。

3.回顧：幼兒將作品（口頭報告亦可）、工作經驗、體悟與教師、其他幼兒分享。

（四）教學評量：可分語言、表徵、序列、分類、數目、時間、空間、律動、社會情緒等九大項。

（五）家庭訪問：一星期一次的家庭訪問中，教師提供父母相關知識，在家練習，以期達成幼兒和家庭間相關的目標。

九、華德福教學法

（一）源起：爲奧大利人魯道夫‧史代納（Rudolf Steiner）所創。提倡身體、精神、心靈三位一體的「人智學」和以個體的發展七年爲一個階段的「七年發展論」，從幼年到成人，其教育重點依序爲意志→情感→思考。幼兒教育即爲意志的培養。

（二）理念

1.規律、重複、模仿、典範、尊重、感恩，皆爲華德福教育的主要精神。

2.華德福教育的重點不在成人的「教學」，而在幼兒「模仿」成人的動作，進而用到眞實生活當中。

3.強調在幼兒的成長中，故事的重要性。

（三）華德福幼稚園的作息可分爲：晨圈、童話故事時間、餐點、自由遊戲時間、戶外活動。作息有韻律、有節奏，動靜交替中，活動和諧的進行著。

（四）華德福幼稚園的環境

1.提供幼兒空間寬敞、空氣流通、有戶外的「有機建築」。

2.建築內外的建材、家具採用大自然的素材以及柔和的顏色。視覺、觸覺感受良好。

3.以自然材質的配具進行創造力及想像力的遊戲。

4.教室內有配合大自然變化的「季節桌」。

5.每間教室像一個家，有廚房、廚具，教師準備餐點，幼兒幫忙。

6.班級採用混齡的型態。

7.教學採半日制。

8.教師、家長共同治校。

9.重視律動藝術，獨創「優律思美」（Eurythmy）課程。

（五）華德福學校課程的特色

1.重視人與萬物的關係。

2.以「完全課程」的觀念設計課程。

3.以「整體學習」的方式學習語文。除本國語之外尚有二種外國語。由具體的圖畫進入抽象的語文符號來學習語文。

4.回歸人性本質的教育：

（1）重視家庭責任。

（2）要有報恩的美德。

（4）社會人際和諧。

（5）應對進退合宜。

（6）遵守「共同合作」的工作倫理。

（6）尊崇古聖先賢。

（7）遵守宇宙大自然的法則。

十、夏山學校

（一）源起：於1921年尼爾（A. S. Neill）所創。

（二）特色：注重人性，主張人本主義，以自然、自由、實驗主義的觀點以及精神分析的看法來發展潛能，使學習者自我實現。

（三）教育方法：以角色扮演、自我創造、主動探索、經驗的方式學習。

（四）課程：以開放、多樣化的教材，以問題教學法的方式，師生共同設計內容學習。

（五）教育目標

1.對幼兒尊重、民主，使幼兒熱愛生命。

2.兼顧德、智、體、群、美五育，發展健全完整的人格。

3.知性、感性並重。

十一、開放教育

（一）特色：是一種活動（經驗）課程，以混齡編組的方式編班，課程統整化、教材生活化、教學活動化。

（二）教育方式

1.受進步主義的哲學思想影響，教學以兒童為本位。

2.教材以合科的方式學習，兒童可以自己選擇。

3.教師關心兒童「怎麼學」，以觀察、輔導的立場鼓勵兒童發現與自動學習，教師本身須具備專業知識。

4.開放教育的學習氣氛自由、活潑、開放。有學習角的布置且內容隨需要更換。

5.教學特別重視個別的差異，教學方式多樣：團體、分組、個人皆有。且強調學習的「過程」重於「結果」。

6.教學常利用社會資源，因而走出教室與學校。

7.教學評量著重形式性及多元的評量。

模擬試題

（　　）1.有關五指活動教學法的敘述，下列何者正確？（A）五指活動的教材是連貫、完整的（B）課程表面上好像分科，實際上能聯絡各科、把握課程特點（C）將學習分為健康、社會、科學、藝術、語文等活動（D）以上皆是。

（　　）2.有關發現學習教學法的敘述，下列何者正確？（A）發現學習是活動課程，為避免幼兒漫無目的，應有時間限制（B）發現學習以幼兒為主體，學習氣氛互信、自由，亦應配合團體活動實施（C）只要教室內有學習角，就是完整的發現學習活動（D）發現學習注重幼兒的發現和學習的結果。

（　　）3.下列何者為大單元設計教學與大單元聯絡教學的相同點？（A）教學時間固定，沒有彈性（B）把零碎的知識變成完整的生活經驗

（C）皆保留學科的界線（D）以幼兒爲中心，教材較無系統。

（　　）4.下列何種教法，如果幼兒沒有豐富的知識經驗作爲基礎，就無法進行？（A）創造思考教學法（B）五指活動教學法（C）行爲課程教學法（D）以上皆是。

（　　）5.所謂行爲課程教學法是指（A）以幼兒爲中心的實際行爲課程（B）以幼兒爲中心，漫無目的的行爲實踐課程（C）漫無目的的行爲實踐課程（D）以教師爲中心的實際行爲課程。

（　　）6.下列哪一種教學法是目前幼教發展的主流？（A）行爲課程教學法（B）大單元設計教學法（C）發現學習教學法（D）創造思考教學法。

（　　）7.下列何者不是創造思考教學法的發問技巧？（A）或許（B）替代（C）組合（D）類推。

（　　）8.有關大單元設計教學的缺點，下列何者爲是？（A）教材教具太少（B）太重教材的統整，單元時間過長（C）不易引起幼兒的學習興趣（D）以教師爲中心，幼兒較少參與。

（　　）9.讓幼兒針對自己感興趣的特定主題計畫、進行的學習方法爲（A）行動課程教學（B）大單元教學（C）五指活動教學（D）方案教學。

（　　）10.下列哪一種教學法的教材採用心理組織法？（A）大單元設計教學法（B）五指活動教學法（C）行爲課程教學法（D）以上皆是。

（　　）11.以灌輸記憶爲主，幼兒處在被動學習狀態下的教育方式爲（A）人本教育（B）傳統教育（C）自我教育（D）開放教育。

（　　）12.湯馬士·高登所謂接受的語言，以哪一種語言爲最有效的反應方式？（A）單純的承認（B）被動的傾聽（C）主動傾聽（D）打開門扉。

（　　）13.在學習活動中，教師與幼兒的關係非常密切，下列敘述何者錯誤？（A）教師與幼兒自我概念的發展較無相關（B）教師應協助幼兒建立正確自我觀念（C）教師以尊重、溫暖的態度對待幼兒，幼兒較易與他人建立良好關係（D）教師會影響幼兒對人處

事的態度。

（　）14.為達到溝通效果，應注意下列何種事項？（A）排除可能影響溝通的因素，以尊重幼兒的方式，正確瞭解幼兒的需要（B）當聽不懂幼兒所表達的情緒，應立即問清楚（C）在較擁擠的空間與幼兒溝通最有效果（D）以上皆是。

（　）15.赫爾巴特所倡導的四段教學法為（A）明瞭→系統→聯絡→方法（B）明瞭→聯絡→系統→方法（C）明瞭→聯絡→方法→系統（D）明瞭→方法→聯絡→系統。

（　）16.在「好玩的水」單元中，讓幼兒知道水與人類的關係，是同時學習原則中的（A）聯學習（B）副學習（C）輔學習（D）主學習。

（　）17.熟練原則由誰所倡導？（A）杜威（B）克伯屈（C）桑代克（D）莫利生。

（　）18.目前幼稚園採用的單元設計教學，是哪一種教學原則的應用？（A）完形學習原則（B）社會化原則（C）同時學習原則（D）熟練原則。

（　）19.下列哪一原則的應用，會特別注意每班幼兒的人數？（A）類化原則（B）練習原則（C）社會化原則（D）個性適應原則。

（　）20.如教學的目的是為了培養幼兒的表達能力，宜採用何種教學方法？（A）練習教學法（B）發表教學法（C）思考教學法（D）欣賞教學法。

（　）21.下列哪一種教學法又稱直觀教學法？（A）觀察教學法（B）設計教學法（C）實驗教學法（D）啓發式教學法。

（　）22.有關練習教學法的敘述，下列何者錯誤？（A）練習不應先示範動作，以免限制幼兒的發展（B）練習活動宜以遊戲的方式進行，較能符合幼兒的發展（C）應給幼兒充裕的時間重複練習（D）在練習過程中，應給予適當的鼓勵。

（　）23.下列關於教學原則在教學歷程中的應用方式何者正確？（A）就教學過程而言，有自動原則、個性適應原則、社會化原則和完形學習原則（B）就教學過程而言，有類化原則、個性適應原則、

社會化原則和同時學習原則（C）就教學起點而言，有熟練原則、自動原則和同時學習原則（D）就教學起點而言，有準備原則、自動原則和個性適應原則。

（　）24.若幼兒已有見過貓的經驗，當他第一次見到老虎，而將其認為是一隻大貓，這種經驗符合下列哪一種學習原則？（A）熟練原則（B）類化原則（C）完形學習原則（D）以上皆是。

（　）25.讓幼兒有共同合作的學習經驗，強調集體創作的成就，符合下列哪一種教學原則？（A）社會化原則（B）完形學習原則（C）類化原則（D）自動化原則。

（　）26.所謂類化原則即：（A）幼兒能融會貫通（B）讓幼兒在學習時舊經驗及新經驗產生同化作用（C）幼兒能分類（D）幼兒要模仿他人。

（　）27.為幼兒選擇教材時要依據幼兒已有的經驗，這是哪一項原則的運用？（A）類化原則（B）自動原則（C）準備原則（D）個性適應原則。

（　）28.單元教學以某個單元主題統整學習活動，此主要是運用什麼教學原則？（A）自動學習原則（B）完形學習原則（C）類化原則（D）增強原則。

（　）29.讓幼兒透過五官的感受，獲得事實，和實在的經驗，是目前教保人員常常使用的哪一種教學法？（A）觀察教學法（B）欣賞教學法（C）實驗教學法（D）啓發式教學法。

（　）30.有關全語言的敘述，下列何者錯誤？（A）幼兒應置身於有意義的全面性語言環境中（B）受到心理語言學和社會語言學的影響（C）是幼稚園常用的一種教學法（D）教師具有多重角色。

（　）31.華德福教學法的教育重點依序為：（A）情感→思考→意志（B）精神→情感→心靈（C）意志→情感→思考（D）意志→思考→情感。

（　）32.有關高廣度教學法的敘述，下列何者錯誤？（A）學習環境採取學習區的布置（B）每天皆會安排大團體時間（C）重視幼兒主動的學習（D）課程實施方式為回顧→計畫→工作。

（　）33.以幼兒興趣爲中心，有目的、內容及方法，並且在一定時間內完成的學習活動，這種教學法稱爲：（A）五指活動教學法（B）發現學習教學法（C）行爲課程教學法（D）大單元設計教學法。

（　）34.當幼兒在紙上畫滿了垂直的綠色彎曲線時，下列何種問話，最能引起幼兒思考？（A）「彎彎的線是毛毛蟲還是水？」（B）「你是在畫毛毛蟲嗎？」（C）「你能告訴我這些綠色的線條嗎？」（D）「這是什麼？」

（　）35.在單元活動設計中通常綜合活動置於：（A）每週的結束（B）每週的開始（C）每天的結束（D）每天的開始。

（　）36.開放式教學的「開放」意指：（A）學習空間的隨時開放（B）各種教具隨手可取（C）按幼兒的需要與興趣所提供的各種選擇的學習機會（D）教師對幼兒不加以約束。

（　）37.老師問班上的幼兒：「杯子可以用來做什麼？」結果小昀所給的答案是班上最多的，這表示小昀下列的哪一種創造力表現的不錯？（A）流暢力（B）精進力（C）獨創力（D）空間能力。

（　）38.老師問幼兒：「茶杯除了裝水之外，還有哪些用途？」如果此時有小朋友能想出別人想不出的觀念，看法，答案和其他的幼兒雷同少，這種創造力方面的表現是屬於哪方面高的幼兒？（A）變通性（B）精進性（C）獨創性（D）敏覺性。

（　）39.所謂「全語言」的觀點，即是：（A）兒童是透過模仿，而學習語言（B）兒童是在對其有意義的眞實情境中，使用語言而學習語言（C）幼兒只要成長到四、五歲，自然就學會語言（D）兒童是在反覆訓練中，學會語言。

（　）40.觀察幼兒的創造力，可從幼兒思考能力的哪四個特質去著手？（A）流暢性、變通性、獨創性及精進性（B）流暢性、變通性、獨創性及統整性（C）結構性、變通性、獨創性及持續性（D）持續性、變通性、獨創性及統整性。

（　）41.自動原則的涵義包括了：（A）自己、被動、活動（B）自己、主動、活動（C）自己、主動、計畫（D他人、主動、活動。

（　）42.在教學上主張以一個主題爲中心，將所有的材料融入在實際活動

中，培養幼兒的思考能力，這樣的教學原則稱爲：（A）熟練原則（B）完形學習原則（C）興趣原則（D）社會化原則。

（　）43.老師在教學上常讓幼兒集體創作一幅畫或是進行「開商店」的單元，這是下列哪一種教學原則的應用？（A）社會化原則（B）完形學習原則（C）自動原則（D）個性適應原則。

（　）44.有關完形學習原則的敘述，下列何者錯誤？（A）主張分科教學（B）主張採用大單元設計教學（C）強調學習要注重整體性的瞭解（D）根據格斯塔心理學派而來。

（　）45.在教學運用上，強調教師要給予幼兒重複練習和應用的機會是運用下列的哪一項原則？（A）準備原則（B）熟練原則（C）類化原則（D）自動原則。

（　）46.根據同時學習原則，在唱歌活動中，下列哪一項敘述是屬於副學習？（A）學會如何唱（B）唱出詞與曲（C）學習節奏拍子（D）瞭解歌詞意義，唱歌時能將情感放入歌曲中。

（　）47.所謂熟練公式，是由何人所提出？（A）莫利生（B）克伯屈（C）赫爾巴特（D）格斯塔。

（　）48.學習時養成的理想、情感和興趣是屬於：（A）主學習（B）副學習（C）聯學習（D）附學習。

（　）49.「教訓合一、注重身教」是應用何種教學原則？（A）同時學習原則（B）類化原則（C）社會化原則（D）完形學習原則。

（　）50.有關練習教學法目的的敘述，下列何者錯誤？（A）培養表達的能力（B）熟練的技能（C）記憶（D）養成機械的習慣。

（　）51.教師配合學習目標布置環境、操作素材，供幼兒學習，同時重視幼兒的學習過程，此爲哪一種的教學法？（A）啓發式教學法（B）講述法（C）發表教學法（D）欣賞教學法。

（　）52.透過遊戲及實際操作的過程，讓幼兒觀察、比較及發現等學習的是哪一種教學法？（A）問答法（B）講述法（C）實驗教學法（D）設計教學法。

（　）53.有關講述法的敘述，下列何者錯誤？（A）不能讓幼兒獲得具體的經驗（B）是傳統教學中最常用的教學法（C）最好不要使用，

因為沒有用途（D）可用在活動銜接時。

（　）54.有關行為課程教學法的敘述，下列何者錯誤？（A）重視評量（B）盛行於民國41年至48年（C）由張雪門所創（D）課程起於幼兒的自然行為。

（　）55.下列何者不是大單元教學之綜合活動的內容？（A）幫助幼兒建立良好的學習態度和方法（B）評估幼兒的興趣和能力（C）以表演、展覽、討論、歸納等方式進行（D）評量活動的效果。

（　）56.下列敘述何者錯誤？（A）「大單元設計教學法」主張打破學科界限（B）「行為課程教學法」注重幼兒實際行為的實踐（C）「五指活動教學是一種分科教學（D）實行「大單元設計教學法」時，單元進行的時間以四週為宜。

（　）57.五指課程教學法的課程包括：（A）健康、語文、藝術、數學、科學（B）身體、語文、藝術、社會、科學（C）健康、語文、工作、社會、科學（D）健康、語文、藝術、社會、科學。

（　）58.在「玩具」單元中，讓幼兒帶玩具到學校來舉辦玩具博覽會，這是屬於：（A）準備活動（B）發展活動（C）綜合活動（D）延伸活動。

（　）59.當你到一所幼稚園參觀，你會根據下列的哪些教學理念，來判斷此學校可能是採用發現學習教學法：①要求幼兒表現服從、一致；②強調「過程重於「結果」；③強調角落布置與內容的更換；④重視教師「怎麼教」；⑤尊重幼兒為學習主體。（A）①②③④（B）②③（C）②③④⑤（D）②④⑤。

（　）60.有關創造思考教學的特徵，下列何者為非？（A）提供自由安全的情境（B）鼓勵幼兒表達（C）強調完整的教學活動（D）學習活動以幼兒為主體。

（　）61.發現學習教學法與傳統教學法的比較，下列敘述何者正確？（A）前者重視教師怎麼教，後者關心幼兒怎麼學（B）前者的學習主體為成人，後者的學習主體為幼兒（C）前者強調「結果」重於「過程」，後者強調「過程」重於「結果」（D）前者的上課場所不限於教室或學校，後者的上課場所則限於教室或學校。

（　）62.創造思考教學法，具有下列哪些優點？①以幼兒為主體，幼兒有較大的參與感；②幼兒能自由表達己見；③適合幼兒的能力與經驗；④能使幼兒獲得系統知識。（A）①②③（B）①②④（C）①②③④（D）②③。

（　）63.教師在實施全語言教學時，其態度或做法應為：①布置一個自然豐富的語文環境；②對幼兒語文使用上的錯誤抱持接納、理解的態度；③在日常生活中示範如何使用語文；④安排全班共同閱讀的時段；⑤期待幼兒成為會讀會寫的人。（A）①②③④⑤（B）①②③⑤（C）①②⑤（D）②④。

（　）64.有關華德福教育的敘述，下列何者錯誤？（A）班級採分齡型態（B）主張多用大自然的素材（C）重視回歸人性本質的人格教育（D）重視季節的變化，教室有季節桌的設置。

（　）65.有關方案教學的敘述，下列何者錯誤？（A）重視幼兒內在的動機（B）幼兒為教室情境的主人（C）是一個教與學互動的過程（D）強調幼兒自主性學習。

（　）66.開放式幼兒教育的特色：（A）課程統整化（B）教材生活化（C）教學活動化（D）以上皆是。

（　）67.開放式教學方式需不需要寫活動設計？（A）不需要，以免限制了幼兒的探索及想像的廣度（B）需要，因為要做觀察評量表的設計（C）需要，因為要寫環境布置的設計（D）需要，因為幼兒的自由探索還需要有意義的引導及綜合。

（　）68.幼兒活動室應設私密區的理由是：（A）讓幼兒得以靜思己過（B）提供教師處理幼兒行為問題用（C）提供幼兒扮演活動用。（D）提供幼兒緩和情緒、躲藏需要的滿足。

（　）69.下列的哪一種教師行為會阻礙幼兒創造力的發展？（A）提供彈性的學習時間（B）創造批判性的環境與氣氛（C）讓幼兒有做決定的機會（D）接納幼兒的錯誤與失敗。

（　）70.有關創造性思考教學的原則，下列何者錯誤？（A）給予幼兒思考時間（B）支持、鼓勵幼兒有不平凡的想法（C）不以失敗作為實際教材（D）適應幼兒個別的差異。

解答

1.（D）2.（B）3.（B）4.（A）5.（A）6.（C）7.（A）8.（B）9.（D）
10.（A）11.（B）12.（C）13.（A）14.（A）15.（B）16.（B）17.（D）
18.（A）19.（D）20.（B）21.（A）22.（A）23.（A）24.（B）25.（A）
26.（C）27.（A）28.（B）29.（A）30.（C）31.（C）32.（D）33.（D）
34.（C）35.（A）36.（C）37.（A）38.（C）39.（B）40.（A）41.（B）
42.（A）43.（A）44.（A）45.（B）46.（C）47.（A）48.（D）49.（A）
50.（A）51.（A）52.（C）53.（A）54.（B）55.（A）56.（A）57.（A）
58.（C）59.（D）60.（C）61.（D）62.（A）63.（A）64.（A）65.（B）
66.（D）67.（D）68.（D）69.（B）70.（C）

歷屆試題

（B）1.教師讓幼兒以討論的方式表決班級常規，是運用下列何種理論？
（A）人文理論（B）民主理論（C）行為理論（D）心理動力論。
（90.日專）

（D）2.甲說：「大單元教學法主張從幼兒生活經驗中取材。」；乙說：
「發現學習法注重完整的教材學習活動。」；丙說：「蒙特梭利教
學就是教具操作。」；丁說：「方案課程強調由幼兒主動發展課
程。」上述四人，誰的看法正確？（A）甲、乙（B）乙、丙（C）
丙、丁（D）甲、丁。（90.日專）

（D）3.幼兒對老師說：「我最討厭你了！」，下列何者回答最能表達教師
的傾聽與接納？（A）你怎麼可以這麼說！（B）為什麼你討厭
我？（C）我做什麼事讓你這麼討厭我？（D）你好像對我很生
氣！（90.日專）

（A）4.下列有關教學原則的敘述，何者有誤？（A）赫爾巴特（J. F.
Herbart）的四段教學法依據完形學習原則（B）教師以圖片喚起幼
兒的經驗，乃是運用類化原則（C）當幼兒有興趣時，要善於把

握，為準備原則（D）個性適應原則是指教育要依幼兒的個別差異因材施教。（90.日專）

（D）5.下列敘述，何者不屬於開放式幼兒活動設計所強調的理念？（A）保育員引導幼兒主動學習（B）學習環境隨主題更換（C）課程內容注重生活化（D）教學強調學習成果表現。（90.日專）

（D）6.有關以發現教學法為特色的室內環境布置的敘述：①環境布置的高度應合乎幼兒身高；②大積木放在櫃子的最高處，便利幼兒搬運；③布置的主題應力求固定，不須配合教學內容；④採用較高的櫃子區隔空間，避免相互干擾；⑤布置物品應堅固不易破碎，以上何者較為適宜？（A）①③④（b）②④（C）①④⑤（D）①⑤。（90.日專）

（B）7.下列有關角落的布置，何者較適當？（A）積木角近鄰通道（B）娃娃家設置在角落處（C）圖書角與音樂角為鄰（D）科學角擺放賓果遊戲。（90.日專）

（C）8.行為課程教學是由下列哪一個學者所提倡的？（A）史金納（Skinner）（B）陳鶴琴（C）張雪門（D）杜威（Dewey）。（90.日專）

（C）9.如果問幼兒：「空罐子可以做什麼用？」，幼兒回答：「裝水、裝彈珠、種花、做成採高蹺。」請問他的創造思考測試的變通力應為幾分？（A）1分（B）2分（C）3分（D）4分。（90.日專）

（C）10.下列有關「警察局」單元目標的敘述，何者較適宜列為副學習（A）培養幼兒熱心服務的態度（B）知道警察局與我們日常生活的關係（C）知道有關警察英雄的故事（D）瞭解警察局如何運作。（90.日專）

（B）11.下列有關「奇妙音樂」單元主題的教材教具，何者較適合放置在語文角？（A）五線譜與數字配對卡（B）樂器名稱配對卡（C）響板、沙鈴、木鳥的製作材料（D）錄音帶、打擊樂器。（90.日專）

（C）12.實施「全語言」（whole language）教學時，教師的態度為：①教學應儘量符合幼兒日常生活經驗；②布置自然且豐富的語文環

境；③強調聽、說、讀、寫分段練習，以強化語文技巧；④安排全班共同閱讀時段；⑤對幼兒語文使用上的錯誤仔細嚴格糾正。以上何者為是？（A）②③⑤（B）③④（C）①②④（D）①②③⑤。（89.四技商專；89.日專）

（A）13.下列哪一個單元活動，較合乎「社會化原則」的要求？（A）醫院（B）我的身體（C）好習慣（D）常用的電器。（89.日專）

（C）14.赫爾巴特（Herbart）所倡的四段教學法中，那幾段是應用類化原則的教學步驟？（A）明瞭、系統（B）聯絡、系統（C）明瞭、聯絡（D）聯絡、方法。（89.日專）

（B）15.「鼓勵幼兒突破成規，針對原來的資料，尋找不同的觀念」，是哪一種創造性發問技巧？（A）替代（B）除了（C）類推（D）假設。（89.四技商專；89.日專）

（D）16.米店門口的招牌、欄杆上站滿了小麻雀，保育員注意到此現象，帶幼兒實際去觀察後，對幼兒提出如下的問題：「這裡為什麼有這麼多麻雀？」、「麻雀真的喜歡吃米嗎？」最後引導到稻子的成長。於上述的這段文字中，這位保育員運用了哪一種教學原則？（A）社會化原則（B）熟練原則（C）類化原則（D）準備原則。（88.四技商專；88.日專）

（C）17.以下何者為幼兒期創造性行為？（A）套圈圈（B）大風吹（C）玩積木（D）著色畫。（88.日專）

（B）18.下列何者是適合放置於數學角的器材？（A）鬧鐘、皮尺（B）放大鏡、賽根板（C）七巧板、地球儀（D）布偶、鈕扣。（88.日專）

（A）19.下列哪一項不是發現學習教室的特色？（A）強調「結果」重於「過程」（B）幼兒為教室的主角（C）強調「合科」的學習（D）有較多的小組及個別的學習活動。（88.日專）

（C）20.下列何者不屬於陳鶴琴所創「五指教學法」的課程？（A）健康（B）社會（C）遊戲（D）語言。（79.北公幼；80.幼教系；87.日專）

（C）21.關於運用「全語言」（whole language）概念的語文學習，以下敘

述何者正確？（A）教導幼兒學習且熟練讀寫所須之技能（B）讓幼兒共同唸誦故事及歌謠並教導其文意（C）讓幼兒在自然環境下，經由生活經驗的表達及分享中使用語言（D）使用識字圖卡，讓幼兒反覆練習。（87.日專）

（D）22.有關開放學習方式的敘述：①開放的學習方式不需要幼兒活動設計；②開放式的教育理論淵源於英國，發揚於美國；③開放的精神包括時間、空間及資源的開放；④開放是學習中讓幼兒混齡編組的方式，易增加其學習的挫折。下列何者正確？（A）①③④（B）②③④（C）①③（D）②③。（87.日專）

（D）23.關於學習區中幼兒活動的敘述，以下何者不宜？（A）幼兒可和保育人員一起布置學習區（B）保育人員和幼兒共同建立活動規則（C）在學習區活動將結束前，保育人員有訊號告知幼兒（D）學習區是自由活動，活動結束後無須進行團體分享。（87.日專）

（D）24.有關學習原則的敘述，下列何者錯誤？（A）克伯屈（Kilpartrick）倡導同時學習原則（B）教學前的動機引發是依據準備原則（C）赫爾巴特（Herbart）的教學法強調類化原則（D）熟練原則由桑代克（Thorndike）倡導。（86.日專）

（A）25.將相關聯的教材組合在一起，作成一統整計畫是運用何種教學原則？（A）完形學習原則（B）熟練原則（C）同時學習原則（D）類化原則。（86.日專）

（C）26.關於同時學習原則的敘述：①主學習是學習時所養成的理想、情感和興趣；②副學習是與主學習有關的思想和觀念，多為知識的學習；③附學習是教學時所要達到的基本學習的目的。下列何者正確？（A）①②③（B）①②（C）②（D）以上皆非。（85.日專）

（A）27.依據克伯屈（Kilpartrick）提出的同時學習原則，學習內容可分為哪三項？（A）主學習、副學習、輔學習（B）認知、情意、技能（C）家庭、學校、社會（D）觀察、操作、演練。（84.日專）

（D）28.下列關於教學法的敘述，何者有誤？（A）大單元設計教學法的優點是注重完整學習，幼兒學習後易獲得完整的知識經驗（B）大

單元設計教學法的缺點是，若單元過大時，易忽略幼兒的身心發展與統整能力（C）發現學習法的優點是能提高幼兒學習興趣，及培養自動自發的學習精神（D）發現學習法的缺點是老師須為維持秩序而費精神。（84.日專）

（D）29.大單元活動設計教學法，主要受下列何種學派影響？（A）心理分析學派（B）認知學派（C）行為學派（D）完形學派。（84.日專）

（C）30.關於發現學習法，下列何者有誤？（A）認為學習的主體是幼兒（B）強調合科學習（C）強調學習結果重於學習過程（D）重視學習環境的布置。（84.日專；86.北夜專；88.保甄）

（B）31.讓幼兒有共同合作的經驗，強調集體創作的成就，符合下列哪種教學原則？（A）類化原則（B）社會化原則（C）完形學習原則（D）同時學習原則。（83.日專）

（A）32.下列何者不是發現教學法的特色？（A）注重實際行為的實踐（B）可適應幼兒個別的差異（C）有較大的時間彈性（D）提供豐富的教材。（83.日專）

（C）33.下列在教學上應用自動原則應注意的要點，何者錯誤？（A）教學要引起幼兒學習動機（B）教學時要鼓勵幼兒大膽嘗試（C）教學後須測驗教學結果（D）教學的方法要多變化。（83.日專）

（D）34.下列何者不是「五指教學法」的課程項目名稱？（A）藝術（B）科學（C）健康（D）音樂。（83.日專）

（D）35.下列何者不是發現教學法的優點？（A）可引導幼兒自動自發學習（B）有助於學習遷移（C）易維持學習動機（D）易制定教學進度。（83.日專）

（C）36.下列何者為開放式的問題？（A）這是什麼顏色的圖卡（B）盒子裡還有幾個球（C）這個玩具還可以怎麼玩（D）這樣大聲說話對不對。（83.日專）

（D）37.下列何者可以說是在「春天到——花草栽培」這一單元中的附學習？（A）瞭解春天的景象（B）認識春天的花草昆蟲（C）知道四季的順序（D）養成愛好花草樹木及愛觀察的習性。（82.日專）

（A）38.在「水果」這一單元裡，幼兒從扮演超級市場的遊戲中，學習分類、比較等概念，這是本單元中的何種學習？（A）主學習（B）副學習（C）附學習（D）聯想學習。（82.日專）

（A）39.單元教學活動計畫要項不包括下列哪一項？（A）偶發事件之處理（B）單元名稱與目標（C）活動過程與評量（D）教學資源。（82.日專）

（B）40.教學之前引起學習動機、鼓勵幼兒大膽嘗試，並強調學習過程重於學習成果，這是符合下列何種學習原則？（A）個性適應原則（B）自動原則（C）興趣原則（D）類化原則。（82.日專）

（B）41.每日課後的教學活動記實，其內容除了班級、日期、教師姓名及單元名稱外，還應包括下列什麼項目？（A）準備活動、發展活動、綜合活動及評量結果（B）幼兒人數、教學準備事項、教學提要、幼兒活動實況及檢討改進計畫（C）單元目標、幼兒人數、分組活動、團體活動及評量方式（D）班級布置、教學資源、幼兒基本能力及幼兒活動步驟。（82.日專）

（B）42.教師輔導幼兒分配工作，並適時輔導幼兒的質疑、製造、討論等活動，這是單元教學活動中哪階段的活動？（A）準備活動（B）發展活動（C）綜合活動（D）高峰活動。（82.日專）

（C）43.實施「全語言」（whole language）教學時，教師的態度應為：①教學儘量符合幼兒自常生活經驗；②布置自然且豐富的語文環境；③強調聽、說、讀、寫分段練習，以強化語文技巧；④安排全班共同閱讀時段；⑤對幼兒語文使用上的錯誤仔細嚴格糾正。以上何者為是？（A）②③⑤（B）③④（C）①②④（D）①②③⑤（89.四技商專）

（C）44.赫爾巴特（Herbart）所倡的四段教學法中，哪幾段是應用類化原則的教學步驟？（A）明瞭、系統（B）聯絡、系統（C）明瞭、聯絡（D）聯絡、方法。（89.四技商專）

（C）45.與幼兒溝通時，教保人員何種態度最不恰當？（A）彎腰或蹲下與幼兒視線平視（B）試著用不同方式與幼兒溝通（C）當幼兒陳述不清時，就避免再問下去（D）接納幼兒各種想法。（89.四技商

專）

（B）46.下列何者非大單元設計教學法的特點？（A）是有目的、有計畫的具體活動（B）經老師們共同設計，以教育目標爲導向（C）能適應個別差異（D）以生活爲中心，以解決問題爲方法。（88.四技商專；88.日專）

（B）47.讓幼兒透過五官的感受，獲得事實和實在的經驗，是目前教保人員常常使用的哪一種教學法？（A）啓發式教學法（B）觀察教學法（C）實驗教學法（D）欣賞教學法。（88.四技商專）

（C）48.對於常規的敘述，下列何者正確？（A）教室中常規的訂定旨在限制幼兒的行動（B）常規宜符合模糊原則，以具彈性（C）常規的訂定，是爲了幼兒的學習與基本安全的維護（D）常規的訂定應滿足管理者的需求。（88.四技商專）

（A）49.爲了達到教學上的個性適應原則，保育員或所方可以有哪些搭配的做法？①所有活動儘量用團體教學法；②設計各種性質的學習活動，以發掘幼兒之興趣、才能；③提供各種教具設備，以協助幼兒自學；④班級人數，至少40人以上，以顯現出個別差異；⑤採角落教室，以適應幼兒不同興趣。以上敘述，何者正確？（A）②③⑤（B）①②③⑤（C）②③④⑤（D）①②③④⑤。（88.四技商專）

（B）50.自早期的五指教學法、行爲課程、大單元課程，到60年代後的發現課程、創造思考課程，促使教保方法產生變化的最主要原因是（A）教室布置的改變（B）對教學主體的重新體認及尊重（C）教保人員素質的提昇（D）教學時間更具彈性。（88.四技商專；88.日專）

（B）51.「男孩與女孩有何不同？」是屬於何種創造思考問題的例子？（A）列舉（B）比較（C）想像（D）類推。（88.四技商專；88.日專）

（D）52.有關開放學習方式的敘述：①開放的學習方式不需要幼兒活動設計；②開放式的教育理論淵源於英國，發揚於美國；③開放的精神包括時間、空間及資源的開放；④開放式學習中讓幼兒混齡編組的方式，易增加其學習的挫折。下列何者正確？（A）①③④

（B）②③④（C）①③（D）②③。（87.四技商專）

（C）53.幼兒較少有參與機會的是：（A）創造思考教學（B）發現學習教學法（C）五指活動教學（D）大單元設計教學。（87.四技商專）

（A）54.特別強調「設計學習活動的目的是要讓幼兒有完整性的瞭解」，是源自於哪一個學派的理論？（A）格斯塔（Gestalt）學派（B）史金納（Skinner）學派（C）維高斯基（Vygotsky）學派（D）布魯納（Bruner）學派。（87.四技商專）

（B）55.以下那一位學者認為「當幼兒無法以積極的方式進入團體，且無法被團體接受成為其一份子時，他們會變得沮喪，且企圖以干擾方式進入」？（A）卡爾‧羅吉斯（C. Rogers）（B）魯道夫‧德列克（R. Dreikurs）（C）湯瑪士‧高登（T. Gordon）（D）佛洛依德（S. Freud）。（87.四技商專）

（B）56.有關方案教學（The Project Approach）活動的敘述：①保育員應於事先為幼兒計畫且訂定要進行的主題；②由杜威（Dewey）及皮亞傑（Piaget）等學者所提倡，重視提供給幼兒直接的經驗；③採用主體網的方式呈現所進行的活動大綱與進展；④採以學科為中心，有系統化的活動設計。下列何者錯誤？（A）①②③（B）①②④（C）①④（D）②④。（87.四技商專）

（B）57.利用故事或戲劇的扮演，讓幼兒可以互動及共同參與，主要是運用哪一項教保原則？（A）類化原則（B）社會化原則（C）同時學習原則（D）自動原則。（87.四技商專）

（D）58.有關發現教學法與傳統教學法，下列敘述何者錯誤？（A）發現教學法強調以兒童為學習主體（B）傳統教學法強調「結果」重於「過程」（C）發現教學法的理論是依據進步主義的哲學思想（D）傳統教學法多半運用形成性評量方式。（86.四技商專；86.日專）

（C）59.依據湯瑪士‧高登（T. Gordon）界定的溝通技巧方式，瑋瑋氣嘟嘟地說：「我再也不要和小嘉玩了！」，老師回答：「為什麼，能告訴我嗎？」的回答是屬於何種反應方式？（A）被動傾聽（B）單純的承認（C）打開心扉（D）主動傾聽。（86.四技商專）

（D）60.有關學習原則的敘述，下列何者錯誤？（A）克伯屈（Kilpatrick）

倡導同時學習原則（B）教學前的動機引發是依據準備原則（B）
赫爾巴特（Herbart）的教學法強調類化原則（D）熟練原則由桑
代克（Thorndike）倡導。（86.四技商專）

（A）61.下列何種問話，屬於創造性發問技巧？（A）「杯子除了用來喝水
外，還可以做什麼？」（B）「紅紅屁股，愛爬樹的是哪一種動物？」
（C）「什麼顏色的燈亮了，才能過馬路？」（D）「桌子和椅子有什
麼不同？」（86.四技商專）

（D）62.將相關聯的教材組合在一起，作成一統整計畫是運用何種教學原
則？（A）完形學習原則（B）熟練原則（C）同時學習原則（D）
類化原則。（86.四技商專）

（C）63.「將兩項事物、觀念或人物作直接比擬，以產生新觀念」，是屬於
創造性發問技巧的哪一種？（A）列舉（B）替代（C）類推（D）
假設。（85.四技商專）

（C）64.關於同時學習原則的敘述：①主學習是學習時所養成的理想、感
情和興趣；②副學習是與主學習有關的思想和觀念，多為知識的
學習；③附學習是教學時所要達到的基本學習的目的。下列何者
正確？（A）①②③（B）①②（C）②（D）以上皆非。（85.四
技商專）

（D）65.在學制上，設置各級、各類型的學校，以適應智力及興趣不同的
學生，是符合哪一項教學原則？（A）社會化原則（B）準備原則
（C）統整原則（D）個性適應原則。（85.四技商專；85.日專）

（A）66.下列何者不是創造思考的特性？（A）辨別（B）敏覺（C）精進
（D）流暢。（85.四技商專）

（C）67.赫爾巴特（Herbart）所提倡的四段教學法包含：①系統；②方
法；③明瞭；④聯絡。下列何者是正確的順序？（A）①→②→③
→④（B）②→③→④→①（C）③→④→①→②（D）④→①→
②→③。（85.四技商專；88.保甄；85.日專）

（C）68.關於發現學習法，下列何者有誤？（A）認為學習的主體是幼兒
（B）強調合科學習（C）強調學習結果重於學習過程（D）重視學
習環境的布置。（84.四技商專）

（D）69.大單元活動設計教學法，主要受下列何種學派影響？（A）心理分析學派（B）認知學派（C）行爲學派（D）完形學派。（84.四技商專）

（B）70.小華氣嘟嘟地說：「我再也不要和小平玩了」，下列何者爲「主動傾聽」的回答？（A）不可以這樣，小平又不是故意的。（B）你生小平的氣，氣得不想和他玩了？（C）眞的啊？爲什麼你不要和他玩了？（D）你們是好朋友，要相親相愛。（84.四技商專）

（D）71.下列何者不是創造性的發問技巧？（A）假如你是一隻鳥，想飛到哪些地方？（B）汽車和火車有什麼不一樣？（C）下雨時若沒有雨傘，可用什麼來代替？（D）西瓜可以在多天吃嗎？（84.四技商專；84.日專）

（B）72.幼兒在一定時間內，能對某事物的用途或觀點作較多的聯想，代表何種意義？（A）變通力高（B）流暢力高（C）獨創力高（D）精進力高。（84.四技商專）

（A）73.下列何者不是發現教學法的特色？（A）注重實際行爲的實踐（B）適應幼兒個別的差異（C）有較大的時間彈性（D）提供豐富的教材教具。（83.四技商專）

（C）74.下列在教學上應用自動原則應注意的要點，何者錯誤？（A）教學前要引起幼兒學習動機（B）教學時要鼓勵幼兒大膽嘗試（C）教學後須測驗教學結果（D）教學的方法要多變化。（83.四技商專）

（C）75.下列何種教學法最能發展幼兒的思考能力？（A）社會化教學法（B）發表教學法（C）發現教學法（D）練習教學法。（83.四技商專）

（C）76.幼兒教師應多設計共同合作的學習方式，並強調集體創作的成就，這是符合下列何種教學原則？（A）自動原則（B）興趣原則（C）社會化原則（D）同時學習原則。（82.83.四技商專；82.日專）

（C）77.幼兒教學活動設計宜採單元組織，由統整而分化，在分化中兼顧統整，這是符合何種教學原則？（A）類化原則（B）社會化原則（C）完形學習原則（D）熟練原則。（82.四技商專；82.日專）

（A）78.在「送垃圾回家」的單元中，幼兒知道垃圾與我們生活的關係，此屬何種學習？（A）主學習（B）副學習（C）附學習（D）輔學習。（81.四技商專）

（D）79.開放教育課程的特色，下列何者爲非？（A）課程統整化（B）教材生活化（C）教學活動化（D）教法分科化。（81.四技商專）

（B）80.托兒所在教法方面，採單元教學法，使幼兒獲得完整的生活經驗。此爲何種原則之應用？（A）同時學習原則（B）完形學習原則（C）熟練原則（D）社會化原則。（81.四技商專；86.嘉南、高屏夜專）

（B）81.對於「五指活動課程」之相關敘述，以下何者爲非？（A）爲幼教前輩陳鶴琴所創（B）個人學習，班及教授（C）一竅教學，集中在做，做中教，做中學，做中求進步（D）受杜威的影響，主張活的教育。（89.嘉南、高屏夜專）

（C）82.在方案主題範圍的決定技巧中，就相關主題的特性，依照不同的程度依序排列，如帽子、制服、衣物之技巧稱爲：（A）拉近（B）拉遠（C）特殊化或一般化（D）具體化。（89.嘉南、高屏夜專）

（D）83.早期莫利生（Morrison）提倡的單元教學法中，共有：①組織；②自學；③複誦或詢問；④試探；⑤提示五個步驟，依序應爲：（A）①②③④⑤（B）④⑤②①③（C）①③⑤④②（D）⑤④③①②。（89.嘉南、高屏夜專）

（B）84.使用開放性問話，較能引導幼兒回答，以下何者屬於開放性問話？（A）這是誰的牙刷呀？（B）你爲什麼喜歡Hello Kitty呀？（C）你洗手了嗎？（D）這個故事的名字叫什麼？（89.嘉南、高屏夜專）

（A）85.有關於幼兒讀寫的萌發，下列敘述何者錯誤？（A）幼兒初學寫字時常左右相反，應提早糾正，以免影響日後的學習（B）幼兒是在他的生活環境中接觸文字（C）幼兒會運用自創的文字來表達（D）幼兒通常會主動的學習閱讀和寫字。（89.嘉南、高屏夜專）

（D）86.在課程設計中，師生共同制定，幼兒必須學習和他人討論、分享，促使他們瞭解個人與團體的關係及權利與義務的分野，稱之

為：（A）個性適應原則（B）發展原則（C）類化原則（D）社會化原則。（89.嘉南、高屏夜專）

（B）87.以下何種學前教育系統中，藝術教師常駐園所，是其他教育系統未見的？（A）方案教學（The Project Approach）（B）瑞吉歐（Reggio Emilia）（C）華德福（Waldorf Schule）（D）契小學（Key School）。（89.嘉南、高屏夜專）

（C）88.依據維高斯基（Vygotsky）的說法，幼兒自我中心的語言表現是由於：（A）幼兒無法從他人的觀點來思考（B）模仿別人說話的行為表現（C）幼兒利用語言來思考以便解決問題（D）幼兒以此建立基模。（89.嘉南、高屏夜專）

（D）89.雷吉歐（Reggio Emilia）學前教育系統首創的何種駐園所教師是其他教育系統至今尚未有這個職位的？（A）音樂（B）語文（C）體育（D）藝術。（88.嘉南、高屏夜專）

（A）90.行為學派運用在幼兒偏差行為修正上，何者為非？（A）不良行為是因不良人格所致（B）幼兒的問題可經由正確的學習予以修正（C）不良的行為是因不適當的學習所致（D）父母、教師只要能夠提供有助幼兒發展出目標行為的環境，則子女便能在此環境中建立目標行為。（87.嘉南、高屏夜專）

（D）91.單元教學活動設計的準備活動（Initiatory Activities）的目的是為了：（A）習慣的增進（B）整理及驗證教學活動（C）診斷及補救教學活動（D）喚起學習動機。（87.嘉南、高屏夜專）

（C）92.下列何者是開放性的發問？（A）蘋果好吃嗎？（B）喜歡去動物園，還是兒童樂園？（C）遇到地震時怎麼辦？（D）你愛穿紅色的衣服嗎？（87.嘉南、高屏夜專）

（A）93.個人利用已有的知識和經驗作為引導，按照傳統的方式，從儲存的資料中尋求答案的推理和羅輯性思考稱為：（A）聚斂性思考（B）認知性思考（C）擴散性思考（D）記憶性思考。（87.嘉南、高屏夜專）

（B）94.以幼兒的舊經驗為起點，然後循序漸進的讓兒童從舊經驗中去觸類旁通，並拓展至實際生活的課程設計原則為？（A）社會化原則

（B）類化原則（C）興趣原則（D）熟練原則。（87.嘉南、高屏夜專）

（B）95.融合式啓幼班具有之特性，以下何者爲非？（A）課程尚須兼顧一般性與資源性的學習（B）融合式啓幼班教師由一般教師擔任即可（C）有助於特殊幼兒的群性適應（D）有助於一般幼兒的人際相處與接納。（87.嘉南、高屏夜專）

（A）96.針對園、所中的特殊幼兒所編擬的教材，教學方法之玻達基教室課程方案（The Portage Classroom Curriculum）乃以行爲治療中的類化概念爲基礎，並強調以何者爲中心的個別化教學？（A）家庭（B）個人（C）教師（D）學校。（87.嘉南、高屏夜專）

（B）97.優律思美（Eurythmy）是華德福學校中（Waldorf Schule）所獨創的課程，此課程爲一種：（A）發音方式（B）運動的藝術（C）道德教育（D）語言教育。（87.嘉南、高屏夜專）

（A）98.發現教學法的缺點不包括？（A）以教材爲中心，幼兒較少自動參與（B）不易得到完整的教材、系統（C）如果教師缺乏經驗則易導致散漫無章而致一無所獲（D）如果設備不充實、教具不足，則無從發現學習。（87.嘉南、高屏夜專）

（D）99.幼兒創造力學習「6W」策略中：「爲什麼媽媽起得早？」是屬於何項策略？（A）Who（B）Where（C）When（D）Why。（87.嘉南、高屏夜專）

（D）100.強調幼兒教育與親職教育之重要性的理念，係受何種學說、理論的影響所致？（A）成熟理論（B）人文心理學派（C）行爲學派（D）心理動力論。（86.嘉南、高屏夜專）

（D）101.下列哪種課程最能以幼兒爲學習主體？（A）五指課程（B）行爲課程（C）大單元課程（D）發現學習課程。（86.嘉南、高屏夜專）

（B）102.四十多年來以我國幼兒教育教材教法發展之趨向，下列何者最正確？（A）以幼兒爲本位轉以教師爲本位（B）從全班一致性活動轉爲多樣性的活動型態（C）學習環境由室外轉至室內（D）以幼兒的學習活動轉移至以教材爲中心的教學活動。（86.嘉

南、高屏夜專）

（C）103.教師以身作則是依何種理論？（A）人本理論（B）認知理論（C）社會學習論（D）心理分析論。（86.嘉南、高屏夜專）

（B）104.「布置良好的學習環境提供豐富而多樣的教材及充分的活動機會，鼓勵幼兒勇於嘗試，教師避免不必要的指導」是什麼教學原則？（A）準備原則（B）自動原則（C）類化原則（D）熟練原則。（86 嘉南、高屏夜專）

（B）105.以下何者不是蒙特梭利教師的主要角色？（A）觀察兒童（B）傳授知識給兒童（C）以身作則（D）學校、社區與家庭間的溝通者。（85.嘉南、高屏夜專）

（D）106.以下哪一種能力不是福祿貝爾遊戲中主要培養的重點？（A）合作（B）守紀律（C）自由的眞諦（D）爭取勝利。（85.嘉南、高屏夜專）

（D）107.下列何者不是「五指教學法」的課程項目名稱？（A）藝術（B）科學（C）健康（D）音樂。（85.嘉南、高屏夜專：83.87四技商專：87.保甄）

（B）108.以下哪一項有關教育家的敘述是正確的？（A）皮亞傑提倡混齡教學（B）杜威主張教育即生活（C）盧梭醫生從事貧民教育（D）裴斯塔洛齊提出完整特殊兒童教育方案。（85.嘉南、高屏夜專）

（B）109.主張人本主義，創立下山學校的是：（A）盧梭（B）尼爾（C）杜威（D）蒙特梭利。（85.嘉南、高屏夜專）

（A）110.行爲課程教學法的創始人是誰？（A）張雪門（B）熊芷（C）陳鶴琴（D）華霞菱。（79.幼專：85.嘉南、高屏夜專）

（C）111.以下何者不是單元活動設計中決定單元的主要原則？（A）能幫助幼兒將所學應用於生活中（B）具體可行（C）年齡愈小，單元時間加長（D）配合季節時令。（85.嘉南、高屏夜專）

（B）112.「方案課程」導源於誰的教育思想？（A）布魯姆（Bloom）（B）杜威（Dewey）（C）馬斯洛（Maslow）（D）羅吉斯（Rogers）。（85.嘉南、高屏夜專）

（A）113.以下哪一項敘述不屬於皮亞傑提倡的理論？（A）加速學習（B）

認知發展（C）基模爲認知的基本單位（D）兩歲到七歲的運思準備期。（85.嘉南、高屏夜專）

（A）114.教學上主張幼兒的學習必須注重整體性的瞭解，是屬於哪一種教學原則？（A）完形學習原則（B）同時學習原則（C）社會化原則（D）熟練原則。（83.中夜專；85.嘉南、高屏夜專）

（A）115.發現學習教學法，可以幼兒的興趣，自由選角，自由探索學習之理論爲誰所言？（A）杜威（B）布魯姆（C）皮亞傑（D）佛洛依德。（84.嘉南、高屏夜專）

（D）116.下列何者是兒童保育現代教學的新趨勢？（A）多媒體教學（B）加速學習教學（C）推廣親職教育（D）發現興趣教學。（84.嘉南、高屏夜專）

（D）117.教師在各種活動中所扮演的角色是一個：（A）觀察者（B）支持者（C）輔導者（D）以上皆是。（84.嘉南、高屏夜專）

（C）118.老師以卡通貼紙獎賞乖的幼兒，以剝奪參與某項遊戲的權利懲罰頑皮的幼兒，此爲哪一學派理論的應用？（A）心理分析學派（B）認知發展論（C）行爲學派（D）以上三者皆非。（82.嘉南、高屏夜專）

（C）119.幼兒教育中的五指教學法是由哪位人士所倡導？（A）張雪門（B）熊芷（C）陳鶴琴（D）郭多。（89.北夜專）

（D）120.開放教育的學校教育主張是由哪類學派所興起？（A）精神分析學派（B）認知學派（C）行爲學派（D）人本主義學派。（89.北夜專）

（D）121.大單元設計教學法的特色是：（A）重視行爲實踐（B）以健康、社會、數學、藝術、語文五大活動來完成單元教學目的（C）重視教幼兒如何發展（D）以實際生活問題爲學習中心，強調教材的完整性。（89.北夜專）

（B）122.教學的類化原則是由哪位學者所提出？（A）皮亞傑（Piaget）（B）赫爾巴特（Herbart）（C）傑克遜（Jackson）（D）克伯屈（Kilpatrick）。（89.北夜專）

（A）123.「個體在未成熟前所施予的訓練，不僅無效，甚至會對個體造成

學習上的傷害」，這句話闡述的是課程設計中哪一項原則的重要性？（A）準備原則（B）個別性原則（C）統整性原則（D）興趣原則。（88.北夜專）

（A）124.老師在指導幼兒時，不鼓勵個人競爭，而採用互助合作的方式，此精神符合下列哪一項原則？（A）社會化原則（B）自動原則（C）個性適應原則（D）同時學習原則。（88.北夜專）

（C）125.哪一項語文活動不符合「全語文」的學習精神？（A）大人與幼兒非正式的互動、交談（B）說故事給孩子聽（C）要求孩子反覆唸字卡上的字（D）讓孩子進行角色扮演活動。（88.北夜專）

（D）126.下列哪一種教學方法，幼兒參與操作或發表的程度最低？（A）討論法（B）發表教學法（C）實驗教學法（D）講述法。（88.北夜專）

（C）127.下列哪一個問題，其發問的方式能鼓勵幼兒運用想像力於未來或不可能的事物？（A）「男生和女生有什麼不同？」（B）「美勞課除了畫畫，還可以做那些活動？」（C）「想想看，如果外星人在我們學校登陸會怎樣？」（D）「如果小朋友到你家玩，你會如何接待他們？」（88.北夜專）

（A）128.下列有關「單元教學」和「主題教學」的敘述，何者正確？（A）單元教學較注重課程內容的深度，主題教學較注重課程內容的廣度（B）主題教學法中，兒童處與主動的地位，能夠自己決定主題和活動內容（C）主題教學通常利用主體網來組織學習活動（D）主題教學和單元教學一樣，都會有一個名稱來貫穿課程。（88.北夜專）

（B）129.五指教學法由誰所創？（A）張雪門（B）陳鶴琴（C）李查德（C. R. Richards）（D）桑代克（E. L. Thorndike）。（88.北夜專；88.保甄）

（D）130.小赫平日最愛吃蘋果，某日媽媽去市場買了一袋小赫從未吃過的水梨，媽媽請小赫比較一下蘋果和水梨的異同後再讓小赫吃梨，這種連接新舊經驗的學習方法是應用：（A）同化原則（B）完形學習原則（C）熟練原則（D）類化原則。（87.北夜專）

（B）131.下列何者屬於「開放式」的問題？（A）你喜歡吃蘋果嗎？（B）你覺得水摸起來是什麼感覺？（C）這個故事好不好聽？（D）你想看書還是玩玩具？（87.北夜專）

（D）132.教學原理中的「個性適應原則」與下列何者同義？（A）有教無類（B）教學相長（C）教不嚴，師之惰（D）因材施教。（87.北夜專）

（A）133.老師問小菜「玻璃杯可以做什麼？」，小菜回答「可以裝水、可以插花、可以當樂器敲打、可以裝果汁」，請問小菜的創造表現為：（A）流暢力4分、變通力3分（B）流暢力4分，變通力4分（C）流暢力3分，變通力4分（D）流暢力3分，變通力3分。（87.北夜專）

（A）134.「想出前所未有的創意」是創造力特質中的：（A）獨創性（B）變通性（C）流暢性（D）精進性。（87.北夜專）

（A）135.道德教育、人格教育及品行陶冶大都是下列哪一類學習的結果？（A）附（副）學習（B）主學習（C）副（聯）學習（D）次學習。（87.北夜專；83.四技商專）

（B）136.下列哪一句話為「肯定式」語句？（A）不可以撕書（B）果皮應該放在垃圾桶裡（C）別拿剪刀跑來跑去（D）講話不要太大聲。（87.北夜專）

（B）137.教師鼓勵幼兒「從做中學」乃符合何種教學原則？（A）類化原則（B）自動原則（C）同時學習原則（D）熟練原則。（86.北夜專）

（B）138.學習時所養成的理想、興趣及情感屬於：（A）偏學習（B）附學習（C）主學習（D）副學習。（86.北夜專）

（A）139.下列有關「發現學習教學法」的敘述，何者錯誤？（A）重視幼兒成果（B）注重經驗學習（C）氣氛互信而自由（D）以幼兒為主體。（86.北夜專）

（A）140.下列何者不是幼兒教師應扮演的角色？（A）授業者（B）引導者（C）環境預備者（D）觀察者。（86.北夜專）

（B）141.下列何者不是教師發問技巧的原則？（A）鼓勵提問題（B）強

調正確答案（C）討論的內容應公開（D）討論的結果應具開放性。（86.北夜專）

（B）142.在教學上主張以一個主題為中心，探實際活動，融會所有材料，培養幼兒思考能力的教學原則為：（A）熟練原則（B）完形學習原則（C）同時學習原則（D）社會化原則。（86.北夜專）

（C）143.教師在語文教學過程中，應留意的情形，下列何者不正確？（A）幼兒說話教學的「聽」比「說」更重要，先讓幼兒「聽懂」再教「會說」（B）進行語文教學活動，勿讓幼兒齊聲回答，宜採個別徵答方式（C）不喜歡開口的幼兒應多要求於團體中說話（D）多鼓勵幼兒發表與創作。（85.北夜專）

（B）144.根據幼兒已有的經驗，提供幼兒由已知到未知，循序漸進的學習，是何種原則的應用？（A）個性適應原則（B）類化原則（C）準備原則（D）自動原則。（85.北夜專）

（A）145.可讓幼兒依興趣自由選角操作，探索學習的發現學習法是源自誰的教育思想？（A）杜威（Dewey）（B）莫利生（Morrison）（C）高登（Gorden）（D）艾瑞克遜（Erikson）。（89.中夜專）

（B）146.下列何者是「開放式」的問題？（A）你喜歡神奇寶貝嗎？（B）你長大以後，想做什麼？（C）這件外套是媽媽買的嗎？（D）你要喝果汁還是牛奶？（89.中夜專）

（B）147.目前許多幼兒園所採用的大單元設計教學法是誰推動的？（A）陳鶴琴（B）郭多（C）張雪門（D）吳美雲。（89.中夜專）

（B）148.關於「完形學習原則」的敘述，下列何者錯誤？（A）目前許多園所採用的大單元設計教學模式是此原則的應用（B）又稱為同時學習原則（C）源自格斯塔心理學（Gestalt Plyshology）（D）強調學習要注重整體性的瞭解。（89.中夜專）

（A）149.下列何種教學法最能適應幼兒個別差異並發展幼兒思考能力？（A）發現學習教學法（B）行為課程教學法（C）練習教學法（D）五指活動教學法。（89.中夜專）

（A）150.林老師注意到木棉樹開花結果後，棉絮滿天飛。為了引發幼兒學習木棉樹種子傳播方式的動機，問班上幼兒：「這棵樹附近為什

麼有這麼多像棉花一樣的東西啊？」。林老師所應用的教學原則是：（A）準備原則（B）類化原則（C）社會化原則（D）同時學習原則。（89.中夜專）

（A）151.幼兒在一學習活動之內，同時可以學到許多事物和內容，如：知識、技能、態度、理想、觀念等，此稱之為：（A）完形學習原則（B）熟練原則（C）同時學習原則（D）自動原則。（88.中夜專）

（B）152.關於混齡編班，下列敘述何者正確？（A）對於年齡大的幼兒學不到符合自己年齡層該有的知識（B）就像大家庭結構一樣，有利幼兒社會性發展（C）對於年齡小的幼兒會被年齡較大的小孩欺侮（D）沒有優點，只有缺點。（88.中夜專）

（D）153.下列何者不符合義大利雷吉歐（Reggio Emilia）的方案教學理念？（A）容許幼兒以許多方式表達自己的看法與想法（B）重視紀錄（C）課程以幼兒的興趣為中心（D）教案是老師先設計好，再依幼兒的興趣做調整。（88.中夜專）

（C）154.下列何者不符合主題教學法？（A）老師先訂一主體，再讓幼兒去萌發延伸（B）情境布置是依每日幼兒所發展的活動內容與方向來決定（C）老師可依主題可能的所有走向做揣測以準備材料（D）老師將主題可能的走向，及幼兒想到的點子組織成一張網，稱為「主題網」。（88.中夜專）

（A）155.形成以幼兒為中心的開放式教學之理論基礎為：（A）人文心理學（B）成熟理論（C）行為學派理論（D）發展任務論。（87.中夜專）

（C）156.有關開放式的保育理念敘述，何者不正確？（A）注重幼兒個別差異，因材施教（B）強調幼兒的形式性自我評量（C）以活動課程為主，幼兒可主動探索、操弄和學習（D）事先訂有完善課程規劃、單元名稱及進度表。（87.中夜專）

（B）157.針對幼兒感興趣之特定主題，由幼兒自己計畫並按計畫去進行的教學方法，稱之為：（A）五指教學法（B）方案教學（C）大單元設計教學法（D）行為課程。（87.中夜專）

（B）158.大單元設計教學法是由何人在一般幼稚園進行推廣的？（A）張雪門（B）郭豸（C）布克太太（D）陳鶴琴。（87.中夜專）

（D）159.強調舊經驗為新經驗之基礎的類化原則，為何者所提倡的？（A）桑代克（B）杜威（C）史金納（D）赫爾巴特。（87.中夜專，82.保甄）

（C）160.角落布置是哪一種教學法主要的教學內容？（A）創造思考教學法（B）大單元設計教學法（C）發現學習教學法（D）行為課程教學法。（86.中夜專）

（D）161.小華高興的說：「你看，這是爸爸買給我的遙控飛機！」，下列何者為主動傾聽的回答？（A）嗯！很好，不過現在請你收起來（B）如果你是好孩子的話，就應該借其他小朋友玩（C）小孩子不要這麼愛現（D）你好像很喜歡這個玩具。（86.中夜專）

（A）162.下列哪一種教學法主要是以教師為主導，而較缺乏幼兒自動參與的機會？（A）五指教學法（B）大單元設計教學法（C）發現教學法（D）創造思考教學法。（86.中夜專）

（A）163.從行為發展社會期望及教育需要等方面著眼，而倡議發展任務論的學者是：（A）赫威斯特（Havighurst）（B）蓋塞爾（Gesell）（C）桑代克（Thorndike）（D）馬斯洛（Maslow）。（86.中夜專）

（D）164.杜威（J. Dewey）提出的「由做中學」強調幼兒學習的（A）準備原則（B）類化原則（C）個性適應原則（D）自動原則。（86.中夜專）

（B）165.下列何者不是「引起動機」的好方法？（A）說一則簡短的故事（B）直接進行操作、示範（C）利用時事，或周遭發生的事物情境（D）由實際參觀活動引起。（86.中夜專）

（D）166.當幼兒很高興地拿自己的圖畫給爸爸看，爸爸細心地欣賞他的畫並得意地看著，這對該幼兒會有何影響？（A）培養安全感（B）培養獨立性（C）訓練幼兒表達自己（D）培養自尊與自信。（85.中夜專）

（A）167.下列何者不是創造思考的特性？（A）辨別（B）敏覺（C）精進（D）流暢。（85.日專）

（D）168.以生活問題為中心的學習活動，注重幼兒完整知識的獲得，在一定時間內完成的教學教材是屬哪一種教學法？（A）發現教學法（B）五指教學法（C）行為課程教學法（D）單元設計教學法。（85.中夜專）

（D）169.下列哪一項不是發現教學的特點？（A）教師處於觀察、輔導立場（B）教學強調結果重於過程（C）學習氣氛自由、開放（D）以兒童為本位的教育理念。（85.中夜專）

（D）170.盞→盞鞦韆→鞦韆→牽牛花→花→花蝴蝶→……。試問這首兒歌具有創造性的哪一種特性？（A）精進性（B）獨創性（C）變通性（D）流暢性。（85.中夜專）

（B）171.幼兒在「可愛動物」一單元中能獲得主學習、副學習、附學習的學習效果，試問下列何者是對的？（A）幼兒會摺出動物造型是附學習（B）幼兒會親近小動物是主學習（C）幼兒會說出動物的生活習性是副學習（D）幼兒會布置動物園是副學習。（85.中夜專）

（C）172.「將兩項事物、觀念或人物作直接比擬，以產生新觀念」，是屬於創造性發問技巧的哪一種？（A）辨別（B）替代（C）類推（D）假設。（85.日專）

（C）173.下列何者對發現學習的敘述正確？（A）在教室四個角落設學習角（B）由老師指派幼兒到學習角（C）學習歷程重於學習結果（D）重視各科目學習專精。（85.中夜專；82.幼教學分班）

（C）174.教學時運用幼兒舊經驗與新事物聯絡，促使幼兒獲得新經驗，這是應用哪一種教學原理原則？（A）個性適應原則（B）自動原則（C）類化原則（D）準備原則。（85.中夜專；83.保甄）

（A）175.良好的溝通是維持良好師生關係的要素，若小明對老師說：「看我疊的積木！」，下列何者為開放式反應？（A）嗯，很好……現在你能不能到……（B）你該去搭娃娃車了（C）多用些三角形積木會比較好看（D）你很滿意這個作品。（84.中夜專）

（C）176.教師採用創造思考的發問技巧時，應注意何項原則？（A）使用的語句應稍難（B）允許學生反應的時間應予限制（C）能接納

學生不同的意見（D）對獨特的回答，應予以負增強。（84.中夜專）

（B）177.下列何者不是發現教學法的教育原理？（A）根據新的科學教育原理（B）根據預先設計之教案教學（C）根據個別差異教學（D）根據杜威「由做中學」的理論。（84.中夜專）

（A）178.下列何者不是大單元設計教學法的特色？（A）以幼兒為教學主體（B）以實際生活問題為學習中心（C）活動時間具有彈性（D）強調完整知識經驗的獲得。（83.中夜專）

（C）179.「師生間要相互尊重，並建立良好的關係。」是根據什麼理論的說法？（A）發展任務論（B）認知發展論（C）人文心理學（D）成熟理論。（83.中夜專）

（B）180.下列何者不是有效的溝通方法？（A）有目的的交談，以便瞭解對方的意思（B）使用「你……」的語氣傳達，正確的指出幼兒錯誤的行為（C）反映傾聽，表示瞭解幼兒的感受（D）儘可能將談話局限於友善地互相交換訊息。（83.中夜專）

（B）181.幼兒的學習不宜採用以學科體系為中心的科目課程型態，其原因是：（A）幼兒的語文能力尚未成熟（B）幼兒缺乏邏輯思考的能力（C）幼兒的身心發展多呈未分化的狀態（D）幼兒的體力尚未能負荷長時間的活動。（83.中夜專）

（B）182.下列何者不是創造思考教學的特徵？（A）學習活動以幼兒為主體（B）強調完整的教學活動（C）提供自由、安全的情境（D）注重激發幼兒興趣，鼓勵幼兒表達。（83.中夜專）

（D）183.張雪門將人類行為分為四種，下列哪一種是他認為最有價值的？（A）單勞力不勞心（B）單勞心不勞力（C）又勞心又勞力（D）在勞動上勞心。（83.中夜專）

（A）184.下列何者不是從行為學派理論延伸而來的？（A）尊重幼兒的決定權，相信幼兒有自我管理的能力（B）教師所設計的活動，都訂有活動目標（C）透過增強作用，來加強幼兒學習的效果（D）針對幼兒個別的需要或特殊障礙，進行個別化的教學。（83.中夜專）

（C）185.教室多了一幅畫，小玉一進教室馬上察覺到，在創造性上是屬於哪一種性質？（A）變通性（B）流暢性（C）敏覺性（D）獨創性（E）精進性。（89.推甄）

（A）186.最強調以幼兒為主體的是下列何者？（A）創造思考教學（B）大單元設計教學（C）行為課程教學（D）五指活動教學。（87.88.保甄）

（B）187.台灣光復後協助籌劃軍眷區幼稚園，對台灣幼兒教育的發展有重大貢獻的開拓者是下列哪一位？（A）張之洞（B）張雪門（C）張百熙（D）陳鶴琴。（88.保甄）

（B）188.幼兒在聽完故事、音樂後，以角色扮演或律動方式表達其感受，是屬於：（A）練習教學法（B）發表教學法（C）欣賞教學法（D）思考教學法。（88.保甄）

（B）189.在教學上由已知到未知、循序漸進和縱橫的聯繫性是何種原則之應用？（A）自動原則（B）類化原則（C）準備原則（D）熟練原則。（87.保甄）

（A）190.華德福幼稚園（Waldorf School）是由何者所創立？（A）史代納（R. Steiner）（B）羅吉斯（C. Rogers）（C）艾力克遜（E. H. Erikson）（D）史金納（Skinner）。（87.保甄）

（D）191.幼兒捉到一隻蝸牛時，下列老師的問話，何者最為開放？（A）你抓到什麼？（B）在哪裡抓到的？（C）摸摸看，軟的還是硬的？（D）牠在想什麼？（87.保甄）

（C）192.凱茲（Katz）博士所提倡的教學法是：（A）發現教學法（B）大單元設計教學法（C）方案教學法（D）練習教學法。（87.保甄）

（B）193.下列對方案教學之敘述何者錯誤？（A）不是一個新的教學方法（B）教室不需要特別布置和準備（C）針對主題深入探討（D）是教與學的互動過程。（87.保甄）

（D）194.下列行為課程教學法之敘述何者為非？（A）張雪門所創（B）課程從幼兒生活中取材（C）非常重視評量（D）教材依幼兒身心發展而設計。（87.保甄）

（A）195.發現教學法是由何者所倡導？（A）布魯姆（B）杜威（C）馬斯洛（D）皮亞傑。（87.保甄）

（A）196.在方案教學中，教室情境中的主人是：（A）老師和幼兒（B）幼兒（C）老師（D）家長、老師和幼兒。（87.保甄）

（B）197.下列何種教學法最符合完形學習原則？（A）發現學習教學法（B）大單元設計教學（C）行為課程教學（D）五指活動教學。（87.保甄）

（D）198.學習時所要達到的基本學習和目的是屬：（A）副學習（B）附學習（C）輔學習（D）主學習。（87.保甄）

（C）199.在「好玩的沙」單元中，指導幼兒「養成觀察的科學態度」是屬於：（A）主學習（B）副學習（C）輔學習（D）聯學習。（86.保甄）

（A）200.赫爾巴特四段教學法中，「使學生回憶有關的舊經驗，作為解釋新教材的基礎」是指哪一階段？（A）明瞭（B）聯絡（C）方法（D）系統。（86.保甄）

（A）201.利用教室的牆面，貼大張畫紙，讓幼兒可一起做壁畫或集體貼畫，主要是運用哪一種教學原則？（A）社會化原則（B）統整原則（C）類化原則（D）自動原則。（85.保甄）

（D）202.教室的幼兒作品欄上，常呈現同一樣式的作品，這主要顯示幼兒缺乏哪一種創造的特質？（A）流暢性（B）獨創性（C）精進性（D）變通性。（85.保甄）

（A）203.老師經常主動傾聽幼兒的想法和感受，積極與幼兒溝通，瞭解幼兒的需要，是傾向於哪一種輔導的理論？（A）人文理論（B）行為理論（C）認知理論（D）民主理論。（85.保甄）

（D）204.幼兒哭泣時，老師反映幼兒行為和感受的語言宜是：（A）「告訴老師你為什麼哭？」（B）「不要哭了，才是乖寶寶哦！」（C）「是不是誰欺負你了？」（D）「我知道現在你的心裡很難過！」（85.保甄）

（A）205.老師與幼兒討論水果時，下列何者是開放式的發問？（A）你最喜歡吃什麼水果？為什麼呢？（B）葡萄是什麼顏色呢？（C）

比比看，那一個西瓜最大？（D）你覺得甘蔗好不好吃？（84.保甄）

（A）206.下列何者是開放式的發問？（A）這樣的聲音聽起來，有什麼感覺呢？（B）這樣大聲叫，對不對呢？（C）這種聲音，是不是噪音？（D）這樣大的聲音，好不好聽？（83.保甄）

（B）207.強調獎賞和懲罰的教室管理方式，是運用哪一種心理學理論？（A）民主理論（B）行為理論（C）社會學習理論（D）人文理論。（83.保甄）

（D）208.教師輔導幼兒行為，著重於積極傾聽幼兒的想法和情感，主要是運用哪一學派的觀點？（A）認知學派（B）行為學派（C）社會學派（D）人文學派。（83.保甄）

（C）209.獎賞孩子以促進學習乃源自哪一種理論？（A）發展成熟論（B）心理動力論（C）行為主義學派理論（D）人文主義學派理論。（83.保甄）

（B）210.幼兒學習穿衣、穿鞋，一個接一個步驟地逐步學習，這種過程是行為學習理論所稱之（A）增強（B）塑造（C）適應（D）組織。（83.保甄）

（C）211.大單元教學以一個單元主題統整學習活動，此主要是根據那種心理學派的觀點？（A）行為心理學（B）學習心理學（C）完形心理學（D）認知心理學。（83.保甄）

（C）212.下列何者不是發現學習教學法的特點？（A）注重小組活動（B）學習過程重於結果（C）重視教師怎麼教（D）利用社會資源。（83.保甄）

（B）213.進行教學活動常強調要先引起動機，此主要是運用什麼教學原則？（A）自動原則（B）準備原則（C）類化原則（D）統整原則。（83.保甄）

（B）214.強調增強和刺激的教室管理方式，是傾向於應用哪一種理論？（A）民主理論（B）行為理論（C）社會學習理論（D）人文理論。（82.保甄）

（A）215.在創造思考的教學法中，輔導幼兒產生很多聯想或觀念，是針對

哪一種創造的特質？（A）流暢性（B）普通性（C）獨創性（D）精進性。（82.保甄）

（D）216.下列何者是開放式的發問？（A）這是什麼東西？（B）檸檬的味道是酸酸的，還是甜甜的？（C）香蕉是什麼顏色？（D）晚上如果停電了，怎麼辦呢？（81.保甄）

第五章

幼兒單元
活動的設計及評量

一分鐘提示

　　幼兒在園所內的學習多以單元活動的方式進行，單元活動是否合宜，需賴單元活動的設計。而活動結束後，還有評量，可供評估幼兒的學習狀況，幼兒學習發展上的差異，以及下次活動的參考依據，可謂幼兒教保的健檢。單元的選擇、評量的種類要多加注意，務必把握每一個得分的機會。

重點整理

模擬試題

歷屆試題

重點整理

壹、單元活動設計的原則

1. 依據相關法令規章：依據「幼稚園課程標準」、「托兒所設置辦法」、「幼稚教育法」、「托兒所實施規範」、「幼稚教育法實施細則」及相關主管機關所公布的法令設計單元活動，以期全國的幼稚園有共同的方向、目標。再者，全國的幼稚園，各家創設的宗旨不同、所具備的條件不同、教學模式各異，不如以法令規章爲圭臬，設計一套適合園所目標的單元活動。

2. 依據幼兒的身心發展：不同年齡層的幼兒有不同的身心發展，設計時，當依此原理原則考量所擬定的活動。

3. 依據幼兒園所的實際狀況擬定：依據園所的背景、設立的性質、教育宗旨、目的，及園所的場地、設備、行政組織、教保員的理念等而有不同的設計考量。

4. 依據幼兒園所所在社區的情況：幼兒的生活環境影響幼兒的學習興趣，設計活動時當有所考量。

貳、選擇單元的原則

1. 要有選擇該單元的理由：例如，台灣夏日缺水，而幼兒多半喜歡玩水，在「好玩的水」這個單元中，可以讓幼兒瞭解水和人、水和環境的關係。又例如，幼兒多半喜歡敲敲打打，在「樂器真好玩」這個單元中，可以讓幼兒感受音樂的美、樂器的妙，同時對音樂家的生平也有所瞭解，進而陶冶心性。

2. 要與幼兒的生活經驗、生活層面有關，且取材容易：例如，住城市的幼兒，商店林立、交通便捷，可以認識都市環境做題材。住鄉下的幼兒，田園山林、鳥語花香，可以認識動、植物做爲題材。

3.要配合園所的設備、經費,且能善用當地社會資源:例如,園所附近的學校、公園、運動場、超市、便利商店……等等皆可作為設計單元的材料。

4.要配合幼兒身心發展的興趣、需要、能力來設計:例如,幼兒對聖誕老公公充滿了好奇與興趣,在節慶快到時,設計「聖誕節」這個單元,讓幼兒能很容易的觀察到節慶的歡樂氣氛。

5.要考量季節、節令:春去秋來、夏雨多藏,四季變換,又如天氣的陰、晴、雨、雷,皆是單元選擇的好題材。再如:「中秋節」、「端午節」、「新年」等單元,也可適時排入。

參、編擬單元活動的程序

1.決定單元名稱:從選擇該單元的理由中可決定。

2.評估環境資源:包括幼兒的年齡、興趣、需要、能力,設計者本身的能力及條件,園所的設備、資源,以及社區、家長所可能提供的幫助皆要評估。

3.決定單元教學目標:包括目標的選擇、敘寫,目標內容的設計、編寫皆要考量,以期幼兒能獲得完整的學習。

4.選擇單元主要活動:活動的內容可依單元性質的不同而有不同的中心活動來展開。

5.擬定活動計畫:每天的主題,每天的活動,每項活動進行時間的長短,皆要計畫好實施。

6.準備材料:依據活動主題準備教材、教具,以及教學後的評量表。

7.進行教學活動:所謂教學活動,其過程如下:

①引起動機:可行方式頗多,說故事、看影帶、觀實物、唱兒歌、提問題皆可。

②展開活動:活動開展後,要隨時評量、修訂內容及方法,以期達成教學目標。

③綜合活動:將每天、每項單元活動做一綜合性的討論、發表、欣賞或表演。

④總評量及檢討：用評量表或口頭評量來評量幼兒的學習成效，或者觀察幼兒實際操作的過程及其製品。

肆、編擬單元活動計畫時應注意的事項

1. 要能讓幼兒從活動中獲得生活中必要的具體經驗。
2. 活動要有具體的目標、內容。
3. 活動多樣化，且能配合環境。
4. 活動能適應幼兒各階段身心發展的需要。
5. 活動要常與家庭、學校、社區聯繫。
6. 長期輔導計畫要配合週、日活動計畫實施。
7. 依實況隨時修正活動計畫。

伍、編擬單元行事曆的程序

一般學前機構在開學前，園長會召集老師開會，討論並擬定這學期的活動計畫，此稱之為「學期活動計畫」或「學習教學進度表」，又可稱為「教學行事曆」、「單元行事曆」。單元行事曆通常包括週次、日期、單元設定理由、主要活動（主要行事）。其編擬時間，須於每學期前的一個月，編擬下學期的行事曆。其程序如下：

1. 先將這學期中重要的節慶標示出來。
2. 決定園內主要活動的週次：如：運動會、園遊會、音樂會、美術展等。
3. 以重要節慶及校內行事曆為依據，預定該週的「單元主題」：如端午節、中秋節、兒童節、開學了、我畢業了等。
4. 以季節變化，配合幼兒的興趣選擇單元主題。例如，「春神來了」、「秋天的水果」等。
5. 幼兒的「自我」概念發展很重要，「我的身體」、「我的感覺」皆是很好的單元主題。
6. 教師依照本身的專長與經驗，配合幼兒的興趣和需要，選擇不受時

間限制的單元主題。如：「交通工具」、「各行各業」、「科學遊戲」等。

7.單元主題與時事、新聞配合。

8.以幼兒能懂的語言作爲該週的單元名稱。

9.要能從單元的設定理由中看出單元的教學目標。

10.單元行事曆的內容應該讓人一目了然，簡單且清楚。

陸、評量的意義

教師教導，學生學習，都期望瞭解是否達成預期的教學目標及學習成果，這是質與量並重的，既能「解釋」、「診斷」事實，又能「判斷」價值，進而瞭解結果的原因，而謀求改進缺點。

柒、評量的原則

評量的結果不要作爲分辨幼兒的能力和學習成就的一種工具。

1.根據教學目標作評量，同時作爲教學改進的依據。

2.重視過程評量。

3.兼顧認知、情意、動作技能的評量。

4.評量遊戲化、生動化，種類多元化，方法多樣化。

捌、評量的種類

幼兒教保活動課程涵蓋目標、內容、方法與評量。活動設計是否合宜，端賴評量的結果，而評量是否客觀，端賴評量的方法是否恰當。其種類依評量的時間可分爲前評量、過程中評量、後評量、追蹤評量。依評量的功能可分爲預備性評量、形成性評量、總結性評量、診斷性評量。以評量資料解釋的方式可分爲常模參照評量、標準參照評量。

	定義	目的
前評量 （預備性評量）	活動進行前，教師爲瞭解幼兒已有的基本能力和起點行爲所作的評量。	作爲設計活動的參考，並可和活動後的習得能力作比較。
過程中評量 （形成性評量）	學習過程中，教師對幼兒或進行中的活動所作的評量。一般開放式教學的學校特別注重此評量。	根據幼兒反應，瞭解教學效果，分辨達成目標的困難因素，適時修正內容。
後評量 （總結性評量）	教學活動後，或學期末，教師所作的評量。	與前評量相比較，藉以瞭解此單元活動是否達成教學目標及整體教學成效。
追蹤評量	教學活動實施過後的一段時間所作的評量。	藉此瞭解現在成果與先前的學習效果的相關性。通常評量以四分之三以上的幼兒通過爲基準。
診斷性評量	在某一段落的教學活動之後舉行。	分析幼兒學習困難的原因，以作爲個別輔導或補救教學的參考。
常模參照評量	以個人分數和同班學生的平均數相比較。	區分彼此間的成就水準。
標準參照評量	在單元教學評量前所訂出的一個標準，以此作爲評量的依據。	藉此瞭解幼兒的學習程度。

玖、評量的對象和內容

評量的對象可分爲：

1. 幼兒對幼兒自己作評量。
2. 幼兒對幼兒作評量。
3. 教師對幼兒作評量。
4. 教師對教師自己作評量。

5.教師對教師作評量。

此方為多角度的評量。其內容如下：

1.教師方面：

　①評量方向的考慮項目

　　‧對幼兒發展的瞭解程度。

　　‧幼兒的遊戲需要。

　　‧園內設備。

　　‧充足的教材準備。

　　‧合宜的進行活動時間。

　　‧社會資源的利用。

　　‧學習經驗的符合。

　　‧課程組織的統整性。

　　‧合宜的單元主題及目標設定。

　　‧教育目標達成的可能性。

　　‧合宜的評量。

　②教師可以「教師自我評量」、幼兒對老師的「回饋評量」來評量
　　自己，藉以改進教學。

2.幼兒方面：評量內容可由幼兒的認知能力、動作技能、習慣態度等
　方面評量之。

　①認知能力方面：以幼兒對事物的理解程度來評量。

　②動作技能方面：以幼兒的身體發展及基本動作能力來評量。

　③習慣態度方面：以幼兒對個人、團體、社會生活的習慣態度來評
　　量。

拾、評量的方法

1.口頭評量法：教師在活動前後、活動進行中，隨時隨地可提出問題
　問幼兒。通常此法以四分之三的幼兒通過為基準。

2.表演法：通常在以語文或音樂為主題的教學活動中，請幼兒以表演
　的方式將所學表達出來。

3. 觀察法：幼教老師最常用的評量方法。

　①教師從每天教學活動日誌所記載的相關資料，加以整理、檢討，
　　進而獲得改進。

　②教師從觀察幼兒的興趣、活動的動機、活動的情況、活動的行為
　　等方面獲得評鑑的資料。

　③以觀察記錄的方式評量幼兒的興趣、習慣與學習態度。

　④實際觀察記錄表的評量方式有個案觀察與記錄表、學習困難表、
　　學習區評量表、單元主題綜合評量表等等。

　⑤觀察記錄可分為結構式（量化）記錄法、非結構式（質的敘述）
　　記錄法及半結構式（量化的表格加上文字的敘述）記錄法。

4. 成品展示法：從觀察幼兒實際操作的過程或幼兒的作品、成品來評
　　量。

5. 調查法：藉家庭訪問、問卷調查、健康檢查……等等，作為教師評
　　量的參考。

6. 評量表法：以圖表方式評定幼兒的學習程度。注意事項如下：

　①設計評量表要多樣性，以增加其中的趣味性和遊戲性。

　②設計評量表要考慮幼兒的能力和興趣，難度不可太高。

拾壹、評量的功能

1. 作為當時活動的檢討。

2. 作為個別輔導的依據。

3. 藉此瞭解幼兒的整體概況。

4. 藉此瞭解幼兒個別的學習和發展狀況。

5. 藉此分析課程設計和教學得失。

6. 藉此作為家庭與學校的溝通橋樑，並且父母可以從評量結果中瞭解
　　幼兒在園內的生活狀況。

拾貳、評量方法的使用原則

評量方法可依活動性質和幼兒能力來選擇設計，其使用原則如下：

1.對於年齡較小的幼兒以實物圖片，進而口頭或操作評量較好。

2.對於年齡較大的幼兒可以設計評量表。

3.應妥善運用評量結果。以個人的進步作比較。而不可用評量結果來責備幼兒。畢竟評量的主要目的在於評估教學目標、內容、方法是否設計合宜。

4.應採用多方式、多輔助工具的評量方法，使評量儘量客觀。

5.評量的使用要考慮適切性。教育資源、時間長短、學生能力皆要考慮，方能符合適切性。

模擬試題

（　　）1.單元教學活動的設計，應以何者為中心？（A）社會（B）教材（C）教師（D）幼兒。

（　　）2.教學活動設計時，首先應考慮的步驟為：（A）決定教學目標（B）決定教學資源（C）決定教學內容（D）決定教學方法。

（　　）3.單元活動編訂的程序為：（A）決定單元名稱→選擇單元的主要活動→訂定單元目標→展開活動（B）訂定單元目標→決定單元名稱→選擇單元的主要活動→展開活動（C）決定單元名稱→訂定單元目標→選擇單元的主要活動→展開活動（D）訂定單元目標→選擇單元的主要活動→決定單元名稱→展開活動。

（　　）4.下列何者不是評量的功能？（A）瞭解幼兒個別的發展狀況（B）瞭解全班幼兒的整體狀況（C）藉評量找出特殊幼兒（D）評量結果可以作為老師與家長溝通的橋樑。

（　　）5.有關形成性評量的敘述，下列何者錯誤？（A）是一種持續性的評量（B）老師可以藉此修正教學方法（C）在性質上相當於中小學的期末考（D）開放式幼兒教學最重視的評量方式。

（　　）6.有關幼兒評量的敘述，下列何者不正確？（A）教師自編評量表的可信度及效率較高，通常可用來檢視幼兒的人格特質（B）觀察、會談、操作等方式較為適合（C）宜採用多方式、多工具的評量方

法（D）幼兒注意力容易分散，在測驗進行中可視需要做短暫休息。

（　）7.有關教保活動設計的敘述，下列何者不正確？（A）只要幼兒有興趣，不必考慮教師的能力與社會資源（B）各種活動穿插實施（C）重視實際操作經驗（D）課程內容由易而難。

（　）8.為了瞭解幼兒在學習活動及體驗新經驗前所具備的能力及舊經驗，所進行的評量為何種評量？（A）形成性評量（B）診斷性評量（C）預備性評量（D）總結性評量。

（　）9.下列哪一項不包括在單元教學活動計畫要項內？（A）單元名稱與目標（B）偶發事件的處理（C）教學資源（D）活動過程與評量。

（　）10.單元教學活動中，討論、欣賞、分享等活動是屬於哪一階段的活動？（A）準備活動（B）檢討活動（C）展開活動（D）綜合活動。

（　）11.選擇單元應考慮的要項？（A）園所環境、設備（B）季節（C）與幼兒生活有關（D）以上皆是。

（　）12.編擬單元活動的第一個程序是：（A）決定單元名稱（B）決定教學目標（C）評估各項資源（D）選擇單元主要活動。

（　）13.設計單元教學活動時，須考慮的因素為何？（A）園所設備（B）幼兒人數（C）幼兒身心發展狀況（D）以上皆是。

（　）14.下列哪一項因素不會影響單元活動設計？（A）社會資源（B）教育目標（C）幼兒友伴（D）園所設備。

（　）15.有關單元行事曆編製的敘述，下列何者正確？（A）幼兒對時事不感興趣，最好不要編入（B）應清楚、簡單，讓人一目了然（C）應寫得越詳盡越好（D）單元名稱美麗、抽象，有助幼兒思考。

（　）16.在展開教學活動前，下列哪一項活動應已完成？（A）分發各項學習材料（B）讓幼兒進行分享（C）設計評量表（D）以上皆是。

（　）17.有關選擇單元的敘述，下列何者不正確？（A）應能具體看出屬於哪一領域的內容（B）應選與幼兒生活經驗有關的單元（C）應

考慮季節變化（D）應依照幼兒身心發展需要。

（　）18.下列何者不是編製活動計畫時所須注意的事項？（A）活動設計的內容應與環境、設備配合（B）活動設計應能提供幼兒生活中必要的經驗（C）具體的週、日活動計畫，最好不要隨時更改（D）活動設計宜配合幼兒各階段的身心發展需要。

（　）19.編製活動計畫時，如要使教學效果提高，應與下列何單位連絡？（A）學校（B）社區（C）家庭（D）以上皆是。

（　）20.有關單元活動設計的基本原則，下列敘述何者錯誤？（A）應依據有關幼稚教育法令規章設計（B）應依園所實際狀況設計（C）應考慮園所所在社區的情況設計（D）應依小學低年級課程設計。

（　）21.讓幼兒摺紙飛機，將所摺的紙飛機給全班的幼兒欣賞、分享，此種評量法為：（A）口頭評量法（B）表演法（C）成品展示法（D）觀察法。

（　）22.為瞭解幼兒打人的次數是否在故事教學後減少，教師在幼兒打人時予以記錄，此種評量法為：（A）觀察法（B）表演法（C）調查法（D）口頭評量法。

（　）23.為瞭解幼兒學習狀況，於教學後評量，同時和前評量相互比較，以評量教學目標是否達成，此種評量稱之為：（A）前評量（B）形成性評量（C）後評量（D）診斷性評量。

（　）24.採用評量方法的敘述，下列何者錯誤？（A）年齡愈小，愈適合觀察法或口頭評量法（B）年齡愈小，愈不適合以評量表法評量（C）幼稚園宜採用多元性的評量方式（D）評量方式依實際情況而不同，不須考慮幼兒能力。

解答

1.（D）2.（A）3.（C）4.（C）5.（C）6.（A）7.（A）8.（C）9.（B）
10.（D）11.（D）12.（A）13.（D）14.（C）15.（B）16.（C）17.（A）
18.（C）19.（D）20.（C）21.（C）22.（A）23.（C）24.（D）

歷屆試題

（A）1.有關幼兒教保活動實施敘述：①考慮幼兒的身心發展狀況；②當多數幼兒不感興趣時，宜轉換活動；③按擬定之活動項目計畫，確實執行；④因應國際需求，安排多語教學，上述何者較為正確？（A）①②（B）②③（C）③④（D）①④。（90.日專）

（A）2.下列哪一項評量內容是屬於情意領域？（A）小明可公開大方和同伴分享自己的故事書（B）小英會向大家介紹家中所養的寵物（C）小華能說出班上最高與最矮的小朋友（D）小美會辨認1～5的阿拉伯數字。（90.日專）

（A）3.有關評量的敘述，下列何者錯誤？（A）開放式的學習模式，強調標準化的幼兒成就評量（B）應採用多元化的評量方法（C）保育人員要評量幼兒而且也應自我評量（D）調查法是評量幼兒的方法之一。（87.日專；87.四技商專）

（C）4.教師在活動進行中，不斷進行評量以作為隨時修改活動設計的根據，稱為：（A）前評量（B）後評量（C）活動過程評量（D）追蹤評量。（86.日專）

（B）5.可讓教師瞭解教學內容、方法與效率上的缺失，以謀求補救的評量方法為：（A）診斷性評量（B）形成性評量（C）總結性評量（D）預備性評量。（83.日專）

（D）6.下列關於教學評量的敘述，何者錯誤？（A）根據教學目標進行教學評量（B）應採用多方式、多工具的評量方法（C）教學評量包括教師與幼兒兩方面（D）教學評量的順序為：前評量→教學活動中的評量→追蹤評量→後評量。（83.日專）

（D）7.關於托兒所教學活動的評量，下列敘述何者不正確？（A）教師就兒童在活動中的表現作觀察記錄（B）教師要評量幼兒，也應該做自評（C）評量宜包括幼兒的認知、技能動作、語文表達能力及情意態度等（D）以教學活動結束後的評量為主。（82.日專；82.四

技商專）

（C）8.下列何項不宜用來評量幼兒工作課程活動的表現？（A）能集中注意力，對工作反應良好（B）能與他人合作，輪流使用工具（C）能設計出有水準的作品（D）工作後會收拾整理。（82.日專）

（D）9.下列何者不是托兒所教學活動評量的主要功能？（A）幫助幼兒瞭解幼兒的身心發展（B）幫助教師瞭解幼兒的學習狀況（C）作為教師修正課程及教材教法之參考（D）作為安置特殊幼兒之唯一依據。（82.日專）

（C）10.整理、表演、展覽、欣賞、參觀等通常是單元教學活動中哪一階段的活動？（A）準備活動（B）發展活動（C）綜合活動（D）分組活動。（82.日專）

（B）11.教師輔導幼兒分配工作，並適時輔導幼兒質疑、製造、討論等活動，這是單元教學活動中哪階段的活動？（A）準備活動（B）發展活動（C）綜合活動（D）高峰活動。（82.日專）

（B）12.學生能力、教學時間、教學資源等因素的考慮，是評鑑教學設計的：（A）完整性（B）適切性（C）合理性（D）可行性。（82.日專）

（C）13.對幼兒的評量，下列敘述何者不正確？（A）宜採多方式、多工具的評量方法（B）觀察、會談、操作等方式較為適合（C）教師自編評量表之可信度及效率較高，通常可用來檢視幼兒的人格特質（D）幼兒注意力容易分散，在測驗進行中可視需要做短暫休息。（82.日專；82.四技商專）

（B）14.下列何者不是教學評量的主要意義？（A）瞭解幼兒努力的結果（B）瞭解幼兒智力的高低（C）評斷教師的專業能力（D）瞭解幼兒學習後所獲之價值。（89.四技商專）

（C）15.如果主題是：「我的手」，那麼教學目標應該是：（A）能說出手的功用（B）學習用手指頭做蓋印畫（C）認識手的功用（D）能說出手掌和手背的不同處。（88.四技商專）

（B）16.以語文為中心的單元活動，其設計範圍可包括：①寫前準備；②傾聽；③看；④動作語言；⑤說。以上敘述，何者正確？（A）①

②⑤（B）①②③④⑤（C）①④⑤（D）①②③⑤。（88.四技商專）

（D）17.下列哪一項不是教保人員常用的評量方法？（A）成品展示法（B）表演法（C）觀察法（D）測驗卷法。（88.四技商專）

（D）18.在單元活動設計時，對單一活動中行為目標的動詞用法：①描述；②養成；③認識；④操作。下列何者正確？（A）①②③④（B）①③④（C）③④（D）①④。（87.四技商專）

（B）19.下列何者不是幼兒教保活動設計時應考慮的原則？（A）依幼兒的興趣設計（B）依小學的課程設計（C）依托兒所的地理環境設計（D）依社區可運用的資源來設計。（87.四技商專）

（D）20.有關幼兒教保活動設計的敘述，下列何者不適當？（A）各項活動最好能互相關聯（B）時間安排要有彈性（C）要配合幼兒的能力、興趣、經驗（D）最好依教材系統設計課程。（86.四技商專）

（C）21.教師在活動進行中，不斷進行評量以作為隨時修改活動設計的根據，稱為：（A）前評量（B）後評量（C）活動過程評量（D）追蹤評量。（86.四技商專）

（B）22.編擬單元活動的步驟包含：①準備教材；②選擇主要活動；③決定教學目標；④決定單元名稱；⑤決定具體目標。下列何者是較適宜的順序？（A）②→④→①→⑤→③（B）④→③→②→⑤→①（C）②→④→⑤→③→①（D）④→②→③→①→⑤。（85.四技商專）

（A）23.下列關於幼兒教保活動設計的敘述，何者錯誤？（A）將活動設計分得愈細，對幼兒的學習愈有幫助（B）年齡愈小的幼兒，直接經驗的活動應當愈多（C）以滿足個體的需要先於社會的需求（D）幼兒具有自我中心的傾向，故應注意群體觀念的培養。（85.四技商專）

（D）24.下列關於教學評量的敘述，何者錯誤？（A）根據教學目標進行教學評量（B）應採用多方式、多工具的評量方法（C）教學評量包括教師與幼兒兩方面（D）教學評量的順序為：前評量教學活動中的評量追蹤評量後評量。（83.四技商專）

（B）25.下列教育評鑑的功能，何者錯誤？（A）瞭解幼兒學習進步的情形（B）提供行政管理決定的參考依據（C）診斷幼兒學習的困難（D）以評鑑結果決定課程的內容與方向。（83.四技商專）

（D）26.可讓教師瞭解教學內容、方法與效率上的缺失，以謀求補救的評量方法為：（A）診斷性評量（B）形成性評量（C）總結性評量（D）預備性評量。（83.四技商專）

（B）27.教師輔導幼兒分配工作，並適時輔導幼兒的質疑、製造、討論等活動，這是單元教學活動中哪一階段的活動？（A）準備活動（B）發展活動（C）綜合活動（D）高峰活動。（82.四技商專）

（A）28.幼稚園大、小班的單元名稱相同時，單元教學活動設計應避免下列哪一事項？（A）共用相同的教學目標（B）依身心發展狀況寫不同的活動內容（C）大小班學生混齡合班上課（D）合用相同教具。（82.四技商專）

（C）29.整理、表現、展覽、欣賞、參觀等通常是單元教學活動中哪一階段的活動？（A）準備活動（B）發展活動（C）綜合活動（D）分組活動。（82.四技商專）

（C）30.幼兒教保活動設計時，應考慮的原則，以下列何者為非？（A）依幼兒的興趣設計（B）依幼兒的能力設計（C）依小學的課程設計（D）依社區可運用的資源設計。（88.嘉南、高屏夜專）

（C）31.單元活動編訂的程序為：（A）決定單元名稱→選擇單元的主要活動→訂定單元目標→展開活動（B）訂定單元目標→決定單元名稱→選擇單元的主要活動→展開活動（C）決定單元名稱→訂定單元目標→選擇單元的主要活動→展開活動（D）訂定單元目標→選擇單元的主要活動→決定單元名稱→展開活動。（86.嘉南、高屏夜專；83.四技商專）

（B）32.以幼兒教育的正確觀念來看，下列哪一種評量重點正確？（A）評量幼兒是否會唸兒歌（B）評量幼兒是否積極主動投入活動（C）評量幼兒是否能正確說出單元所教的事物名稱（D）評量幼兒是否完成作品。（86.嘉南、高屏夜專）

（C）33.正常幼稚園如何評量幼兒學習的結果？（A）紙筆測驗（B）口頭

測驗（C）由學習活動中觀察評量（D）設計活動進行評量。（86.嘉南、高屏夜專）

（B）34.設計教學活動時，下列何項是首先應考慮的步驟？（A）選用適當的教學方法（B）決定教學目標（C）確定教學活動次序（D）安排回饋方式。（86.嘉南、高屏夜專）

（D）35.關於教保活動設計，下列敘述何者不正確？（A）課程內容由易而難（B）各種活動穿插實施（C）重視實際操作經驗（D）配合幼兒興趣不必考慮教師的能力與社會資源。（86.嘉南、高屏夜專；82.四技商專）

（C）36.雷吉歐（Reggio Emilia）的教育系統以下列何種方式評量幼兒的學習成果？（A）筆試（B）口試（C）觀察（D）遊戲競賽。（87.嘉南、高屏夜專）

（D）37.教師在設計活動時須掌握活動之間的平衡，如：（A）活動須顧及幼兒的能力和興趣（B）活動須顧及所方的設備及環境（C）活動須顧及家長之期待和要求（D）活動須顧及各教材領域的協調。（86.嘉南、高屏夜專）

（B）38.一般幼稚園的教學評量應重視：（A）預備性評量（B）形成性評量（C）總結性評量（D）補救性評量，才符合幼教理念。（86.嘉南、高屏夜專）

（B）39.從幼教理論而言，幼稚園的教學評量應重視：（A）預備性評量（B）形成性評量（C）總結性評量（D）補救性評量。（82.南師幼；86.嘉南、高屏夜專）

（A）40.一個活動的設計最先思考的是：（A）展開活動，因為這是幼兒活動的主題（B）引起動機，因為這是一個活動的開始（C）綜合活動，因為這是幼兒活動的成果（D）準備活動，因為這是活動的前奏。（86.嘉南、高屏夜專）

（A）41.編擬單元設計時首先應考慮：（A）教育對象（B）家長要求（C）教保人員能力（D）園長期望。（85.嘉南、高屏夜專）

（C）42.以下何者不是單元活動設計中決定單元的主要原則？（A）能幫助幼兒將所學應用於生活中（B）具體可行（C）年齡愈小，單元時

間加長（D）配合季節時令。（85.嘉南、高屏夜專）

（B）43.下列敘述何者為正確？（A）設計幼保單元活動時，最重要的是要注意幼兒身心發展的原理原則，其他則不重要（B）單元的選擇可來自幼兒生活的重要層面（C）單元行事曆詳盡敘述，才能讓人看了明瞭（D）以上皆是。（84.嘉南、高屏夜專）

（C）44.小綠班有20位幼兒，老師設計一個認識顏色的活動，依一般的評量標準，約多少人通過，即表示老師的教法和內容難易度適合幼兒？（A）10人（B）12人（C）15人（D）18人。（88.北夜專）

（A）45.「能力分班測驗」是屬於：（A）預備性評量（B）總結性評量（C）追蹤評量（D）診斷性評量。（88.北夜專）

（B）46.有關評量的敘述，下列何者錯誤？（A）其種類大致分為四種：前評量、過程評量、後評量、追蹤評量（B）評量的對象僅針對幼兒（C）通常評量以四分之三以上的幼兒通過為基準（D）常見的評量方法計有口頭評量、表演、觀察、成品展示、調查以及評量表等。（87.北夜專）

（C）47.下列何者屬於教學後的總結性評量？（A）能力分班測驗（B）隨堂考（C）發表會。（D）智力測驗。（87.北夜專）

（C）48.教師進行教學評量的目的不包括：（A）瞭解學生進步的情形（B）評量教學是否達到預期目標（C）篩選資賦優異學生進入資優班（D）診斷出學習有困難的幼兒進行補救教學。（87.北夜專）

（A）49.活動設計過程中利用設備，布置環境以引起學習動機，是屬於何種活動？（A）發展活動（B）綜合活動（C）準備活動（D）評量活動。（86.北夜專）

（B）50.教學活動實施後，過一段時間再給予的評鑑稱為：（A）後評鑑（B）追蹤評鑑（C）活動過程中評鑑（D）前評鑑。（86.北夜專）

（C）51.通常評量以多少以上的幼兒通過基準？（A）二分之一（B）三分之一（C）四分之三（D）全體幼兒。（85.北夜專）

（C）52.單元活動的編擬程序為何？①選擇單元的主要活動；②評估環境；③決定單元的教學目標；④決定單元名稱；⑤擬定每項活動的計畫。（A）②③④①⑤（B）④③②⑤①（C）④②③①⑤

（D）③②①④⑤。（85.北夜專）

（B）53.關於教學評量，下列者又稱爲「形成性評量」？（A）前評量（B）活動過程中之評量（C）後評量（D）追蹤評量。（85.北夜專）（85.中夜專）

（D）54.下列何者不是單元選擇的標準？（A）具體可行（B）具有包容性（C）配合季節時令（D）年齡愈小，單元活動時間越長。（83.北夜專）

（D）55.下列敘述何者不是托兒所教學活動評量的主要功能？（A）幫助教師瞭解幼兒的身心發展（B）幫助教師瞭解幼兒的學習狀況（C）作爲教師修正課程及教材教法之參考（D）作爲教學進度的控制。（88.中夜專）

（C）56.有關行事曆的敘述，下列何者錯誤？（A）有兩種常用格式，其爲每學期的行事曆，另一爲每個月的行事曆（B）須於每學期前一個月，編擬下學期的行事曆（C）行事曆僅供參考用，各班教師可自行更改實施（D）每學期終了，應對行事曆作總檢討以供再次編定的參考。（87.中夜專）

（D）57.在某一段落的教學之後舉行，藉以分析幼兒學習困難的原因何在，以供教師做個別輔導或補救教學的參考爲：（A）預備性評量（B）形成性評量（C）總結性評量（D）診斷性評量。（87.中夜專）

（B）58.有關評量的敘述，下列何者錯誤？（A）其種類大致分爲四種：前評量、過程評量、後評量、追蹤評量（B）評量的對象僅針對幼兒（C）通常評量以四分之三以上的幼兒通過爲基準（D）常見的評量方法計有口頭評量、表演、觀察、成品展示、調查以及評量表等。（87.中夜專）

（A）59.下列何者不是選擇單元活動應考慮的事項？（A）依據教師的能力和興趣（B）配合季節時令（C）配合教學資源（D）必須具體可行。（86.中夜專）

（A）60.下列哪一種評量可以瞭解幼兒的起點行爲？（A）預備性評量（B）形成性評量（C）總結性評量（D）診斷性評量。（86.中夜專）

（C）61.與孩子分享學習成果是屬於教學活動計畫中的（A）準備活動（B）發展活動（C）綜合活動（D）診斷活動。（86.中夜專）

（A）62.「成熟理論」提供教師在設計幼兒教保課程時，應注意：（A）把握幼兒的關鍵期（B）教導幼兒養成生活基本習慣（C）鼓勵幼兒主動參與或表達的機會（D）運用具體實物教導幼兒。（86.中夜專）

（A）63.以下何者不是幼兒設計單元活動的要點？（A）配合單元教本進行教學活動（B）配合幼兒年齡、能力發展（C）配合幼兒的舊經驗（D）配合時令、季節的變化。（85.中夜專）

（B）64.對於幼兒學習方面的評量可以分為認知能力、人格發展、動作技能及（A）自由活動（B）觀察能力（B）習慣態度（D）唱遊能力。（85.中夜專）

（B）65.將教學活動評量分為預備性評量、形成性評量、總結性評量、診斷性評量，是依下列何項加以區分的？（A）評量的目的（B）評量的時間（C）評量的功能（D）評量的對象。（84.中夜專）

（A）66.在幼兒教育中，下列何者並非教學評量的正確意義？（A）協助教師編排幼兒名次（B）增進幼兒的自我認識（C）促進父母對孩子的瞭解（D）作為主管機關行政的參考。（84.中夜專）

（B）67.單元活動設計的要項不包括：（A）單元目標（B）活動過程與內容（C）教學資源（D）活動地點。（87.保甄）

（B）68.單元活動設計時，決定單元名稱後，即需先訂定：（A）活動主題與綱要（B）單元目標（C）活動內容（D）活動目標。（87.保甄）

（C）69.托兒所老師應根據何者進行教學評量？（A）教學資源（B）教學過程（C）教學目標（D）教學內容。（87.保甄）

（B）70.開放式教學中最重視的評量是：（A）前評量（B）過程評量（C）後評量（D）無所謂。（86.保甄）

（B）71.設計教學活動時，首先應考慮的步驟為：（A）教學方法（B）活動目標（C）活動發展（D）評量。（86.保甄）

（A）72.教保人員平日觀察記錄幼兒的行為，其目的不是在於：（A）比

較幼兒之間的優劣差異（B）改進教保的方式或內容（C）瞭解幼兒的發展狀況（D）察覺幼兒需要哪方面的輔導。（85.保甄）

（C）73.對幼兒學習活動的考察，下列作法哪一種是不對的？（A）注重平時實際活動的考察（B）觀察紀錄也是一種考察方式（C）完全用筆試的考察方式（D）定期向家長報告考察結果。（85.保甄）

（B）74.在幼兒進行活動時，老師隨時觀察記錄幼兒的行為表現，是屬於哪一種評量方式？（A）前評量（B）過程評量（C）追蹤評量（D）後評量。（84.保甄）

（D）75.在某一段落的教學活動之後，為分析幼兒學習困難原因，可進行下列何種評量？（A）預備性評量（B）形成性評量（C）總結性評量（D）診斷性評量。（84.保甄）

（B）76.發現學習教學法著重於哪一種評量？（A）學前評量（B）過程評量（C）總結評量（D）學後評量。（81.83.保甄）

第二篇

幼兒教保實務

第一章　緒論

第二章　參觀與見習

第三章　教學實習與職業輔導

第四章　幼兒行爲觀察與記錄

第一章

緒　論

一分鐘提示

　　本章重點在於教保實務的意義、範圍和特點，有了相關幼保活動設計「知」的學習後，當有教保實務「行」的貫徹，知行合一，學理實務相互印證，專業教保人員當可期之。本章出題不多，但亦請注意。

重點整理

模擬試題

歷屆試題

重點整理

壹、教保實務的意義與範圍

一、意義

　　幼兒保育知識和保育幼兒技術兩者密切關聯。如何將兩者加以結合，以實踐並活用於實際場合中，即為教保實務。

二、價值

　　（一）從實務中得到技巧和經驗，以備將來工作所用。

　　（二）培養對職業的健全態度，敬業樂群的精神。

　　（三）堅定工作服務的信心與毅力。

　　（四）增加其他與有關工作情境接觸的機會。

三、範圍

　　教保活動教學為教保實務重要的一項，但並非就是教保實務，其範圍包括實務的準備、參觀、見習、試教（即教學實習）、園所務行政的參與。

貳、教保實務的特點

　　1.在真實的教學環境（學校）裡體驗教育。

　　2.在教師的指導下於短期內累積教學經驗。

　　3.可以培養教師應具備的基本能力與態度。

　　4.可以直接與教學的對象接觸。

參、教保實務評鑑

一、意義

有系統的運用專門知識和技能，客觀且善意地評定實習生，其在幼保工作時的參與程度、及參與過程，是否已發揮的淋漓盡致？是否尚有待改進的地方？是否有更好的改進方法或技巧？以發揮實習生最大的教保能力。

二、範圍

（一）評鑑的性質：繼續性、發展性、漸進性、全面性。

（二）評鑑的方式：指導老師以各種方式，諸如：實驗報告、參觀、試教心得報告、檢討會、研究會等來瞭解學生參與整個過程的狀況及得失。

（三）評鑑的工作：實習生記錄所參與的一切教保活動，也可以是實習生的自我評鑑。由教師或學校提供一定的標準和格式讓學生自行評量、提出報告。

肆、教保人員教育

一、教保人員應受專業訓練的理由

（一）為了堅定服務的信心。

（二）為了增進教保的技術。

（三）為了培養良好的品行。

（四）為了認識教保的工作。

二、教保人員應努力的方向

（一）正視教師的成長和需要。

（二）加強教師教學基本能力。諸如：教室管理、活動設計、教學評量、戲劇教學……等。

（三）建立教師正確的價值觀。

（四）設立職前在職進修課程。課程要多樣性、銜接性。

三、國家幼教行政系統應支援的方向

（一）幼教課程研發中心的增設：此中心在增設時要有預算編列，
以延攬各方幼教人才。在人員編制上，最好設有主任、組長、
研究員，以便蒐集、編譯、實驗、推展國內外幼教課程相關資
訊，同時亦可研究幼教相關法令的修訂。

（二）研發幼教課程及教學的各種參考資源

1.編列經費，與幼教機構、大專院校相關科系合作研究發展各
種教學資源。

（1）編印相關各類幼教模式的參考資料。

（2）進行以幼兒學習為導向的教學實驗研究。

2.編列經費，鼓勵出版優良的教學資源。

（1）對於教師自行設計與課程有關的參考資料，予以獎助並
出版。

（2）對於幼教人士、單位機構出版的有關幼兒學習、興趣與
身心發展的教學導引或各種教學資源，予以獎勵。

（3）對於以幼兒學習經驗為導向的教學實驗研究，予以輔
助。

（三）建立有關幼教課程及教學的評估制度

1.由全國幼教中心主持，邀集相關幼教人士，研擬與幼稚園課
程與教學相關出版品的評估辦法，進行評估，同時公布評估
結果。

2.委由相關機構編列有關幼稚園課程、教材的編製、編選，以
及課程評量的參考資料。

（四）教學觀摩會的舉辦：對於獲得「課程設計與教學」評鑑績優
的幼稚園，提供經費，委託其舉辦教學觀摩會，以供該區及全
國的幼稚園園長、教師，觀摩、實習。

（五）課程評鑑的規劃與執行。

模擬試題

（　）1.建立教師正確的價值觀，是哪一方面應努力的工作方向？（A）幼教行政系統（B）教師與幼兒（C）教師與家長（D）專辦師資培育與進修。

（　）2.教保實務的意義為：（A）再短時間內學習教育的方法（B）讓實習生直接與教學對象接觸（C）將有關的知識與技術結合，再去實際場合學習活用（D）以上皆是。

（　）3.有關教保實務特點的敘述，下列何者錯誤？（A）在真實的學校環境裡體驗教育（B）培養教師應具備的基本能力與態度（C）在短時間內無法累積教育經驗（D）以上皆是。

（　）4.目前我國幼教師資的培育與進修，應努力的方向為何？（A）加強師資能力（B）建立正確教師價值觀（C）設立多樣性、銜接性的在職進修課程（D）以上皆是。

（　）5.教保實務的範圍，何者較周延？（A）園所行政參與（B）參觀、見習、試教（C）試教、見習（D）參觀、見習、試教、行政參與。

（　）6.下列敘述何者錯誤？（A）教學實習是一種面對同班同學的試教實習過程（B）教保實務過程可培養教師應具備的基本能力與態度（C）教保實務即讓實習生在短時間累積教學經驗（D）教保實務能直接與教學對象接觸。

（　）7.下列敘述何者錯誤？（A）參加績優園所的教學觀摩，也能增進教保技術（B）教保人員接受專業訓練是為增進教保技術（C）教保人員應不定期的學習，學到什麼回到學校就教什麼（D）幻燈片、錄影帶……等皆為幼兒學習的教學資源。

（　）8.下列何者不是教保人員接受專業訓練的原因？（A）堅定服務的信心（B）培養良好的品行（C）使其對教保工作有更深入的認識（D）便於執行課程規劃與評鑑。

解答

1.（D）2.（C）3.（C）4.（D）5.（D）6.（A）7.（C）8.（D）

歷屆試題

（B）1.教保實務的重要意義是：（A）在教師指導下體驗教學方法（B）從實際活動中經驗教保技巧（C）在幼兒面前表演教學方法（D）認識自己是否適任教保工作。（89.四技商專）

（B）2.下列何者不是教師應有的態度？（A）當教師為專業（B）保持原狀，堅守崗位（C）不遲到不早退，每天完成該做的事（D）隨時自我檢討自我改進。（86.嘉南、高屏夜專）

（D）3.托兒所完整實習包括：（A）參觀、見習（B）見習、試教（C）參觀、實習（D）參觀、見習、試教。（86.嘉南、高屏夜專）

（C）4.教保實務的意義是：（A）理論（B）實際（C）理論與實際（D）技能的學習過程。（84.嘉南、高屏夜專）

（D）5.一位理想的教保人員，必須具有：（A）身心健康（B）豐富的專門知識（C）良好的專業訓練（D）以上皆是。（84.嘉南、高屏夜專）

（D）6.保育人員的學識修養應包括：（A）基本知識（B）自我成長（C）自我知覺（D）以上皆是。（84.嘉南、高屏夜專）

（D）7.下列何者是兒童保育現代教學的新趨勢？（A）多媒體教學（B）加速學習教學（C）推廣親職教育（D）發現興趣教學。（84.嘉南、高屏夜專）

（C）8.下列敘述何者不是保育人員應有的條件？（A）健全的身心（B）端莊的儀表（C）權威的作法（D）敬業的精神。（84.嘉南、高屏夜專）

（B）9.幼保科學生的教保實習流程為何？（A）見習→參觀→實習（B）參觀→見習→實習（C）見習→實習→參觀（D）實習→見習→參

觀。（88.北夜專）

（C）10.有關保育人員專業修養的敘述，下列何者錯誤？（A）須具備設計能力包括每日活動以及教材、教具的設計（B）能靈活運用各種教學法並鼓勵幼兒參與各項活動（C）須維持不可親近的教師權威，以利教室常規的管理（D）須協調學校教育與家庭教育的一致性。（87.中夜專）

（B）11.一個完整的教育實習應包括：（A）參觀、實習（B）參觀、見習、實習（C）參觀、見習（D）見習、實習。（86.保甄）

第二章

參觀與見習

一分鐘提示

　　參觀乃是實習的第一步，而見習則在老師的允許下，參與園（所）務。由「觀」而「參與」，又向前踏進一步。本章重點在於參觀、見習的意義、範圍、方式、種類，參觀時應注意的事項和見習前的準備。此章在九十年統一入學測驗中出題占近二成的比例，請務必留意且熟讀。

重點整理

模擬試題

歷屆試題

重點整理

壹、參觀的意義

1. 是進行教保實習的開始。
2. 是見習和實習的準備。
3. 是觀摩、是驗證、是瞭解。
4. 是借鏡、也是仿效。

參觀乃學生以客觀的立場，藉著參觀的活動將課堂所學與實際相互印證，除了增廣見聞，更為將來鋪路。其意義可分為廣義和狹義：

廣義：各領域的教保實施、級務處理、學習指導、幼兒活動觀察、園所行政、教職員狀況等的園內外參觀，以及社教福利機構、事業機構、名勝古蹟的參觀。

狹義：又稱觀察。包括園所環境、班級狀況、教室內外活動、幼兒身體狀況、學習與生活指導等的觀察。

就教保實務的效益來說，狹義的觀察要比廣義的參觀重要。參觀應能深入的觀察才是重點。

貳、參觀的價值

1. 啟發研究保育的興趣。
2. 驗證教保所學的學理。
3. 增廣學生不同的見聞。
4. 獲得優質教保員標準。

參、參觀的方式

可由平時驗證參觀→定期系統參觀→外埠參觀的步驟參觀，其方式

有：

　　1.平時、定期參觀。

　　2.普通、特殊參觀。

　　3.本地、外埠參觀。

　　4.活動、行政參觀。

肆、參觀前的準備

1.選擇、決定參觀目標，以期驗證學理。

2.選擇、決定參觀的園所或機關。

3.事先和參觀機構聯繫。（通知時間，宜兩星期前）

　①個別參觀：以打電話或口頭聯繫即可。

　②團體或機構名義參觀：先發公文或書面報告。

4.事先分組。

5.說明參觀的性質、特色和要點。包括參觀的時間和人數。

6.事先說明敘寫參觀報告的項目，以便屆時能仔細觀察。

伍、參觀時應注意事項

1.應遵守對方的規定，如拍照等。

2.有關保育機構的資料，宜經許可後始翻閱。

3.未經許可之地不要亂闖。

4.有問題時，不要大聲喧嘩或竊竊私語，待討論時再提出。

5.離開時，要和對方打招呼，不可擅自離去。

6.不要妨礙教師正在進行的教學活動。

7.為減少對方的困擾，準時到達，按時離去。

陸、見習的意義

1.見習與參觀不同，它不是旁觀，而是參與。

2.見習是進一步的直接去體驗教育上的種種。

3.見習是教學與行政實習的初步。

4.見習是在指導員的指導下，參與幼兒園所的教保工作和行政工作。

5.見習類似爲園所辦事的幹事或書記。

6.見習類似爲指導員的助手（助教或保母）。

柒、見習的範圍

一、養護工作的參與

1.生活輔導。

2.餐點實務。

3.導護活動。

4.接送幼兒。

5.家庭訪問。

二、教學活動的參與

1.教具的製做。

2.教學情境的布置。

3.日、週教保活動的設計與編寫。

4.幼兒學習活動的觀察與記錄。

三、園（所）務行政的參與

1.級務處理。

2.所務分掌。

捌、見習的種類

1.就性質而言：可以分爲教保見習、園所行政見習。

2.就時間而言：可以分爲初期見習、後期見習。

玖、見習的要則

1.虛心學習，接受指導。

2.隨時記載，適時發問。

3.嚴謹待人，合宜處事。

4.把握時間，利用機會。

拾、見習的功能

1.作為實習的積極準備。

2.增加適應實習環境的能力。

3.從參與實際工作中，獲得實際工作經驗。

4.增強對實習工作的興趣和信心。

拾壹、見習前的準備

一、見習前的調查

調查、瞭解相關園所機關組織概況、班級數、可能見習項目，作為見習分項或實習生分組的工作依據。

二、實行適當分組

為便利見習工作，每組人數最多不要超過五人。

三、聘請指導師長

見習部門的實際負責者最好是指導師長，以利見習期間工作的指導。

四、分配適當工作

如時間允許，可以採用輪流調組的方式，既能顧及個人志趣能力，又能讓見習機會人人均等。

五、預習有關功課

見習前應將相關見習書籍預習一遍，這樣對見習較有把握。

六、蒐集各項資料

事前蒐集，整理相關見習資料，諸如：園所環境、活動教室環境布

置、教學設備、兒童行為及常規訓練等，藉以明瞭實際情形，有助於見習工作。

拾貳、見習報告討論與評量

藉見習後的討論和報告，可以獲得一些概念、知識和經驗。也是評量的好方法。

模擬試題

（　）1.有關參觀的敘述，下列何者正確？（A）參觀是藉著參與來瞭解教學活動（B）參觀是參與教學活動之意（C）參觀是從客觀的立場去觀察，不直接介入活動（D）以上皆是。

（　）2.有關見習的敘述，下列何者正確？（A）見習是參觀前的第一步驟（B）見習是在指導員指導下，參與園所的教保、行政等工作（C）見習是參觀、觀摩（D）見習是客觀的觀察，間接體驗教育經驗。

（　）3.參觀包含下列何種涵義？（A）觀摩、驗證（B）觀摩、參與、瞭解（C）觀摩、驗證、參與（D）觀摩、驗證、瞭解。

（　）4.下列何者不是見習的範圍？（A）教學活動的參與（B）所務行政的參與（C）交通車的購置（D）養護工作的參與。

（　）5.實習的第一步是：（A）行政參與（B）參觀（C）試教（D）見習。

（　）6.下列哪一項不是養護工作？（A）家庭訪問（B）餐點實務（C）教具製做（D）接送幼兒。

（　）7.聯繫參觀機構的方式為下列何者？（A）公文（B）事前拜訪（即勘查）（C）電話（D）以上皆是。

（　）8.下列何者不是見習生在見習時為了瞭解情境與幼兒互動情形的評量項目？（A）教育性（B）參與性（C）安全性（D）啓發性。

（　）9.事前聯繫參觀園所時，應包含下列何者？（A）參觀時間（B）參

觀人數（C）參觀性質（D）以上皆是。

（　）10.有關見習分組原則的敘述，下列何者錯誤？（A）依個人興趣，可以走動見習，所以不應硬性分組（B）應有均等的見習機會（C）安排工作應顧及個人的志趣能力（D）可採輪流調組見習。

（　）11.參觀名勝古蹟、社教機構是屬於下列何者參觀內涵？（A）廣義的（B）狹義的（C）以上皆是。

（　）12.教學見習人數，每組最好不要超過多少人？（A）6人（B）5人（C）4人（D）3人。

（　）13.有關參觀時應注意事項的敘述，下列何者不正確？（A）參觀時若發現問題應等座談會時再提出發問（B）參觀以不增加園方困擾為原則（C）為達參觀目的應把握任何機會隨意到處看（D）參觀時應以不妨礙教學活動的進行為原則。

（　）14.見習前應瞭解下列何項？（A）幼兒姓名（B）幼兒家庭背景（C）見習園所概況（D）以上皆是。

（　）15.參觀前的準備事項中不包括下列何項？（A）撰寫參觀報告（B）說明參觀目標（C）分組（D）聯繫參觀機構。

（　）16.關於見習的原則，下列何者正確？（A）園所舉辦活動時，最好不要參與，以免干擾（B）遇到問題時，應隨時發問（C）應隨時記載有關事項（D）最好不要和指導教師同時見習，以免限制太多。

（　）17.下列何者不是狹義參觀的內涵？（A）觀察幼兒身體狀況（B）觀察幼兒的室內外活動（C）參觀名勝古蹟（D）觀察園所環境。

（　）18.下列何者為教學活動的參與內容？（A）教學情境的布置（B）家庭訪問（C）生活輔導（D）導護活動。

（　）19.有關參觀時的敘述，下列何者錯誤？（A）參觀者在觀察教學活動進行中不能講話（B）參觀者應遵守對方規定（C）參觀者不能妨礙教學活動的進行（D）參觀完畢後應默默離開，以免干擾。

（　）20.何謂見習的功能？（A）增強對實習工作的興趣與信心（B）參與實際工作，獲取實際工作經驗（C）增加適應實習環境的能力。

（　）21.有關廣義參觀的敘述，下列何者為是：（A）幼兒活動觀察（B）

學習指導（C）名勝古蹟的參觀（D）以上皆是。

（　）22.下列何者較能表達見習的意義？（A）參與（B）瞭解（C）觀察（D）觀摩。

（　）23.下列敘述，何者正確？（A）參觀是在指導員指導下參與教學活動（B）從實務立場來說，廣義的參觀比狹義的參觀更具意義（C）參觀是由客觀立場去觀察，不直接介入幼兒學習的活動。（D）以上皆是。

（　）24.下列敘述，何者錯誤？（A）見習與參觀不同，見習可參與，參觀則不參與（B）見習與參觀意義完全相同（C）見習是參與，參觀是觀摩、驗證、瞭解（D）以上皆是。

（　）25.下列何者不是見習前的準備工作？（A）聘請指導長（B）填寫個案輔導資料（C）見習分組（D）蒐集相關資料，如教學活動室布置、園所環境等。

（　）26.下列何者不是參觀的價值？（A）驗證學理（B）增廣見聞（C）獲得優質教保員的標準（D）多認識同業工作者。

（　）27.從教保實務的效益來說，下列哪一種參觀比較重要？（A）狹義的（B）廣義的（C）都一樣。

（　）28.教學與行政實習前，應先：（A）試教（B）行政參與（C）見習（D）參觀。

（　）29.家庭訪問、餐點實務是屬於哪一項的見習範圍？（A）教學活動（B）養護工作（C）級務處理（D）所務行政。

（　）30.參觀園所或機關被告知的時間最好在多久以前？（A）兩星期（B）三星期（C）一個月（D）兩個月。

（　）31.下列何者為見習的地點和對象？（A）模擬情境和幼兒（B）模擬情境和同班見習生（C）園所實際情境和同班見習生（D）園所實際情境和幼兒。

解答

1.（C）2.（B）3.（D）4.（C）5.（B）6.（C）7.（D）8.（A）9.（D）10.（A）11.（A）12.（B）13.（C）14.（C）15.（A）16.（C）17.（C）

18. （A）19. （D）20. （D）21. （D）22. （A）23. （C）24. （B）25. （B）
26. （D）27. （A）28. （C）29. （B）30. （A）31. （D）

歷屆試題

（D）1. 下列有關參觀保育機構的態度，何者正確？（A）多土動翻閱各種
資料，才有更多收穫（B）多拍照以蒐集更多資料（C）主動找幼
兒談話，建立良好關係（D）若有問題最好在意見交流會再提出討
論。（90.日專）

（B）2. 下列工作：①發文至參觀機構；②瞭解欲參觀園所的福利待遇；③
確定參觀人數；④調查參觀園所遊樂設備；⑤召開參觀行前說明
會，何者必須在參觀前準備？（A）①②⑤（B）①③⑤（C）②④
⑤（D）①②③⑤。（90.日專）

（B）3. 當學生學習到方案教學法後，即前往相關機構參觀以驗證其所學，
這種情況最有可能為下列何種參觀方式？（A）普通參觀（B）平
時參觀（C）特殊參觀（D）定期參觀。（90.日專）

（D）4. 卜列有關參觀見習的敘述，何者較為適當？（A）參觀和見習可以
同時進行（B）見習就是指試教活動（C）參觀時，最好在活動中
進入活動室（D）見習生可參與編寫教案的工作。

（C）5. 下列項目：①實際帶領教學活動；②觀察教師課室管理技巧；③認
識幼兒並觀察其行為；④協助教學情境的布置，以上何者為見習生
參與教學活動的範圍？（A）①②③（B）②③（C）②③④（D）
①③④。（90.日專）

（B）6. 如果見習生的班級教師，要求其看守躲在棉被櫃裡嬉戲的幼兒，不
讓他出來，請問見習生應如何處理最適當？（A）遵照老師指示看
守幼兒（B）請幼兒跟老師認錯並為他求情（C）秉持正義規勸教
師（D）說明理由，並拒絕老師之要求。（90.日專）

（D）7. 有關參觀的敘述，下列何者不正確？（A）參觀者應遵循對方規定
（B）參觀者不能妨礙教學活動的進行（C）參觀者於觀察教學活動

中不能講話（D）參觀完畢應默默離開園所，以免干擾。（89.四技
商專）

（D）8.見習生見習時，應協同指導老師從事哪些準備工作？①安排參觀事
宜；②協助訂正各科作業及活動考查；③協助編撰有關教學活動；
④幼兒學習活動的觀察與記錄；⑤製做各科教具，以上敘述何者正
確？（A）①②③（B）①④⑤（C）①③⑤（D）②③④⑤。（89.
四技商專）

（A）9.下列哪一項不是幼保科學生參觀時該出現的行為？（A）參觀時，
應追根究底，以完成老師指定作業為首重（B）抵達時，應在門口
等候引導（C）參觀教學活動時，不可中途離席（D）被引導參觀
時，不要竊竊私語。（88.四技商專）

（A）10.一般幼保科學生參觀的步驟：①外埠參觀；②平時驗證參觀；③
定期的參觀系統參觀。下列順序何者正確？（A）②③①（B）①
②③（C）③②①（D）②①③。（88.四技商專）

（A）11.在參觀他人園所時，參觀者應注意事項，下列敘述何者錯誤？
（A）到達園所後應先自行參觀，以熟悉整體環境（B）如在活動
室內觀察幼兒活動時，應坐下或蹲下（C）活動進行中，避免詢問
或回答孩童問題（D）活動進行中，避免主動與孩童做目光交
接。（87.四技商專）

（C）12.幼保實習生初期見習的工作內容，包括：①認識幼童姓名，使用
出缺席簿點名；②協助準備活動所需的教材、教具及資料等；③
協助做幼兒通訊表或影印教學資料；④主動回答家長有關孩童問
題；⑤參與設計活動及經營理念。下列何者正確（A）①②③④⑤
（B）①②③④（C）①②③（D）①②。（87.四技商專）

（D）13.有關幼兒園所教保活動參觀與見習的敘述，下列何者錯誤？（A）
參觀的重點在觀察幼兒園的各項活動（B）見習必須協助教學準備
工作（C）見習的重點強調參與協助教學活動（D）見習的重點是
觀察教學者對教學法的運用。（86.四技商專）

（A）14.以下為參觀活動的事前規劃步驟：①與參觀機構聯絡；②決定參
觀內容；③確定參觀日期、行程；④安排交通工具，配置照顧幼

兒人力，其流程順序為（A）②→①→③→④（B）①→②→③→④（C）②→①→④→③（D）①→②→④→③。（86.四技商專）

（A）15.參觀是教保實務的範圍之一，是求：（A）認識（B）經驗（C）課程（D）技術驗證平時所學的各項幼保理論。（84.嘉南、高屏夜專）

（A）16.參觀教保機構時，應有下列何種態度？（A）用心觀察隨時記錄（B）隨時多問請教（C）試著介入活動中，表現主動參與，並增進實務能力（D）儘量發表意見，指正機構的問題。（85.北夜專）

（D）17.有關參觀注意事項，下列何者錯誤？（A）事先聯繫參觀機構並發文（B）應準時到達，按時離去（C）遵守對方規定（D）離去時，宜悄悄離開，避免打擾。（87.中夜專）

（D）18.下列哪一種進修方法可以讓幼保人員從實地經驗中增長見聞？（A）閱讀書報（B）參加座談會（C）參加在職進修班（D）參觀幼兒保育機構。（86.中夜專）

（A）19.下列何者是見習的主要內容？（A）瞭解園所行事曆，一天流程及生活作息（B）和家長進行溝通（C）擔任教學工作（D）處理幼兒行為問題。（88.保甄）

第三章

教學實習
與職業輔導

一分鐘提示

　　本章就以從事教保爲志業的人士來說，已踏入幼保的殿堂。從養護工作、教學活動、所務行政的參與，已可體驗爲人師的滋味。如何熟練專業知識、活動技巧、所務行政，成爲優秀的專業幼教人員，當爲每位同學所期許；職業輔導乃在於藉此瞭解教師的成長歷程和就業市場，以爲將來的準備。本章爲歷年來出題者的最愛，每章、每節，務必熟讀之。

重點整理

模擬試題

歷屆試題

重點整理

壹、教學實習

一、教學實的意義

簡稱為試教，獨立教學之意。以平時在校研究的學理，以參觀、見習所累積的經驗，在園所實際教學情境中體驗，既能熟練專業知識，又能培養作教育的興趣，凡此種種，以作為將來服務的準備。事實上，幼保科學生將來是否能成為一位優秀的教保人員與試教時的好壞有著密切的關係。

其項目包含：教案編寫、教學內容、教學方法、教學情境布置、教學資源運用、教室管理、餐點實務、所務行政、家庭訪問等。

二、教學實習的特性

具有實踐性、計畫性、實驗性、實務性、綜合性。

三、教學實習的性質

其性質分為兩種方式：

第一種為臨時證驗的試教：在各分科領域時所進行的教保方式，即參觀、見習、實習一連串的活動。

第二種為集中實習：是參與教保實務的最後階段。時間集中在三年級的下學期，為期四到五個星期，這是有系統的試教。

（一）內容

1.行政實習：對內的行政業務，諸如教保、總務及有關的輔導活動等；對外的社會教育活動等。

2.各科教學實習：有關的各項生活教育實習，以及室內外的實習。

（二）實習應注意事項

1.實習前：

蒐集相關資料（包括：實習計畫、行政職掌）、聯絡各項事宜（向實習處主任）。以上由班長負責。

對預備要實習的實習生實施編組，每組2～3人，設組長1人。

每組的小組長要從親自拜訪實習的園所長中聽取簡報，安排班級，介紹認識實習指導老師。實習生須準備下列事項：

①從指導老師手中蒐集相關資料（包括：單元名稱、幼兒名冊、座位表、幼兒輔導紀錄）。

②編寫日、週單元教保活動設計。

③將上項編寫送指導教師修正核閱。

④處理各項事務。

2.實習中：

①活動內容要熟悉，達到教保目標較容易。

②教學技術要熟悉，隨時不忘修正和檢討。

③教具準備要充分，教學活潑生動才有趣。

④實習態度要注意，幼兒學習動機要用心。

⑤每週舉行檢討會，園長主持檢討看得失。

⑥每節實習活動後，改進不忘問指導老師。

⑦實習報告要撰寫，期後檢討報告要準備。

3.實習後：集中實習結束後，應作整理工作。同時，應舉辦實習總檢討會，檢討實習中所發現的問題或是特約園所應改進的措施。

四、教學實習的方法

1.預習試教：又稱「假試教」。實習生在實地試教前，參觀或見習後，在師長指導之下，以同班的實習生為對象，所進行的短時間教學。

2.實地試教：以實習園所的兒童為對象所進行的教學。這是幼保科學生專業訓練過程中最重要的階段。

五、教學實習實施的步驟

1. 決定試教小組：依被實習園所的大小、實習生人數的多寡來分組，每組2～5人，推組長1人。
2. 支配各科教學科目：實習生對每一領域的科目，對不同的年齡組（大、中、小班）都應有試教的機會。
3. 與指導師長接洽：教材教法、教具使用、教學常規、教學進度等有關教學事宜的接洽。

評估教保活動設計的可行性，同時於試教前三天編寫完成交給指導教師，經許可後，才可進行教學。

準備教具、實地試教、虛心請教和批評討論。

六、教學實習實施要點

1. 遵守該園所的規定與作息。
2. 早晚需準時到校，按時離校。
3. 義務幫忙班級教師各項活動（教材準備、教室布置、教學活動等）。
4. 實習程序：見習→實習→各項教學活動→實習兩項教學活動→半天的教學→全天的教學。
5. 活動前準備教材、寫教學計畫；活動後寫教學日誌。
6. 班級老師每日需填寫實習生的考核表，作評量用。
7. 每週一次舉辦實習生教學檢討會，檢討得失。

七、編寫日、週教保活動設計

編寫教案的內容包括：單元名稱、日期、設計者、對象、單元教學目標、活動目標、活動主題、活動過程、教學資源、評量等。

貳、教具的製做

一、教具設計、製做的流程

研究教材、確定目標→構思教具型式→選擇材料→製做教具→試

教、改進→寫教具卡→裝教具盒。

二、教具的功用

1.容易瞭解。

2.節省時間。

3.獲得經驗。

4.啓發思想。

5.激發興趣。

三、教具的種類

1.教具種類可分爲三類：

2.課程領域，如：語文教具、音樂教具、自然教具……等。

3.活動型態，如：團體、小組、自由活動教具。

4.製做材料，如：木、紙、布類教具。

四、設計的原則

1.要堅固耐用。

2.要操作容易。

3.要幼兒感興趣。

4.要能自我評價（自我矯正）。

5.要能達到教學目標。

五、設計製作的原則

設計製作的原則應具有實用性、趣味性、安全性、多元性、精緻性、精確性。

有些教具諸如：測量、比較，講求精確。有些可拆開、組合或與其他的教具來搭配組合的教具，講求多功能。

六、教具運用的原則

1.教具變化多，多元性、多層次。

2.同一時間不宜有太多不同種類的教具。

3.教學的型態、人數要考量。

4.示範正確的使用方式。

5.操作中，允許幼兒的個別差異。

6.幼兒的操作時間要充裕。

7.須一起合用的教具，事前應說明遊戲規則或輪流方法。

玩具選購原則：

1.選購玩具要物美價廉、多功能、耐久、安全、又有吸引力。

2.選購時，注意玩具上是否有「ST」字樣的標籤，以示安全。

3.根據幼兒的年齡、過去的學習經驗，以及玩具操作的難易度選購。

4.選購的玩具，男女皆適用，不宜有性別差異。

選購把握和嚙咬安全玩具（嬰幼兒專用）的原則：

1.玩具要容易清洗。

2.玩具要適合嘴形。

3.玩具要有多功能。

4.玩具圖案要可愛。

5.玩具顏色要乾淨。

6.玩具要依嬰幼兒的發展需要、性情選購。

參、教學室內情境的布置

一、室內壁面布置

1.物品布置要有教育意義。

2.物品布置要經濟實用，儘量指導幼兒共同設計。

3.物品布置要有變化，可多利用廢物設計布置。

4.物品布置要有新鮮感，可配合節令和節慶。

5.物品的色彩、面積、放置點以幼兒為本位，要考慮幼兒的經驗和心理。

6.要有中心主題，以配合各單元活動的教學內容。

7.物品布置多利用揭示板、磁鐵板。

8.物品布置要生動真實，可立體陳列。

二、布置方法

1. 單元進行前，指導幼兒共同蒐集實物、照片、圖片等。
2. 布置前，對材料要瞭解，同時決定布置揭示的時間和程序。
3. 資料不要成套，揭示重點即可。
4. 布置程序要注意，色彩要一致。
5. 布置時，可與幼兒一同進行，增進學習趣味。
6. 布置完畢要妥為保存、管理。

三、布置注意要點

1. 布置物品經常更換，故要容易拿取。
2. 張貼時，為不損害牆壁，易於資料保存，避免使用圖釘、塑膠釘、漿糊。
3. 預留揭示幼兒成品處，以提昇幼兒工作興趣。
4. 活動室前方的布置簡單就好。
5. 幼兒懸掛物品時，要注意安全。

肆、團體、分組、個別活動

教師參與不同型態的活動，端視其教學的目標、內容及對象，而有不同的選擇，期使教學能有最好的效果。

一、團體活動

團體活動（4〜6歲）：對幼兒在相互學習、人際關係、分工合作、語言發表方面有相當的助益。教師在參與此項活動時，應注意下列事項：

1. 在飯前或教室中不適宜做體能方面的活動，活動的時間和地點要適宜。
2. 活動前要有周密的計畫，但活動進行時能依幼兒的實際狀況彈性調整。
3. 活動應生動有變化，能在適當時機提供幼兒新經驗。
4. 活動進行要緊湊，以免分散幼兒的注意力。
5. 團體分享的時間以5〜10分鐘為限，不要太長。

6.教師要有信心，活動氣氛要溫馨和諧。

二、分組活動

分組活動（3～5歲）：提供幼兒不同的實際操作、觀察、實驗的學習機會，又能兼顧幼兒的個別差異，豐富其生活。教師在參與時，可藉機觀察評量。其內容如下表：

方式	指定分組：按照幼兒的能力、年齡來分組，又稱條件分組。 自由分組：幼兒依自己的興趣來選組。
步驟	討論常規，及相關教（玩）具分類、收拾、其他應遵守事項。 引起動機。 進行活動。 檢討、分享、發表新經驗。
注意事項	活動進行前，相關教材、教具、工具應準備妥當。 教具數量應與人數配合，能多準備幾份最好。 空間（走廊、庭院等）多利用，以免活動室擁擠。 各組活動狀態老師應注意，必要時予以協助。 活動結束前5分鐘，提醒幼兒做結束準備。 老師要提醒幼兒做活動後的收拾，養成好習慣。

三、個別活動

個別活動（1～3歲）：提供幼兒獨立自主、自動自發的機會，既能依自己的發展速率來學習，又能展現自己的能力與興趣，滿足自己的需要。教師在參與幼兒的個別活動時，應注意下列事項：

1.幼兒在做個別活動時，教師宜扮演觀察者、輔導者的角色，鼓勵幼兒嘗試不同的教材教具。
2.活動室內的教材、教具要隨時補充，以供幼兒取用。
3.考量、注意室內外活動場地的安全性。

四、戶外活動

幼兒有機會與社區、社會接觸，增廣見聞，擴大生活經驗。教師在

參與幼兒的戶外活動時，應注意下列事項：

1.活動前要有周密的計畫，選擇，聯絡，勘查適宜地點。

2.活動前要取得家長書面同意，並和幼兒討論活動的重點和目的。

3.安排合法合格車輛，並訂定契約。

4.為幼兒安全起見，隨行教師或家長與幼兒人數要有一定的比例（2～3歲1：5；3～4歲1：8；4～5歲1：10；5～6歲1：12）。

5.活動後檢討得失，評量做統整。

五、說故事

請參閱幼兒教保活動第三章幼兒教保活動的語文課程領域。通常3～5歲的幼兒比較喜歡動物、玩具擬人化的故事，故事要有因果報應，及圓滿的結局。教師說故事要生動，為吸引幼兒，所發的問題要有技巧。其技巧大致可分為：

1.問題的類型：即問問題的性質。

2.聚斂性（閉鎖性）問題與擴散（開放性）問題：

　①聚斂性問題：問題只有一個答案，固定、正確。例如，「婷婷今年幾歲？」答：4歲。

　②擴散性問題：問題的答案不一定，沒有對或錯。例如，「小昀怎麼不去上學？」答：因為……所以……。

　③認知性與情感性問題：問題本身所包含的知性或感性。「天黑了，小羊要不要早一點回家？」是知性；「羊媽媽生病了，小羊會帶什麼東西回家給羊媽媽吃？」是感性。

3.候答技巧：

　①候答時間平均以3～5秒為宜，不要過短。

　②問問題時只說一遍，不覆述，以培養幼兒專注的習慣。

　③問問題時，不要集中在少數幼兒身上，每位幼兒都該有發言權。

4.理答技巧：傾聽、鼓勵、歸納、探究。

六、作品欣賞與分享

任何一次教學活動的舉辦，皆為協助來園幼兒能肯定自己的學習成

就，故在活動告一段落之後，教師應帶領幼兒來分享其學習經驗和成果，不但讓幼兒有發表的機會，也能激起其他幼兒的學習興趣。教師在參與此項活動時，應注意下列事項：

1.每位幼兒最好都有發表的機會，但時間不要超過5～10分鐘。

2.當幼兒表達不完全時，教師應適時協助、鼓勵，對幼兒的嘗試、努力、獨特的想法、感覺，嘉許不批評。

3.若時間有限，可張貼所有幼兒的作品，彼此分享。

4.評量（請參閱幼兒教保活動設計第五章）。

伍、養護活動的參與

一、幼兒的接送

（一）乘車

1.交通車能送到園所大門最好；如必須要穿越街道時，要排隊。

2.乘車時，應有教師護送，以便隨時指導幼兒注意安全。

3.幼兒上下車的動作要訓練，行車中不亂跑，藉以培養自律的好習慣。

4.幼兒等車時，不要在馬路邊嬉戲打鬧。

（二）車輛：又稱幼童專用車，專門載送幼童。其管理要點如下：

1.應依規定噴上深紅、深黃相間的顏色和標誌，且要噴上政府立案字號，例如，台灣省立案托兒所，則標明社福字第××號，例如，台灣省立案幼稚園，則標明國教字第××號，提醒其他的駕駛人，以策安全。

2.司機須領有職業駕駛執照且最近兩年內無肇事紀錄，其日常生活與品行也要加以考核。

3.車輛車齡應以新車或未超過十年為限，內部座椅雙排縱列。

4.司機在每日使用車輛以前，應做一級保養及檢查（檢視煞車油、機油、油表、電瓶、水箱、雨刷、輪胎、車況、外觀等）每半年應做三級以上的保養並定期記錄車輛使用的情形。

5.除按照監理單位的通知日期受檢外，且定期送廠檢修。

（三）當幼兒上下車時，隨車教師必須親自下車招呼幼兒，以策安全。隨車教師應指導幼兒在車內不可將頭手伸出車外，不可擅自玩弄車門，不可大聲喧嘩，也不可東跑西竄，以免發生危險。

二、幼兒導護活動

幼兒導護活動在積極方面：其目的為指導幼兒正當遊戲的方法和良好的遊戲態度。在消極方面：為防止幼兒在遊戲活動時發生糾紛和危險。一般來說導護老師的職責大致包括：填寫園所務日誌、統計全園幼兒出缺席人數、協助教師指導及監護幼兒遊戲、團體活動的引導、設備的檢視，幼兒安全的指導、健康檢查及意外事件的處理、充電時間。

（一）健康的意義：是指身健康、心健康，身心均衡發展，即為健康。

1.身健康：即生理發展狀況良好。有適當的運動、有均衡的營養、有適當的休息、有良好的清潔衛生習慣、有預防疾病的常識，即能維持生理方面的良好發展，即能獲得「身」的健康。

2.心健康：即心理需求能適時獲得。有安全感、有愛心、自尊心、自信心、獨立，又能與人分享快樂與責任，人際間適應良好，又有強烈的求知慾，即為「心」的健康。

身體健康檢查：可分為：

1.定期檢查

①目的：為瞭解幼兒的健康狀況。如發現幼兒有疾病或缺陷，應即時通知家長。

②次數：原則上每學期為幼兒做1～2次的健康檢查。

③項目：身高體重、牙齒、營養、五官、腹部、循環及呼吸系統的檢查。

④備註：每次檢查結果均應作成記錄。

2.日常檢查：例如晨間檢查、健康檢查。

目的：可培養幼兒的衛生習慣、讓幼兒獲得衛生知識、可發現幼兒身體異常的情況，以便預防或處理。

一般幼兒生理異常症狀如下表：

可能病症	出現症狀	處理辦法
感冒	鼻塞、流鼻水、打噴嚏、咳嗽、倦怠、食慾不振、發燒、如高燒會有痙攣、嬰幼兒則可能會有嘔吐腹瀉的症狀。	1.避免傳染，需隔離。 2.如高燒38.5度或生病一周以上未好轉即應送醫，以免併發肺炎等其他病症。
便秘	多日未便、便時疼痛、無法拉乾淨、有時便成塊狀，左下腹可摸到。	如大便鬆軟，多日不便，無礙，不要常灌腸。必要時才需送醫。
腹瀉	糞便似水，次數增多，顏色氣味異常，或伴有發燒、嘔吐。	防止脫水，補充水分、營養，如果二日未好轉，應送醫。
支氣管炎	胸痛，乾咳，有痰，痰由稀變稠，如高燒會頭痛、反胃。	不可亂服止咳成藥，痰中帶血或呼吸困難時，即應送醫。
扁桃腺炎	喉痛，發燒，頭痛，聲啞，扁桃腺腫痛，吞食困難，噁心，嘔吐，頸部淋巴腺腫痛，耳痛。	避免傳染、受涼，如調養未好轉，應就醫，以免併發肺炎、中耳炎等症。
百日咳	開始像感冒或僅乾咳，週後連咳不止，間或有發燒、嘔吐。	隔離病人，避免傳染，如果呼吸困難，嘔吐不止，應送醫。
水痘	發燒，自頭部起出現丘疹，轉成水泡，且癢，破後結痂，三四日內仍會出現新水泡。	隔離，防止傳染，一週後可癒，若有異狀，應送醫。
腦炎	發高燒，頭痛，嘔吐，嗜睡，昏迷，發抖，抽搐，重者有意識、運動障礙。	此症侵襲腦組織，影響極大，病發即應送醫，妥為診治。
玫瑰疹	三日高燒，無其他症狀，燒退，胸、背部出現淡紅疹，手、臂、臉，腿較少。	隔離患童，防範傳染，疹子兩日即可消退。

麻疹	發燒，眼紅，咳嗽無痰，大約四日後，耳後出現紅斑，漸大、漸紅，遍及全身。	易感染，注意隔離，疹子半月可消退，如有特殊症狀，應就醫。
德國麻疹	耳後淋巴腺腫脹，發燒，數日後，臉部出現淡紅疹子，很快擴及全身，有癢感。	防範傳染（特別是孕婦），疹子三、四日可消退，注射MMR疫苗預防。
腮腺炎	開始時體力、食慾不振，一兩日後，發燒、頭痛、耳下腫痛、咀嚼困難或嘔吐。	避免傳染，三、四日如未退燒，腹部疼痛，高燒時，應即送醫。

3.心理健康檢查：如發現幼兒的情緒、行為有下列的情形，且過度頻繁，則應適度處理。

①經常哭鬧、煩躁不安。

②過度安靜、害羞，對周遭的事物不感興趣。

③注意力不集中，過度緊張，有攻擊行為。

4.預防接種：幼兒在出生大約六個月後，從母體獲得的先天免疫抗體日漸消失，為維護幼兒的身體健康，避免感染其他病毒，必須接種各種疫苗。常用的幼兒接種疫苗種類及時間表如下表：

接種疫苗種類	接種年齡	注意事項
日本腦炎疫苗	滿1歲3個月、1歲3個半月、2歲3個月、6歲等四個適齡接種期。	接種後，偶有接種部位發紅、疼痛或輕微發燒、倦怠，可多喝開水，1～2日後症狀即消失，如有特殊反應，請速就醫。
白喉、百日咳混合疫苗、破傷風、白喉破傷風混合疫苗	滿2、4、6個月、1歲半、6歲。	接種後，偶有發燒、疲倦、食慾不振，且接種部位紅腫，1～2日後即消失；如發燒超過38.8度或24小時以上，或有其他特殊反應，請速就醫。

小兒麻痺疫苗	滿2、4、6個月及1歲半、6歲。	按時按量口服，如正在發燒、腹瀉、出疹的幼兒，不宜服用；少數會有輕微嘔吐、發燒、腹瀉等現象，但通常無副作用。
B型肝炎疫苗	出生後3～5日、滿1、2個月及1歲等四期。	少數會有輕微發燒、不安的現象，1～2日後即可消失，通常無副作用。
B型肝炎免疫球蛋白	出生後24小時內。	B型肝炎e抗原陽性之產婦，其新生兒應於出生後立即接種。
卡介苗	出生24小時後及滿12歲（測驗結核素反應呈陰性者追加）。	接種兩週後現紅結癤，六週可能成濃皰，約2～3個月癒合結痂；間或有接種後淋巴腺微腫，無大礙。
麻疹疫苗	滿9個月、1歲、1歲3個月（或接種麻疹、腮腺炎、德國麻疹混合疫苗。）	北市衛生局僅列種一劑。接種6～12天，間或有輕微發燒、食慾不振或發疹現象、約2～3日後可消失。
德國麻疹疫苗	滿15歲（國中女生）。	雖曾患此症，都應按時接種，間或有暫時性發燒、出疹等反應。

（二）意外傷害急救方法

    1.準備醫藥箱。

    2.設置保健室。

    3.建立緊急聯絡電話。

    4.教師要有急救常識。

（三）咬傷的處理方法

    1.蟲類咬傷：用口吸出毒液，塗消毒劑，如阿摩尼亞之類，如有腫痛，可用冷敷；如被黃蜂螫後，可用醋、檸檬汁塗抹；如呼吸短促，要立即送醫。

    2.動物咬傷：以清水洗淨傷口、止血，用紗布包紮，仍要送醫。

（四）刀傷的處理方法

1.患部較小：傷口部大，先洗淨傷口，再覆蓋紗布後包紮，如係刺傷，應取出異物，擠出少量血液。傷口有泥污者，清洗時要特別注意。

2.患部較大：傷口大，流血不止，應以摺疊紗布，緊按傷口，必要時再加紗布。傷口大，應即送醫。

（五）異物入體的處理方法

1.灰砂入眼：用眼淚或清水沖除髒物，再翻開眼瞼，以火柴捲棉花沾水清除；如處理無效，應即送醫。

2.蚊蟲入耳：用照燈光或吹香煙霧，引蟲出來，或者滴幾滴橄欖油，將小蟲殺死，三分鐘後側耳，使蟲隨油流出。不要任意挖取，無效送醫。

3.異物入耳：用單腳頓跳幾次，可能將異物跳出；或可滴油入耳，使異物隨油流出。不要任意挖取，無效送醫。

4.異物入鼻：滴少量橄欖油在鼻內，或由小孩自己設法擤出，如是嬰兒，可由母親用嘴吸出。不可挖取、不可太用力擤，如難處理，應找醫生。

5.異物入喉：由後面抱起患童腰部，使上身彎向地面，用較大力手拍背部，使異物吐出；或以一指深入喉內，刺激喉腔使異物吐出。如處理無效，或發覺嘴唇發青，呼吸停止，應馬上做人工呼吸，送醫治療。

6.異物入胃：一般性食物入胃，大都可以隨便排出；如太大或太尖之物，應檢便是否排出。不要亂吃吐瀉劑之類，如仍未排出，應送醫透視。

7.誤食毒物：應喝大量溫開水，以指或匙柄刺激喉部，使反吐出來，但腐蝕性毒物不可催吐，以免二度灼傷，應即送醫。

8.氣體中毒：將患童移至空氣新鮮處，側臥鬆開衣褲；如已停止呼吸，應採口對口人工呼吸。注意抱離現場，放置通氣安靜處，儘速送醫急救。

（六）有關流鼻血、中暑、觸電、燙傷、骨折、脫臼、扭傷、昆蟲螫

傷、嚴重出血的處理方法，請參閱幼兒教保活動設計第三章的健康課程領域。

三、幼兒生活輔導

幼兒生活輔導其實施要項如下：

1.幫助幼兒學習說話。

2.幫助幼兒認識自己身體的各部分。

3.幫助幼兒認識自己的性別，及與性別有關的行為和禮節。

4.幫助幼兒認識社會、家庭、學校，使其獲得簡單的概念。

5.幫助幼兒發展良知、判斷是非，與父母和他人建立良好關係。

6.幫助幼兒心理習慣的養成。如：耐心、守秩序、活潑、明朗、專心、獨立、互助、合作、創造等良好心理習慣的培養。

7.幫助幼兒對人生基本動作及技巧的獲得。（如：行、住、坐、臥、走、跑、跳等的一些基本動作、技巧。）

8.幫助幼兒身體發育與健康。

9.幫助幼兒基本習慣的養成。（如：飲食、穿衣、整潔、收拾、睡眠、排泄等習慣的養成。）

其內容如下表：

飲食習慣	餐前餐後洗手又漱口，進食時細嚼慢嚥，不用手抓取食物，口中有食物時，也不大聲說話，不撿食落在桌上或地上的食物，飯後會幫忙收拾餐具。 進餐時有禮儀，請用、慢吃、謝謝不忘說，用餐不亂跑，吃飯自己吃，家長父母不用餵，飯後也不吃零食。
穿衣習慣	穿脫衣物自己來，天熱脫衣服，天冷加衣服。 濕髒衣服會換洗，衣物會愛惜，整齊又清潔。 衣服儘量少穿破的、脫線的、釦子掉落的不穿。 穿脫衣物均掛放在自己的衣帽櫃裡。
整潔習慣	每日洗臉、漱口、擦鼻涕。 指甲常修剪，手部常清潔。 手指、玩具不放嘴裡，手帕、衛生紙隨時帶著，懂得用。

收拾習慣	玩過的玩具、看過的書籍、脫下的衣物鞋帽，均放回原處。 整理自己玩過的地方，也幫忙老師整理房間或活動室。 逐漸能分辨自己或他人的物品。
睡眠習慣	養成定時睡眠、且能在昏暗中獨睡的習慣。 不要養成吃奶嘴、抱玩具或習慣物品睡覺的習慣。 睡前不吵鬧、不做遊戲，會和老師道午安。 養成睡醒笑嘻嘻的習慣。
排泄習慣	學習自己上廁所。（三歲半以前的幼兒，需老師的陪伴和幫忙） 每日定時大便，如廁前敲門，如廁後沖洗馬桶，並洗手，同時保持廁所的清潔。 室外不大小便，食睡之前，不妨大小便。

四、幼兒餐點實務

幼兒偏食原因：烹調不適當、父母親溺愛、習慣吃零食、強迫幼兒進食、幼兒身體不適、家人對食物好惡的暗示。

供應餐點的目的：為幫助幼兒矯正偏食習慣、補充身體營養、培養餐桌禮節、培養衛生習慣。

一般供應餐點的時間大至分為：上午十時左右，以及下午三時三十分鐘左右。

（一）供應餐點的原則

1.幼兒以自助的方式，自己動手拿取餐點。用餐點後，自行清理桌面、收拾餐具。

2.以擔任「小助手」的方式，由幾位幼兒輪流，每天或每週幫忙排桌椅、分發餐具、餐點、以及收拾等工作。

3.依照幼兒個人的食慾和胃口，決定食用量。

4.用餐點的時間要充裕，且顧及幼兒的個別差異。

5.用餐點時，可輕聲交談，幫助幼兒社會行為的發展。

6.用餐點時，座位間保持適當的空隙，不可過擠，同時，可播放柔和的音樂，讓幼兒在愉悅的氣氛下輕鬆享用餐點。

（二）供應餐點的方式

1.點心角：設置點心角，放置當天的點心。角的牆上有圖，說明點心的份量，例如：一個麵包和一杯牛奶。

2.分配式：預先將餐點分配好，再一份一份發給幼兒；待分發完畢，即可開始食用。

3.自助餐式：將餐點放在一張長桌上，讓幼兒自取碗盤，輪流取用。

4.家庭式：讓幼兒圍坐一桌，像在家裡一樣，自行取用，每桌最好有一位大人（助理或家長）同桌，以便適時給予協助。

（三）採購餐點原則

1.經濟性

①聯合附近園所，統一採購。

②購買當季盛產食物。

③比價，或直接和各類食品批發經銷商購買。

2.安全性

①選購食物時，觀其色，避免發霉或有異味。

②選購冷凍食品時，要有冷凍食品合格證明標誌。

③選購罐頭或包裝食品時，要檢查其上所標示的製造日期、添加物說明，最好具有GMP標誌的食品。

（四）設計餐點原則

1.餐點要有幼兒所需的完整、均衡營養素。

2.餐點以易消化的蒸煮方式烹調。

3.配合節令或單元教學提供特殊的餐點。例如端午吃粽子。

4.口味要溫和，菜色要鮮明，避免太過刺激的調味料。

5.每週餐點常更換，幼兒有食慾。

6.太酸、太甜的食品要避免。油炸、汽水、可樂最好也不要。

7.設計餐點要顧及不同年齡幼兒每公斤體重所需的熱量。

年齡	每公斤體重所需熱量
出生～星期	60～80卡
週歲以內	100～120卡
一至二歲	90～100卡
二至五歲	80～90卡

陸、職業輔導

一、職業輔導的目的

（一）加強服務的知能、品德、信念的培養。

（二）瞭解就業市場的需求，解除服務時的困難。

二、職前講習

（一）舉行個別談話，調查志趣。

（二）舉辦就業訓練。

三、教師成長及輔導重點

依據凱茲（L. G. Katz）博士的看法，教師的成長可分為四個階段：

（一）求生階段（第一階段）

教師在任教職的頭一年很在意：他能不能克服目前的困難？他能不能繼續勝任教學的工作？

輔導重點：解決的方法與技巧，要比較實際、具體。

現場支援。

技術支援。

（二）強化階段（第二階段）

教師已有能力整理自己過去一年的教學經驗與心得。

教師已可規劃自己接下來需要克服的困難與需要學習的特別技能。

輔導重點：解決的方法與技巧，要比較實際、具體。

現場協助。

與專家接觸。

同事與顧問的建議。

（三）求新階段（第三階段）

教師會去探求有關教育的新觀念、新趨勢、新教學法，以更新、充實自己的教學內容。

輔導重點：需要較多層次的認知課程，以因應教學環境的需要。

參加研習會、專業團體。

閱讀專業刊物。

觀賞、觀摩影片、教學。

（四）成熟階段（第四階段）

教師已能肯定自己的能力及角色。

教師以身為幼兒的老師為榮。

教師有足夠的見解去探索更高層次、更深入的問題。

輔導重點：需要較高層次、較深入的認知課程，以幫助分析自己的教學環境。

參加座談會、聽專業演講。

入大學研究所進修。

閱讀書籍、專業刊物。

模擬試題

（　）1.有關教學實習意義的敘述，下列何者為是？（A）是觀摩教師教學之意（B）是獨立教學之意簡稱試教（C）是在教師指導下參與教學（D）以上皆是。

（　）2.有關幼兒用餐的敘述，下列何者錯誤？（A）用餐也是培養社交技巧的良好時機，因此可讓幼兒輕聲交談（B）用餐過程中最好規定幼兒不要說話，以養成良好用餐禮節（C）用餐過程中可播放柔和的音樂（D）用餐時座位安排勿擁擠，以免幼兒感覺不舒服。

（　）3.在生活輔導實施要項中，下列何者為非？（A）幼兒基本習慣的養成（B）團體活動的導引（C）學習說話（D）人生基本動作技巧的獲得。

（　）4.最能顧及幼兒個別需要的餐點供應方式為何？（A）分配式（B）點心角（C）家庭式（D）以上皆是。

（　）5.有關幼兒活動室壁面的布置，下列何者不宜？（A）應配合教學單元布置有主題的壁面（B）布置宜以簡單、安全為主（C）將室內的空間占滿，才能提供不同的感覺經驗（D）應預留空間讓幼兒展示成品，以激發幼兒的工作樂趣。

（　）6.幼童專用車的車齡超過幾年後就應淘汰？（A）十年（B）八年（C）七年（D）五年。

（　）7.下列何者為園所提供幼兒點心的功能？（A）培養良好衛生習慣（B）補充營養（C）培養餐桌禮節。（D）以上皆是。

（　）8.教學實習試教前三天，編寫教保活動計畫，此乃合乎教學實習的哪一特性？（A）計畫性（B）實驗性（C）綜合性（D）實踐性。

（　）9.幼兒工作完後，提醒幼兒收拾的最好方法是：（A）搖鈴要求幼兒開始收拾（B）收拾前5分鐘提醒幼兒、工作即將結束，再提醒收拾（C）要求幼兒立即停止手上工作，馬上收拾（D）以上皆可。

（　）10.將教具依布類、紙類……等方式分類編號保管，此乃依何種特性分類教具？（A）活動型態（B）課程領域（C）製做材料（D）以上皆非。

（　）11.教學實習的項目很多，而且每一個項目都應讓每位實習生有均等的實習機會，此乃合乎教學實習的哪一特性？（A）公平性（B）綜合性（C）周延性（D）計畫性。

（　）12.為幼兒採購餐點時，下列何項原則應首先注意？（A）安全、經濟（B）合乎幼兒喜好（C）食品標示之成分、製造日期（D）食物價格。

（　）13.下列哪一種教具比較符合經濟實惠的原則？（A）積木（B）萬花筒（C）望遠鏡（D）芭比娃娃。

（　）14.下列哪一種教具有自我矯正功能？（A）紡錘棒箱（B）福祿貝爾

的摺紙工（C）福祿貝爾第一恩物（D）積木。

（　）15.有關餐點設計原則的敘述，下列何者為非？（A）宜經常更換每週餐點（B）顧及每日營養之均衡（C）選擇易消化之食物（D）為使色澤鮮明，應添加多樣調味料。

（　）16.下列哪一種點心最適合幼兒？（A）汽水、餅乾（B）花生（C）牛奶（D）蛋糕。

（　）17.有關教學實習的敘述，下列何者為非？（A）實地試教的地點為實習園所（B）假試教的對象是園所幼兒（C）預習試教又稱假試教（D）教學實習即獨立教學的意思。

（　）18.下列何項較不會影響教具的運用原則？（A）教學活動型態（B）教具造型（C）幼兒的個別差異（D）參與學習的人數。

（　）19.有關餐點供應，下列何事項為非？（A）應讓幼兒自己決定食用量（B）進餐時間應顧及幼兒的個別需要（C）用餐時絕對禁止幼兒交談（D）可讓幼兒協助分發餐具。

（　）20.團體分享的時間最好在多少分鐘之內？（A）20～25分鐘（B）15～20分鐘（C）10～15分鐘（D）5～10分鐘。

（　）21.下列敘述何者錯誤？（A）教學實習前對實習園所的概況應有所瞭解（B）教學實習是讓實習生在園所實際情境中體驗教育（C）餐點實務、家庭訪問不在教學實習的範圍內（D）教學實習結束後一定要召開教學實習研討會。

（　）22.為培養幼兒的自制能力，下列哪一餐點供應方式最為適宜？（A）自助餐式（B）家庭式（C）分配式（D）點心角。

（　）23.下列何者有發燒症狀？（A）感冒（B）麻疹（C）扁桃腺炎（D）以上皆是。

（　）24.有關選購玩具的敘述，下列何者錯誤？（A）依幼兒年齡、舊經驗選玩具（B）選擇男生或女生玩的玩具（C）選具高安全性的玩具（D）選有「ST」字樣的安全玩具。

（　）25.下列敘述何者正確？（A）預習試教時不須有指導老師（B）預習試教即實習生直接至實習園所進行教學（C）預習試教是以實習園所的幼兒為對象進行教學（D）預習試教是實習生於前往實習

園所試教前所進行的教學。

（　）26.能讓幼兒依照自己的發展速度來學習的活動型態為：（A）小組活動（B）個別活動（C）分組活動（D）團體活動。

（　）27.健康檢查最主要的目的為：（A）提早發現，提早治療（B）發現幼兒身體異常情況（C）知道幼兒身體狀況（D）以上皆是。

（　）28.下列何者不須噴在幼童專用車上，作為標誌？（A）招生年齡（B）深紅、深黃相間的標誌（C）立案字號（D）園名。

（　）29.幼兒從母體獲得的先天免疫抗體，大約在出生幾個月後會逐漸消失？（A）五個月（B）六個月（C）三個月（D）四個月。

（　）30.為瞭解幼兒健康狀況，每學期應為幼兒作幾次健康檢查？（A）2～3次（B）1～3次（C）1～2次（D）隨意。

（　）31.教學實習最主要的目的是：（A）知道教學實習的內容（B）熟練專業知能，啟發研究教育的興趣（C）瞭解幼兒發展（D）瞭解教學技巧。

（　）32.指導幼兒獲得正常的遊戲方法及良好的遊戲態度是哪一項活動的任務？（A）健康管理（B）生活輔導（C）家庭訪問（D）導護活動。

（　）33.最能在活動中讓幼兒有相互學習機會的活動型態為：（A）個別活動（B）小組活動（C）分組活動（D）團體活動。

（　）34.健康的定義為何？（A）指身體健康（B）指心理健康（C）指生理發展狀況良好（D）指身心均衡發展達健康狀態。

（　）35.正確的教學實習實施步驟為何？（A）分組→製教具→試教（B）製教具→分組→試教（C）分組→試教→製教具（D）以上皆非。

（　）36.有關幼兒意外緊急處理事項的敘述，下列何者錯誤？（A）骨折患者不隨意移動（B）休克者應立即實施人工呼吸（C）燙傷時應儘速以冷水沖（D）誤食毒劑應馬上催吐。

（　）37.教學實習具有下列何種特性？（A）實務性（B）計畫性（C）實踐性（D）以上皆是。

（　）38.對於活動時間的安排，下列何者最不適合？（A）飯後安排輕音樂欣賞活動（B）飯前安排說故事活動（C）睡前安排體能活動，

有助幼兒入睡（D）以上皆是。

（　）39.有關接送幼兒的敘述，下列何者正確？（A）為養成幼兒自律的習慣，車上不需要有指導老師（B）幼童上下學最好由交通車接送較安全（C）家長親自接送幼童上下學，除了安全外還能落實親職教育功能（D）為使幼童在車上能不吵鬧，可在車上安排唱歌、跳舞等活動。

（　）40.請選出正確的分組活動進行步驟：①介紹分組內容；②討論分組活動常規；③分享；④進行分組活動。（A）②①④③（B）①②③④（C）③④①②（D）②④③①。

（　）41.在幼兒尚未瞭解分組活動如何進行前，應以何種方式來分組？（A）隨便，即一會兒指定，一會兒自由（B）由教師依幼兒能力指定分組（C）自由分組（D）依家長要求指定分組。

（　）42.為肯定幼兒的學習成就，最適合安排下列的哪一項活動？（A）作品欣賞與分享（B）歌唱律動（C）繪畫活動（D）讓幼兒出來說他的學習心得。

（　）43.為幼兒說故事時，應注意故事的內容要有：（A）時代性（B）多樣性（C）正確性（D）以上皆是。

（　）44.下列哪一種活動型態在實施時應特別注意室內外活動場地的安全？（A）團體活動（B）分組活動（C）個別活動（D）小組活動。

（　）45.運用教具時，下列哪一項原則錯誤？（A）教具內容會依教學型態不同而改變（B）不須示範教具使用方法（C）不宜一次提供太多種類的教具（D）教具操作前應事先說明遊戲規則。

（　）46.下列哪一項不包含在教保活動設計內？（A）評量（B）意外事件處理（C）教學資源（D）單元名稱。

（　）47.在選用教學型態時，應考慮下列何種因素？（A）教學目標（B）教學對象（C）教學內容（D）以上皆是。

（　）48.下列何者為作品欣賞與分享活動之目的？（A）滿足幼兒好表現的需求（B）讓幼兒有機會表現（C）讓幼兒有機會說話（D）協助幼兒肯定自己的學習成就。

（　）49.有關說故事應注意的事項，下列何者為非？（A）故事如果太長，可分好幾天講完，以免幼兒不耐煩（B）說故事時，座位安排應以能看到全體幼兒為佳（C）說故事時，應有音調變化（D）教師應熟悉故事內容，較能吸引幼兒聽故事。

（　）50.以下何者是為嬰幼兒選購囓咬玩具的原則？（A）適合嘴形的安全玩具（B）選購乾淨、圖案可愛的玩具（C）容易清洗（D）以上皆是。

（　）51.有關分享過程的敘述，下列何者不正確？（A）當幼兒表達不完全時，教師可適時給予協助、鼓勵（B）儘量給予幼兒發表機會，時間多久都無所謂（C）多鼓勵幼兒說出感覺，教師不批評（D）在5～10分鐘內，儘量讓每位幼兒發表。

（　）52.幼保科學生的實習課程與哪一處室關係最密切？（A）總務處（B）實習處（C）訓導處（D）教務處。

（　）53.當幼兒不小心異物入鼻時，應如何處理？（A）以棉花棒挖出（B）聞刺激性氣味（C）按摩鼻樑骨異物會自動出來（D）滴少量橄欖油用嘴吸出。

（　）54.故事對幼兒具有哪些功能？（A）社會性發展（B）情緒發展（C）認知發展（D）以上皆是。

（　）55.下列何者不是幼兒園所幼兒定期健康檢查的項目？（A）牙齒檢查（B）腹部檢查（C）X光檢查（D）身高、體重測量。

（　）56.下列何者為教具的功能？（A）啟發思想（B）激發幼兒學習的興趣（C）讓幼兒獲得正確的經驗（D）以上皆是。

（　）57.有關說故事時應注意事項的敘述，下列何者為是？（A）故事的長短較無所謂（B）儘量與幼兒互動，以刺激其思考（C）應按故事書的文字，一字不漏地唸給幼兒聽（D）以上皆是。

（　）58.每次說故事的時間最好不要超過多久？（A）15分鐘（B）20分鐘（C）10分鐘（D）5分鐘。

（　）59.下列哪一項是學生實習前應先準備的工作？（A）拜訪實習園所（B）實習編組（C）蒐集實習園所單元、幼生名冊等有關資料（D）以上皆是。

（　）60.等候幼兒回答問題時，不宜有下列哪一情況？（A）不要催促幼兒回答問題（B）應有3～5秒的候答時間讓幼兒思考（C）最好不要一直重述問題（D）最好找每次都答對的幼兒回答問題。

（　）61.戶外教學活動實施前應完成下列何項工作？（A）活動地點勘察（B）租用合法車輛並訂定契約（C）取得家長書面同意（D）以上皆是。

（　）62.教學頭一年的教師，大都處於下列的哪一工作階段？（A）強化階段（B）求生階段（C）求新階段（D）以上皆是。

（　）63.何時應召開實習總檢討會？（A）實習前（B）實習期間（C）實習結束（D）不定期召開。

（　）64.下列的哪一項教具在製做時應特別注意其精確性？（A）測量用（B）連環故事圖（C）偶（D）圖片。

（　）65.職業輔導最主要的目的是：（A）瞭解就業市場的需求（B）增進服務的知能（C）提高服務的品質（D）以上皆是。

（　）66.下列何者為所謂的擴散性問題？（A）這件衣服漂不漂亮？（B）這件衣服是誰買給你的？（C）這件衣服你喜不喜歡？（D）你怎麼會想買這件衣服？

（　）67.下列何者為集中實習期間不必要的工作？（A）實地教學（B）為幼兒編班（C）編寫教案（D）製做教具。

（　）68.教師在教學過程中，非常希望同事給予技術性協助的階段，此教師是處於下列的哪一工作階段？（A）強化階段（B）求新階段（C）求生階段（D）以上皆是。

（　）69.下列何者為所謂的聚斂性問題？（A）指只有一個固定答案的閉鎖性問題（B）指沒有所謂對、錯的閉鎖性問題（C）指只有一個固定答案的開放性問題（D）指沒有所謂對、錯的開放性問題。

（　）70.下列幼兒常見的病症中，那一項較不具傳染力？（A）麻疹（B）腦炎（C）腮腺炎（D）扁桃腺炎。

（　）71.幼兒園教師在任職期間，已能主動去探索教育新趨勢、新觀念，來更新充實教學內容的工作階段，我們稱其已進入下列哪一階段？（A）求新階段（B）成熟階段（C）求生階段（D）強化階

段。

（　）72.當幼兒接種疫苗後，如果高燒持續多少度以上應儘速就醫（A）
38°C（B）38.8°C（C）37.5°C（D）37°C。

（　）73.幼兒專用車的司機應領有何種執照？（A）職業（B）貨車（C）
機車（D）小客車。

（　）74.哪一種烹調方式最能消化？（A）煎的（B）炸的（C）燉的（D）
蒸的。

（　）75.某位教師已能肯定自己的能力、角色，表示他已處在哪一工作階
段？（A）求生階段（B）強化階段（C）成熟階段（D）求新階
段。

（　）76.下列哪一活動是戶外教學活動後，最不適宜安排的評量方式？
（A）發表、討論（B）角色扮演（C）科學實驗遊戲（D）繪畫。

（　）77.2～5歲的幼兒，其每公斤的體重需要多少的熱量？（A）100～
120卡（B）90～100卡（C）80～90卡（D）60～80卡。

（　）78.有一位幼兒，四歲、體重十二公斤，請問他每日需要多少卡的熱
量？（A）960～1080卡（B）1080～1200卡（C）1200～1400卡
（D）720～960卡。

（　）79.處於哪一工作階段的教師，需要進修較高層次的認知課程，才能
滿足其需要？（A）求生階段（B）求新階段（C）強化階段（D）
稱熟階段。

（　）80.當幼兒發生一度燙傷時，應如何處理？（A）沖冷水塗凡士林軟
膏（B）於患處塗醬油（C）沖冷水塗牙膏（D）在患處塗漿糊。

（　）81.選擇戶外教學活動地點應注意下列哪些事項？（A）與園所距離
勿過遠（B）安全考量（C）配合教學單元（D）以上皆是。

（　）82.供應餐點的方式，哪一項最值得推廣？（A）點心角（B）自助餐
式（C）家庭式（D）分配式。

（　）83.職前講習的方式有：（A）調查志趣（B）就業訓練（C）個別談
話（D）以上皆是。

（　）84.故事說完後，最適合進行的活動是：（A）以問題方式和幼兒討
論故事內容（B）以說理方式說服幼兒懂事（C）直接傳達故事目

的（D）以上皆是。

（　）85.通常2～3歲的幼兒在實施戶外教學活動時，一位教師可帶多少爲幼兒，才合乎安全原則？（A）十人（B）八人（C）五人（D）三人。

（　）86.當教師已具有瞭解自己教學缺失之能力，並且會安排學習課程時，則此教師正處於下列哪一工作階段？（A）強化階段（B）求生階段（C）求新階段（D）成熟階段。

（　）87.請選出正確的教學實習實施步驟？①試教；②準備教具；③分組；④編寫教案。（A）③④②①（B）④①③②（C）①②③④（D）①③②④。

（　）88.當幼兒出現下列哪一個症狀時不會有發燒的現象？（A）麻疹（B）便秘（C）扁桃腺炎（D）以上皆是。

解答

1.（B） 2.（B） 3.（B） 4.（B） 5.（C） 6.（A） 7.（D） 8.（A） 9.（B）
10.（C） 11.（B） 12.（A） 13.（A） 14.（A） 15.（D） 16.（C） 17.（B）
18.（B） 19.（C） 20.（D） 21.（D） 22.（A） 23.（D） 24.（B） 25.（D）
26.（B） 27.（A） 28.（A） 29.（D） 30.（C） 31.（D） 32.（D） 33.（D）
34.（D） 35.（A） 36.（D） 37.（D） 38.（C） 39.（C） 40.（A） 41.（B）
42.（A） 43.（D） 44.（C） 45.（B） 46.（B） 47.（D） 48.（D） 49.（A）
50.（D） 51.（B） 52.（B） 53.（C） 54.（B） 55.（C） 56.（D） 57.（D）
58.（A） 59.（D） 60.（D） 61.（D） 62.（B） 63.（C） 64.（A） 65.（D）
66.（D） 67.（B） 68.（C） 69.（A） 70.（D） 71.（A） 72.（B） 73.（A）
74.（D） 75.（C） 76.（C） 77.（C） 78.（A） 79.（D） 80.（A） 81.（D）
82.（B） 83.（D） 84.（A） 85.（C） 86.（A） 87.（A） 88.（B）

歷屆試題

（D）1.下列有關選擇幼兒讀物的原則，何者正確？（A）圖書與與文字比率大約是1：4（B）讀物印刷紙張愈光亮愈好（C）2～3歲的幼兒讀物故事情節要曲折（D）讀物色彩要鮮明活潑，大小合宜。（90.日專）

（C）2.下列同學：甲.穿貼身牛仔褲；乙.綁根馬尾、著運動服；丙.長髮披肩、穿T恤長褲；丁.梳辮、穿連身工作服。上述何者的衣著打扮較適合至保育機構實習？（A）甲、乙、丙（B）乙、丙、丁（C）乙、丁（D）丙、丁。（90.日專）

（B）3.下列有關幼童專用車的敘述，何者正確？（A）每午應至合格汽車修理廠實施三級以上保養（B）車子應檢附縣、市政府社會局同意書，向當地監理所中領牌照（C）車齡超過十年以上者，在安全無慮之下，仍可以繼續使用（D）駕駛人必須領有職業駕駛執照，且三年內無肇事記錄。（90.日專）

（C）4.下列有關保育實習的敘述，何者最為正確？（A）實習期間應常向家長解說幼兒的學習狀況（B）教保實習實施的程序通常為實習→參觀→見習（C）實習時，應配合所方輪值導護老師（D）實習生只需負責教學活動。（90.日專）

（A）5.下列哪一項做法能有效做好課室管理工作？（A）訂定明確的行為準則（B）將愛搗蛋的幼兒分隔開來（C）施以懲罰（D）提供寬敞的活動空間。（89.四技商專）

（A）6.教師指導幼兒畫圖時，下列何種指導語較恰當？（A）「哇！你真是小畢卡索，好棒呀！」（B）「妳媽媽的嘴有那麼大嗎？要不要畫小一點！」（C）「你畫的這隻猴子表情真有趣。」（D）「咦！魚怎麼跑到天空去了，好好笑喔！」。（89.四技商專）

（D）7.每日早上九時前幼兒來托兒所時，老師可以利用這段時間做什麼較適當？①和幼兒一起吃早餐；②準備教具、教材；③為幼兒做日常

性的健康檢查；④與幼兒個別交談；⑤和同仁交換心得。（A）①④（B）②⑤（C）②④（D）③④。（89.四技商專）

（C）8.下列何者不是導護老師的工作？（A）幼兒安全指導和意外事件的處理（B）統計幼兒出缺席數（C）填寫所務日誌及教學日誌（D）設備的檢視。（89.四技商專）

（B）9.下列有關實習試教安排原則的敘述，何者不正確？（A）從自己最有把握的開始（B）從老師在場監督協助，再進入老師在場示範教學（C）從室內活動開始，再慢慢增加室外活動（D）從特別設計的活動，再進入到隨機教學活動。（89.四技商專）

（B）10.下列哪些活動可以幫助幼兒「視覺區辨」能力的發展？①觀察花、樹、昆蟲等物體；②連虛點遊戲；③玩拼圖、積木、穿珠等玩具；④分類、配對遊戲。（A）②③（B）①③④（C）②③④（D）①②③④。（89.四技商專）

（D）11.有關托兒所幼童專用車之規定要點，下列敘述何者錯誤？（A）駕駛人必須領有職業駕駛執照（B）應依規定加漆顏色、標識及核准立案字號（C）每日應按規定自行保養（D）應以新車或領照未滿十年之車輛爲限。（88.四技商專）

（B）12.在安排幼兒作息時間表時，宜注意的原則中，下列敘述何者爲非？（A）各項活動類型間應相互平衡（B）餐點的安排應特別注意幼兒心理上的需求（C）作息表必須有彈性（D）全日制的下午時間，宜安排一些較輕鬆的活動。（88.四技商專）

（D）13.幼兒學習與成長的環境需要設計與布置，乃基於：①要滿足幼兒發展上的特徵；②希望培養收拾好的好習慣；③能引起幼兒學習動機；④能滿足家長物超所值的期望。以上敘述，何者正確？（A）①②③④（B）②③④（C）①③（D）①②③（88.四技商專）

（D）14.一位保育員能澄清自己對教保工作的價值觀，並思考如哲學理念等較高層次的問題。按凱茲（L. G. Katz）的分法，這位保育員是處在下列哪一階段？（A）求生階段（B）強化階段（C）求新階段（D）成熟階段。（88.四技商專）

（A）15.在托兒所中有關幼兒飲食方面，下列敘述何者錯誤？（A）吃是一件很愉快的事，因此保育人員應藉由它來酬賞幼兒（B）應給予幼兒充足的時間吃東西及聊天（C）幼兒可依其需要自行取量（D）不強迫幼兒嘗試新食物。（87.四技商專）

（A）16.有關托兒所內嬰幼兒生活習慣的培養，下列敘述何者錯誤？（A）一至二足歲嬰幼兒，需有二平方公尺場地運動（B）嬰兒於五個月時，可開始添加奶類食品、果汁、菜湯等食物（C）一至二足歲嬰幼兒，需添加穀類及蛋白質食品如魚、肉、蛋、奶、蔬菜、水果等（D）六個月至一歲嬰兒，每天睡眠時間至少約十一個小時。（87.四技商專）

（D）17.如果不斷在孩童身上發現有各種形狀的傷痕，保育人員應處理的方式，下列何者不包括在內？（A）詢問小孩原因（B）詢問家長原因（C）先與父母友人討論（D）向當地主管機關報告。（87.四技商專）

（D）18.保育人員如發現特殊幼兒案例，欲提醒家長注意幼兒的問題時，下列何者的處理方式較不宜？（A）仔細傾聽，且留意家長所提出有關幼兒的問題（B）漸進式地向家長提出請專家幫助的建議（C）明確的說明幼兒需接受幫助的理由（D）觀察後，保育人員應主動為幼兒診斷及治療。（87.四技商專）

（C）19.幼保科學生實習試教實施的步驟：①編寫教案並與教師討論是否合宜；②準備及製做教具；③試教後的檢討及建議；④排演試教過程；⑤正式試教。下列順序何者正確？（A）②→①→③→⑤→④（B）①→④→②→⑤→③（C）①→②→④→⑤→③（D）②→①→④→⑤→③。（87.四技商專）

（B）20.保育人員在選購兒童讀物時，應注意的事項，下列何者較不適宜？（A）故事情節要生動有趣，避免曲折複雜（B）為使幼兒學習善惡，達到自我保護，讀物的內容應多彰顯人生之邪惡面（C）讀物色彩鮮明、活潑，大小合宜，便於翻閱（D）書中插畫與故事內容須密切配合，且不偏重文字。（87.四技商專）

（A）21.有關托兒所活動及玩具的敘述，下列何者錯誤？（A）為令嬰兒

專心吸吮，餵奶時保育人員應避免與嬰兒說話（B）保育人員應經常擁抱、逗玩及愛撫嬰兒（C）應提供嬰兒富有色彩與會發出聲響的玩具（D）幼童應參與生活中的實際工作，並幫忙打掃環境。（87.四技商專）

（B，C）22.有關協助新生初入托兒所的適應情況，下列何者較不宜？（A）正式入所前，幼兒有機會與父母來所觀察及熟悉環境（B）第一天入所時，新生如哭泣，家長應儘速離去，交由保育人員接手，以利新生早日適應園所生活（C）所有新生最好避免同一日入所，以利保育園能個別協助新生適應（D）新生第一天入所，家長最好提早接回，以免幼兒在陌生環境過久，心生恐懼。（87.四技商專）

（C）23.在凱茲（Katz）博士所提及老師成長的四個階段中，「規劃如何克服自己的困難及學習特別技能」是屬於下列哪一階段？（A）求生階段（B）求新階段（C）強化階段（D）成熟階段。（87.四技商專）

（B）24.請依教具設計製做流程排列順序：①選擇材料；②構思決定教具型式；③研究教材，確定目標；④撰寫教具卡；⑤試教與改進；⑥製做教具；⑦選擇適合的教具盒。（A）①→③→②→⑤→④→⑥→⑦（B）③→②→①→⑥→⑤→④→⑦（C）③→②→①→⑥→④→⑤→⑦（D）②→①→③→⑥→⑤→⑦→④。（86.四技商專）

（C）25.幼兒於戶外活動時，為避免意外事故發生，保育員應避免下列何種行為？（A）預見並隨時注意遊戲環境中可能的危險（B）阻止並再三開導幼兒的危險行為（C）注意力全放在幾個特別頑皮幼兒的身上（D）要求幼兒遵守遊戲規則。（86.四技商專）

（D）26.教保實習時的服裝儀容，下列何者不適當？①穿著細跟高跟鞋；②將長頭髮梳理成辮子；③穿牛仔貼身短裙；④著易伸縮活動的衣褲。（A）①②④（B）②③（C）①②③（D）①③。（86.四技商專）

（C）27.有關幼兒安全生活的實施，下列方式何者不適當？（A）隨時注意

環境中的障礙物與危險物品（B）只要注意安全，教導正確使用方式，仍可讓幼兒操作使用木工用具（C）戶外遊戲易導致意外傷害，應避免安排戶外活動（D）規勸幼兒違反遊戲規則的行為。（86.四技商專）

（B）28.為幼兒選擇圖畫書，下列描述何者錯誤？（A）故事內容要避免殘暴行為的描述（B）字體大小與圖畫比例應隨幼兒年齡增加（C）裝訂要牢固，不易鬆散、脫頁（D）紙張要堅韌，不反光。（86.四技商專）

（A）29.台灣省立案公私立托兒所的幼童專用車，依規定車身必須噴上何種政府立案字號？（A）社福字第××號（B）國教字第××號（C）省福字第××號（D）兒福字第××號。（86.四技商專）

（D）30.幼兒餐點首重安全衛生，因此購買罐頭時宜注意具有下列何種標誌？（A）品（B）ST（C）CNS（D）GMP。（85.四技商專；88.北夜專）

（B）31.關於幼兒活動室的管理，教保人員的注意事項中，下列何者不宜？（A）為引起注意，須移近並降低至幼兒高度，面對幼兒說話（B）當噪音增高時，宜將音量提高，幼兒因好奇而注意去聽（C）肯定幼兒行為時，要說出他們的名字（D）指導幼兒行為時，不宜使用「否定句」，例如：「不要跑那麼快」。（84.四技商專）

（C）32.對於幼兒偏食行為的輔導，下列何者不宜？（A）食物烹調多做變化（B）利用少量漸進的方式，讓幼兒逐漸習慣（C）堅持幼兒要吃完所有食物（D）讓偏食幼兒與無偏食習慣幼兒一同進餐。（84.四技商專）

（A）33.教保人員的工作生涯中，挫折感最嚴重的，通常發生在下列哪個階段？（A）求生階段（B）強化階段（C）求新階段（D）成熟階段。（84.四技商專）

（A）34.下列何者最能幫助幼兒發展「表徵能力」？（A）娃娃家（B）益智角（C）圖書角（D）美勞角。（84.四技商專）

（D）35.下列活動何者不適宜在學齡前實施？（A）讓幼兒練習畫字（B）讓幼兒在沙上寫字（C）讓幼兒練習認字（D）讓幼兒寫注音符號

練習簿。（84.四技商專）

（B）36.每天一早，幼兒到托兒所後，教保人員通常會先安排何種活動？
（A）團體活動（B）自由活動（C）參觀活動（D）分享活動。
（84.四技商專）

（D）37.給2～3歲幼兒閱讀的圖畫書，圖畫與文字的比例，下列何者最適
宜？（A）1：2（B）1：1（C）2：1（D）4：1（84.四技商專）

（C）38.下列何者不屬於寫前練習的活動？（A）連線畫（B）摺剪紙（C）
說故事（D）玩拼圖。（83.四技商專）

（C）39.下列何者為開放式的問題？（A）這是什麼顏色的圖卡（B）盒子
裡還有幾個球（C）這個玩具還可以怎麼玩（D）這樣大聲說話對
不對。（83.四技商專）

（B）40.教師發現幼兒有口吃的情形時，下列的輔導方式何者錯誤？（A）
平常要訓練幼兒「先想好再說」的習慣（B）此為發展的過程，不
必在意，自然就會恢復（C）可能是發聲上的缺陷，應及早請專科
醫師診斷、治療（D）留意孩子在各種生活環境上的適應，並注意
自己的發音。（83.四技商專）

（B）41.下列處理意外傷害的方式，何者錯誤？（A）被黃蜂叮咬時，塗上
醋或檸檬汁（B）中毒時，應立即催吐（C）撞傷淤血時，馬上冷
敷並輕輕下壓（D）脫臼骨折時，先固定傷處再緊急送醫。（83.
四技商專）

（C）42.下列教師講故事的注意事項，何者錯誤？（A）講故事時的語調要
有變化（B）要有適當的動作表情（C）每講完一個故事，須強調
故事的教育目的（D）要熟悉故事內容才能集中幼兒的注意力。
（83.四技商專）

（D）43.下列何者不是幼兒教師的工作職責？（A）作個案記錄（B）編寫
教學計畫表（C）製做教材、教具（D）訂定招生與註冊辦法。
（83.四技商專）

（C）44.下列何項不宜用來評量幼兒工作課程活動的表現？（A）能集中注
意力，對工作反應良好（B）能與他人合作，輪流使用工具（C）
能設計出有水準的作品（D）工作後會收拾整理。（82.四技商專）

（D）45.促進幼兒牙齒及骨骼正常發展最重要的營養素是：（A）蛋白質（B）醣類（C）維他命B及其他各種維他命（D）鈣、磷及其他礦物質。（82.四技商專）

（D）46.下列何者不是造成幼兒偏食的原因？（A）成人批評或不喜歡吃某些食物而造成的暗示（B）幼兒學吃某種食物時，曾有不愉快經驗（C）幼兒經常吃某食物，因而生膩（D）幼兒過度疲倦。（82.四技商專）

（C）47.關於幼兒輕微燙傷的處理，下列哪一項敘述不正確？（A）一開始即徹底冷敷，以免起水泡（B）在皮膚未紅腫之前，宜寬鬆衣服及配件（C）若起水泡，則剪破水泡，使液體流出，減輕紅腫（D）冷敷後，避免在傷處塗敷軟膏或外用藥水。（82.四季商專）

（C）48.關於幼兒意外傷害的處理，下列何者正確？（A）被蜜蜂、螞蟻或黃蜂叮咬，應立即塗抹醋或檸檬汁（B）撞傷淤血，應馬上熱敷（C）嚴重外傷，應立即止血，避免感染，然後送醫（D）遇中毒狀況，應立即催吐。（82.四技商專）

（C）49.下列何者不是托兒所教師的主要職責？（A）編製教材，設計活動（B）填寫表冊，辦理個案紀錄（C）指導並監督全所清掃工作（D）協助教育專家，完成各項實驗工作。（82.四技商專）

（C）50.由老師彈琴或放一段音樂，讓幼兒憑著對此段音樂的感覺，選擇顏色、造型或材料來畫圖，這主要是下列哪一領域的活動？（A）健康（B）遊戲（C）工作（D）常識。（82.四技商專）

（C）51.當幼兒繪圖時，最喜歡畫人物，而所畫的人常呈現蝌蚪的樣子，這是屬於哪一個時期的繪畫？（A）塗鴉期（B）配置期（C）前圖示期（D）圖示期。（82.四技商專）

（C）52.下列何者不是托兒所導護教師的主要職責？（A）統計全所幼兒出缺席狀況（B）協助教師輔導監護幼兒的遊戲活動（C）採購與置備當日的餐點（D）預防並處理意外事件。（82.四技商專）

（D）53.幼兒每日作息的安排，宜依照下列何種原則？（A）上午安排靜態活動，下午安排動態活動（B）不應隨天氣或節令輕易調整（C）宜經常且快速變換活動，讓幼兒常保新鮮感（D）每天活動結束

前，宜安排時間與幼兒討論當天做過的活動。（82.四技商專）

（A）54.遇有幼兒偏食或拒食的現象時，下列何種處理方法不妥當？（A）不必糾正，幼兒身體有需要，自然會吃（B）以故事或遊戲鼓勵幼兒愛用多種食物（C）改變食物烹調方式（D）多安排與其他無偏食習慣的幼兒一起用餐。（82.四技商專）

（B）55.幼兒每日應攝取哪幾類食物，以維持均衡之營養？（A）餅乾、奶油、魚、果汁、牛奶（B）五穀、油脂、魚肉蛋奶、蔬菜、水果（C）牛奶、麵包、果凍、乳酪、魚（D）麵類、豆類、乳類、蛋類、魚類。（82.四技商專）

（D）56.教師指導幼兒午間靜臥，下列何種方式不正確？（A）拉上窗簾，並播放輕柔樂曲（B）以動作表情暗示幼兒安靜入睡（C）以和悅聲音或符號催醒（D）幼兒醒後，教師為其整被。（82.四技商專）

（D）57.維護幼兒行的安全，下列敘述何者錯誤？（A）四歲以下的幼兒上下學最好有人接送（B）應教導幼兒認識各種交通標誌（C）幼兒娃娃車輛應每半年整修一次，每日由司機檢查一次（D）幼兒若步行上學，應教導其走僻靜人少之巷道，較為安全。（82.四技商專）

（B）58.每日課後的教學活動記實，其內容除了班級、日期、教師姓名及單元名稱外，還應包括下列什麼項目？（A）準備活動、發展活動、綜合活動、評量結果（B）幼兒人數、教學準備事項、教學提要、幼兒活動實況及檢討改進計畫（C）幼兒目標、幼兒人數、分組活動、團體活動及評量方式（D）班級布置、教學資源、幼兒基本能力及幼兒活動步驟。（82.四技商專）

（B）59.下列何者不是幼兒定期健康檢查的項目？（A）身高體重測量（B）體溫測量（C）牙齒檢查（D）腹部檢查。（82.四技商專）

（A）60.下列何者不是托兒所學期中的教保管理實務工作？（A）印製所務及教學日誌表格（B）安排幼兒健康檢查（C）辦理家庭訪問（D）編印每月所訊刊物。（82.四技商專）

（C）61.給3～5歲的幼兒講故事，應符合下列何項原則？（A）不要重複

同一故事，以免幼兒厭煩（B）最好不要一次講完，以保持幼兒高度興趣（C）讓幼兒參與到故事的命名及情節當中（D）教師站著講，可讓全部幼兒看到老師。（82.四技商專）

（D）62.下列蒙特梭利教具中，何者是為寫字預做準備的教具？（A）長棒（B）色板（C）塞根板（D）幾何嵌圖板。（81.四技商專）

（D）63.幼兒交通安全教育之實施，下列何者對幼兒較不重要？（A）多多舉辦交通安全教學觀摩會（B）乘坐娃娃車的安全演練（C）認識交通工具（D）教導幼兒如何防範馬路上的陌生人。（81.四技商專）

（D）64.就托兒所教學言，最易使幼兒理解的方式是利用何種教具？（A）圖片（B）模型（C）教具（D）實物。（81.四技商專）

（C）65.某幼兒抓到小瓢蟲，老師的問話，下列何者最有價值？（A）你知道它是什麼嗎？（B）你從哪裡抓到的？（C）你想，它要做什麼？（D）它身上的圓點有幾個？（81.四技商專）

（C）66.教師提供給幼兒的材料是畫筆、積木、幼兒的主要遊戲行為是什麼？（A）功能性遊戲（B）假想遊戲（C）建構性遊戲（D）戲劇性遊戲。（81.四技商專）

（D）67.在園所內，對於首次前來的實習生，下列何項作為較為不宜？（A）帶領其熟悉硬體環境（B）介紹其園所的教學理念（C）指導其應對進退（D）告知其園所內人事紛爭，要他小心。（88.嘉南、高屏夜專）

（D）68.下列有關幼兒安全教育的實施描述，何者正確？（A）為了安全起見，應減少幼兒戶外遊戲（B）避免戶外教學（C）等孩子親自體驗到危險事件並受傷後，再予以機會教育（D）輔導幼兒使用工具或器材的安全動作。（88.嘉南、高屏夜專）

（D）69.兒童創造思考的特徵不包括？（A）具類推性（B）具非語言的特徵（C）具綜合性（D）具理性。（88.嘉南、高屏夜專）

（C）70.若托兒所內，有孩子發燒，您可暫採的處理方式，下列何者不宜？（A）打電話通知家長，告知此現象（B）讓孩子多喝開水（C）去藥房買退燒藥給孩子吃（D）經家長及所方同意後，將孩

子帶至家長指定的診所或醫院看醫生。（88.嘉南、高屏夜專）

（C）71.教保實習時的服裝儀容，下列服飾組合何者較為適宜？①穿黑色短窄群；②穿著細跟高跟鞋；③將長頭髮梳成辮子，以保持清爽；④穿棉質易伸縮之衣褲。（A）①②（B）①②③④（C）③④（D）①②④。（88.嘉南、高屏夜專）

（C）72.下列有關各英文縮寫的標誌，何者為誤？（A）ST──安全玩具（B）CIS──優良食品（C）CNN──安全電類（D）CNS──國家安全標誌。（88.嘉南、高屏夜專；88.北夜專）

（D）73.下列何者非遊戲的古典理論？（A）過剩精力論（B）鬆弛理論（C）心理分析論（D）複演論。（87.嘉南、高屏夜專）

（B）74.選用幼兒的飲食材料，須注意要富有營養價值，以下何者不宜？（A）無機鹽類要普遍攝取，尤重鈣、磷、碘（B）宜大量時用脂肪，以促進成長（C）蛋白質類食物宜多選用（D）必須常食用粗纖維、水及各種液體飲料。（87.嘉南、高屏夜專）

（B）75.幼兒在進入國小之後通常會發生「幼小銜接」適應不良的狀況，幼兒園可採的預防折衷方式以下何種不宜？（A）舉辦國小參觀活動（B）在幼稚園內即以小學方式上課，以免畢業後跟不上（C）請畢業學長姊至校演講、帶遊戲（D）請小學老師到學校解說並與孩子們認識。（87.嘉南、高屏夜專）

（D）76.在地震頻傳的台灣，當發生地震時，園、所宜作何項緊急處理？（A）把電源打開，以備不時之需（B）關閉所有的門窗（C）趕快跑到屋內避難（D）若在教室裡可讓幼兒疏散至牆柱旁，或躲在堅固桌面的桌子底下，並遠離有掉下東西之虞的廚櫃。（87.嘉南、高屏夜專）

（B）77.在遊戲活動的設計中，兒童利用何種方式進行內在的現實超越外在的現實，並且可以脫離此時此地的限制？（A）整合（B）假裝（C）探索（D）模仿。（87.嘉南、高屏夜專）

（B）78.幼兒安全教育的目標為：（A）成人不在時禁止幼兒進行活動以確保安全（B）安全教育的重點主要是安全動作的養成（C）戶外教學遇幼兒意外事件首要工作即是趕快回園（D）急救箱旁應放置急

救手冊。（86.嘉南、高屏夜專）

（C）79.以下何者不是正確接送幼兒上下學的方式？（A）遇雨天，除了乘專車的幼兒外，要求其他家長親自到校接回幼兒（B）家長找友人來校接幼兒，必須事先通知學校老師（C）家人開車接送，車子儘量停放在校門口，接送比較安全（D）幼兒搭乘娃娃車到家門口，要求家長在門口等候。（85.嘉南、高屏夜專）

（B）80.①量身高、體重；②量胸圍、頭圍；③觀察牙齒、皮膚；④觀察精神及運動機能；⑤胸部X光檢驗，請由以上項目中選出托兒所對每一幼兒入所前應檢查之項目：（A）①②③④⑤（B）①②③④（C）①②③（D）①②③⑤。（85.嘉南、高屏夜專）

（B）81.若幼兒被蜜蜂叮咬，可在叮咬部位上塗抹（A）醋（B）阿摩尼亞（C）檸檬汁（D）以上皆非。（85.嘉南、高屏夜專）

（B）82.根據衛生署建議1～3歲幼兒每日應吃五穀類（A）半碗至一碗（B）一碗至一碗半（C）一碗半至二碗（D）二碗至二碗半。（85.嘉南、高屏夜專）

（C）83.處理幼兒扭傷的基本原則不包括：（A）固定（B）抬高（C）熱敷（D）冰敷。（85.嘉南、高屏夜專）

（D）84.依據衛生署建議嬰兒在何時可吃全蛋？（A）4個月（B）6個月（C）8個月（D）10個月。（85.嘉南、高屏夜專）

（D）85.教具在教學上有極大的價值，下列何者為是？（A）獲得正確的經驗（B）激發興趣（C）啓發思想（D）以上皆是。（84.嘉南、高屏夜專）

（A）86.幼稚園托兒所導護工作的任務是為了指導幼兒獲得正當的遊戲方法及良好的遊戲態度，此一為：（A）積極目的（B）消極目的（C）園務目標（D）教學目的。（84.嘉南、高屏夜專）

（A）87.下列敘述何者為是？（A）托兒所的課程大致可分為兩大類，一為生活訓練，二為知能訓練（B）幼兒在生活中，遇到問題，有了問題，教保人員可視而不見（C）托兒所內，對於身心有障礙兒童可拒收，以免造成教學上的困擾（D）以上皆是。（84.嘉南、高屏夜專）

（B）88.戶外活動是室內活動學習的延伸，帶孩子外出，為了維護孩子安全，必須：（A）闖越馬路（B）事前討論安全問題（C）順其自然（D）破壞公物。（84.嘉南、高屏夜專）

（B）89.從事教保活動時，應妥善應用教具，其中最易使幼兒明瞭的方法是下列何者？（A）圖片教學（B）實物教學（C）標本教學（D）模型教學。（84.嘉南、高屏夜專）

（B）90.一般而言，生活輔導的重點，著重於：（A）課外活動安排（B）如何保持身體的健康（C）學習成果（D）以上皆是。（84.嘉南、高屏夜專）

（C）91.蒙特梭利的教育體系是以感官為基礎，以思考為過程，以（A）創造（B）想像（C）自由（D）以上皆是 為目的。（84.嘉南、高屏夜專）

（C）92.幼兒最佳的餐點設計，每日食物營養需要，根據幼兒熱量統計報告，2～5歲時每公斤體重所需的熱量為：（A）90～100卡（B）100～120卡（C）80～90卡（D）60～80卡。（84.嘉南、高屏夜專）

（D）93.攀爬架具有何種教育意義？（A）激發幼兒想像力及創造力（B）增加肌力、柔軟性、平衡性、敏感性、協調性（C）培養幼兒勇敢及冒險的精神（D）以上皆是。（84.嘉南、高屏夜專）

（C）94.教保實習又稱試教，就是下列何種活動的意思？（A）技術教保（B）知識傳授（C）獨立實地教保（D）理論教保。（84.嘉南、高屏夜專）

（D）95.幼兒所需各項食物熱量的比例中，其中含量最高的為：（A）蛋白質（B）碳水化合物（C）維生素（D）脂肪。（84.嘉南、高屏夜專）

（B）96.下列何者不為蒙特梭力教具領域？（A）生活訓練（B）恩物（C）感官教具（D）文化藝術性。（84.嘉南、高屏夜專）

（D）97.製做植物標本時，不可使用漿糊固定標本，其主要原因為何？（A）避免延長乾燥時間（B）避免葉片顏色變黑（C）漿糊黏著效果較差（D）避免標本被蟲侵害。（88.北夜專）

（C）98.皮亞傑（Piaget）曾設計一個「三座山實驗」，發現3歲左右的幼兒無法理解異於其位置及立場的物體形貌，因此提出了何項假說？（A）萬物有靈論（B）保留概念（C）自我中心觀（D）具體運思期。（88.北夜專）

（A）99.下列有關幼兒繪畫活動的描述，何者不正確？（A）蠟彩混合畫乃利用蠟筆吸水的特性，製造出特殊的效果（B）吹畫是將顏料滴在畫紙上，用口或吸管將顏料吹散（C）渲染畫必須先將畫紙浸濕，或刷上一層水（D）蓋印畫的材料可以是樹葉、花瓣或水果。（88.北夜專）

（B）100.下午的點心綠豆湯是小芃最喜歡的食物，她很想多吃一碗，可是想到待會兒要上舞蹈課，吃太多食物跳起舞來不舒服，決定吃一碗就好，請問小芃克制食慾所表現的人格狀態是佛洛依德（Freud）人格結構理論中的哪一種？（A）本我（B）自我（C）超我（D）無我。（88.北夜專）

（B）101.小春為B型肝炎e抗原陽性之產婦，其新生兒在出生後二個月內需接種哪些疫苗？①B型肝炎疫苗；②日本腦炎疫苗；③卡介苗；④B型肝炎免疫球蛋白；⑤水痘疫苗。（A）①④（B）①③④（C）①③④⑤（D）③④。（88.北夜專）

（A）102.若依語言所表達功能來看，下列幼兒所說的話，哪一句是屬於「想像的語言」？（A）「我是小精靈，變！變！變！」（B）「爸爸說，日曆上有國旗就可以放假。」（C）「我可以跟你們玩嗎？」（D）「那是鱷魚耶！它會不會吃人呢？」（88.北夜專）

（A）103.製做青蛙標本時，可採用何種物品將蛙骨漂白？（A）雙氧水（B）碘酒（C）氨水（D）醋。（88.北夜專）

（A）104.下列哪些活動與幼兒手眼協調的能力有關？①穿珠子；②寫字；③講故事；④堆積木；⑤打蚊子。（A）①②④⑤（B）①②④（C）①②⑤（D）①②③④⑤。（88.北夜專）

（D）105.下列哪一種情況不適合實施大團體教學活動？（A）班級常規說明（B）戲劇表演活動（C）全園律動時間（D）練習使用放大鏡觀察葉片的紋路。（87.88.北夜專）

（C）106.下列敘述何者不正確？（A）盧梭（Rousseau）是崇尚自然主義的教育思想家（B）福祿貝爾（Froebel）將他所設計的遊戲用具稱為「恩物」（C）蒙特梭利（Montessori）創辦的「兒童之家」是世界第一所幼稚園（D）杜威（Dewey）主張「教育即生活」。（87.北夜專）

（C）107.哪些活動有助於幼兒大肌肉的發展？①拼圖；②木工；③堆積木；④剪貼；⑤玩沙。（A）①②③⑤（B）②③（C）②③⑤（D）③⑤。（87.北夜專）

（D）108.下列何者不是團體活動的教育功能？（A）培養分工合作的精神（B）增建人際關係（C）分享共同經驗（D）適應幼兒個別差異。（86.北夜專）

（D）109.下列何者不是安排幼兒郊遊活動時的注意事項？（A）租單程的遊覽車也需加保（B）可向家長酌收交通費，以租遊覽車（C）應先寄發通知單，告知家長（D）遊覽車夠坐即可，不必另外加開一輛車子。（86.北夜專）

（C）110.下列敘述何者不像是玩扮演遊戲？（A）幼兒拿長形積木，假裝武士比劍（B）幼兒穿著成人外套，拿公事包假裝要去上班（C）幼兒拿著布娃娃，專心看別人畫圖（D）幼兒丟著球，假裝在投手榴彈。（85.北夜專）

（B）111.蒙特梭利教室中，教師扮演的角色，下列何者不正確？（A）示範者（B）教學者（C）環境預備者（D）觀察者。（85.北夜專）

（A）112.提供形狀鑲嵌盒給八個月大的嬰兒，則此嬰兒最可能玩下列何種遊戲？（A）功能遊戲（B）建構遊戲（C）扮演遊戲（D）規則遊戲。（85.北夜專）

（A）113.甲幼兒用沙堆建房子，旁邊乙幼兒在丟球，他們之間並沒有交談或互動，請問甲幼兒玩的遊戲是下列哪一種？（A）單獨建構遊戲（B）單獨規則遊戲（C）平行功能遊戲（D）平行扮演遊戲。（85.北夜專）

（D）114.托兒所交通安全之規定，下列何者不正確？（A）車身應噴上深紅、深黃相間之顏色（B）車身應噴有立案之字號（C）司機應

領有職業駕照（D）車輛應每三個月實施一級保養及檢查。（85.北夜專）

（B）115.為幼兒選擇故事書的原則，下列何者不正確？（A）文字大小要適中，圖與字比例約4：1（B）以誇張卡通式插圖吸引幼兒為宜（C）知識應具正確性（D）內容具教育性或娛樂性。（85.北夜專）

（C）116.托兒所活動室內之壁面情境布置何者較佳？（A）老師成品為主（B）全部以幼兒成品為主（C）和主題有關的訊息及幼兒成品為主（D）坊間的成品為主。（88.中夜專）

（B）117.L. G. Katz認為，教師的成長大體可分四階段，此四階段依序應為：（A）求生→求心→強化→成熟（B）求生→強化→求心→成熟（C）求新→求生→強化→成熟（D）強化→求生→求新→成熟。（88.保甄；88.中夜專）

（D）118.蒙特梭利教育中，形成三角形關係在課室中交互影響的是兒童、教師與（A）教具（B）家長（C）教法（D）環境。（88.中夜專）

（D）119.下列何者主張「教育即生活」？（A）蒙特梭利（B）盧梭（C）福祿貝爾（D）杜威。（88.中夜專；86.保甄）

（B）120.有關教學實習事項：①編寫教案；②暸解班級狀況及常規；③準備教材教具；④實地試教；⑤檢討會議，其順序為：（A）①②③④⑤（B）②①③④⑤（C）②③①④⑤（D）③②①⑤④。（87.中夜專）

（C）121.小明在戶外奔跑時，不小心撞傷，下列處理方式何者最不妥當？（A）將傷部降低，用冰敷鎮痛（B）注意內部是否受傷（C）立即揉搓傷處，以退紅腫（D）如有骨折宜設法固定，儘可能不要移動。（87.中夜專）

（A）122.因應夏季各種傳染疾病的流行，教師在活動設計上可：①帶領幼兒至醫院實際暸解；②宣導常洗手的好習慣；③隨時留意環境的清潔與衛生；④教導幼兒自我保護和注重個人衛生的觀念，下列何者正確？（A）②③④（B）①②③（C）①③④（D）①②

④。（87.中夜專）

（C）123.有關幼兒每日作息安排的敘述，下列何者錯誤？（A）須注意動、靜態活動的平衡（B）幼兒生理上的需求應予以特別的注意（C）作息表訂定後，須確實執行，不可變更（D）擬定作息表時，須考慮幼兒的學習經驗與目的。（87.中夜專）

（D）124.下列敘述何者不是處於求新階段教師的特性及需求？（A）主動參加各種座談會和訓練課程（B）研究新的教材和教具（C）大量閱讀有關的書籍、專業刊物、影片等（D）永遠感到準備不足，導致嚴重的挫折感。（87.中夜專）

（C）125.有關幼兒語言障礙的敘述，下列何者正確？（A）當發現幼兒口吃時，宜要求孩子重複述說，使其順暢（B）當發覺幼兒語音不清時，宜請醫生修剪舌繫帶（C）環境剝奪或情緒障礙常導致語言發展遲緩的現象（D）幼兒語言障礙，長大自然就好了。（87.中夜專）

（A）126.下列何者爲適當的課室管理指導語？（A）請將玩具收拾至籃子內（B）不要在教室內奔跑（C）垃圾不能丟地上（D）老師喜歡乖乖坐在這裡的小華，不喜歡跑來跑去的小明。（87.中夜專）

（D）127.幼兒的保留概念尚未成熟，是因爲：（A）幼兒思考較自我中心（B）幼兒思考室具體性的（C）幼兒的因果關係模糊（D）幼兒注意力只能集中於細部。（86.中夜專）

（B）128.當一個老師進入求新階段時，身爲托兒所的主管宜：（A）鼓勵他整理過去一年的教學經驗（B）鼓勵他研究新的教材和教具（C）進入教室協助管理幼兒（D）支持他，使其不再沮喪。（86.中夜專）

（A）129.依據幼兒發展，下列何物最適合幼兒教育教材？（A）水果實物（B）現售水果模型（C）教師自製水果模型（D）水果圖片。（86.中夜專，80.幼師）

（D）130.以下敘述何者爲是？（A）托兒所實施生活教育應依固定的教本教學（B）戶外的運動器材能啓發幼兒思考能力（C）教師在教學中使用教育能提高幼兒學習興趣（D）所有的玩具就是教具。

（85.中夜專）

（C）131.美國學者凱茲（L. G. Katz）將幼教老師的成長分爲四個階段，
當教師有能力重整過去一年的教學經驗心得並學習新的技能，這
是該幼教老師進入哪一種階段？（A）求新階段（B）求生階段
（C）強化階段（D）成熟階段。（85.中夜專）

（A）132.下列何者比較不符合幼兒戲劇遊戲的特性？（A）要有完整的劇
情並爲幼兒分配角色（B）幼兒可以自由想像、表現（C）幼兒
可以模仿某些動作（D）遊戲性質強過表演性質。（85.中夜專）

（A）133.托兒所教師每天爲幼兒安排課程時，以下列哪一組排列較合適？
（A）先進行講故事之後，戶外活動（B）先進行戶外活動之後，
唱遊（C）先進行認知活動之後，繪畫（D）先進行講故事之
後，團體討論。（85.中夜專）

（C）134.下列何者不是蔡司（Zais）所整理出的四個選擇課程內容的基本
準則？（A）人類發展（B）認知技巧（C）重要性（D）興趣。
（84.中夜專）

（D）135.下列何者不是托兒所、幼稚園所扮演的教保功能？（A）擴大幼
兒生活經驗（B）預防疾病及矯治缺陷（C）促進幼兒身心平衡
發展（D）處理幼兒父母的婚姻糾紛。（84.中夜專）

（D）136.依據幼教學者凱茲（L. G. Katz）的看法，幼教老師的成長可爲
四個階段下列何項屬第三階段？（A）成熟階段（B）強化階段
（C）求生階段（D）求新階段。（84.中夜專）

（A）137.「桌上有兩個杯子，左邊的杯子裝6個大石頭，右邊的杯子裝6個
小石頭，問幼兒哪一邊的石頭多？」這是屬於下列哪一種活動？
（A）數的保留（B）數的序列（C）數的集合（D）數的分解。
（83.中夜專）

（D）138.下列關於幼兒數學特性的敘述，何者正確？（A）幼兒會數數，
表示他已經瞭解數與數量的關係（B）幼兒缺乏抽象思考的能
力，所以學習數學還嫌太早（C）幼兒對數目和形狀、大小的關
係，已經有清楚的概念（D）幼兒數學的教學，可提供玩具和實
物，讓幼兒計算。（83.中夜專）

（C）139.下列關於幼兒遊戲時教師必須注意的事項，何者錯誤？（A）遊戲前要檢查運動器材是否有損壞的現象（B）幼兒的運動遊戲必須配合幼兒的生活背景（C）要按照幼兒園的作息表，讓幼兒在規定的時間內完成運動遊戲（D）教師應指導幼兒遵守規定。（83.中夜專）

（C）140.下列何者不適合作為幼兒紙漿工的原料？（A）衛生紙（B）毛邊紙（C）馬糞紙（D）舊報紙。（83.中夜專）

（A）141.教師問幼兒：「一個水桶有什麼用？」，在一定時間內，甲幼兒說出十種用途，乙幼兒說出六種用途，表示甲幼兒在創造力的哪一方面優於乙幼兒？（A）流暢性（B）敏感性（C）獨創性（D）精進性。（83.中夜專）

（A）142.下列何者不是幼兒園舉辦幼兒運動會的原則？（A）以競賽項目為主，提高家長的參與感（B）表演節目力求簡化（C）活動以幼兒為中心（D）簡單隆重的開閉幕典禮。（83.中夜專）

（D）143.教師實施泥工教學時，下列何種做法是錯誤的？（A）使用塑膠泥或彩色麵團作泥工時，以單色為宜（B）麵團的大小，以拳頭大為宜（C）重視幼兒的活動過程，而非成品的好壞（D）幼兒的泥工可分次完成，不須在預定的時間內完成。（83.中夜專）

（A）144.下列哪一種紙不適合初學剪紙的幼兒使用？（A）西卡紙（B）圖畫紙（C）包裝紙（D）蠟光紙。（83.中夜專）

（B）145.在幼兒創造性肢體活動的實施方法上，應注意：（A）先進行小肌肉的活動，再進行大肌肉的活動（B）由認識身體各部分的活動開始，再逐漸進入運用身體各部分做動作的活動（C）由單一部位的練習開始，然後是全身活動，最後是聯合活動（D）先進行動作表現，再進行實物的觀察體驗。（83.中夜專）

（A）146.依幼兒發展而言，下列何種教學方式最適合幼兒？（A）實地參觀（B）錄影帶教學（C）圖片欣賞（D）口頭敘述。（88.保甄）

（C）147.下列何者違反搭乘娃娃車應注意的事項？（A）車門關閉，不得讓幼兒擅自開啟車門（B）車子開動前，確實清點幼兒人數（C）為維護多數幼兒的權利，娃娃車將幼兒護送至家門口即可（D）

隨車人員，應熟記每位幼兒上下車的地點與時間。（88.保甄）

（D）148.某一8歲男孩，身體發出惡臭，穿著不合時令，經常偷吃或乞討食物，並深夜在外逗留，依判斷可能正遭受：（A）性虐待（B）精神虐待（C）身體虐待（D）疏忽。（88.保甄）

（A）149.幼兒意外事件處理之程序（A）急救→通知家長→送醫院（B）通知家長→急救→送醫院（C）送醫院→通知家長→通知特約醫師（D）通知特約醫師→送醫院→通知家長。（88.保甄）

（B）150.幼兒流鼻血的處理，下列何者失當？（A）用手緊壓鼻樑旁軟組織5～10分鐘，直至血流停止（B）施行額頭及鼻樑的熱敷（C）頭部前傾放鬆，解除身體衣物（D）令幼兒吐出口中血液。（88.保甄）

（C）151.幼兒口吃行為發生時（A）應立即糾正其行為（B）大雞慢啼，家長不必在意（C）若為發聲上的缺陷，及早請專科醫生治療（D）輔導孩子大聲說話即可改善。（88.保甄）

（A）152.下列何者為較適合幼兒飲用之湯點？（A）玉米濃湯（B）酸辣湯（C）珍珠奶茶（D）酒釀湯圓。（88.保甄）

（D）153.下列何種玩具的結構性（structure）最高？（A）積木（B）沙（C）黏土（D）拼圖。（82.幼師；88.保甄）

（C）154.蒙特梭利認為幼兒智能發展的基礎在（A）生活教育（B）科學教育（C）感覺教育（D）數學教育。（86.保甄）

（B）155.最早提出以幼兒為本位思想的幼教先趨是（A）培斯塔洛齊（B）盧梭（C）福祿貝爾（D）蒙特梭利。（86.保甄）

（C）156.下列敘述何者為非？（A）皮亞傑認為幼兒對數字保留概念的建立必須到6、7歲左右才會較成熟（B）運思前期中幼兒的注意力呈現局部集中的狀態（C）蒙特梭利認為幼兒不能擁有太多的自由（D）兒童語言發展的巔峰期是在1歲半至3歲左右。（86.保甄）

（A）157.皮亞傑所謂具體運思前期是指：（A）2～7歲（B）出生至2歲（C）7～11歲（D）10～15歲。（86.保甄）

（D）158.幼稚園中最常見的意外事件為：（A）燙傷（B）骨折（C）扭傷

（D）跌傷。（86.保甄）

（B）159.下列有關福祿貝爾的敘述何者爲非？（A）強調幼兒教育中父親所扮演的角色（B）著有「愛彌兒」一書（C）著有「人的教育」一書（D）主張萬物具有神性。（86.保甄）

（B）160.兒童畫中蝌蚪人大約出現於何時期？（A）1歲半～2歲半（B）3～5歲（C）5～9歲（D）2歲半～3歲。（86.保甄）

（C）161.購買玩具時，最好選擇有何種標誌的玩具？（A）WTO（B）GMP（C）ST（D）CAS。（86.保甄）

（C）162.首先主張兒童應順乎自然的教育學家是：（A）培斯塔洛齊（B）蒙特梭利（C）盧梭（D）康門紐斯。（86.保甄）

（A）163.以下何者畢生從事貧民孤兒的教育？（A）培斯塔洛齊（B）杜威（C）蒙特梭利（D）盧梭。（86.保甄）

（D）164.下列何者是進行團體活動的主要意義？（A）老師講解單元的有關概念（B）幼兒練習注意聽講、遵守常規（C）便於教室的管理和秩序的維持（D）幼兒與人分享共同的經驗。（85.保甄）

（C）165.下列何者不宜是幼兒戶外教學前的準備工作？（A）預備醫藥箱（B）與幼兒討論預測戶外可能看到的事物（C）多準備糕點糖果，讓幼兒在戶外食用（D）查看戶外教學的場地。（85.保甄）

（B）166.幼兒安全教育的實施重點是：（A）限制幼兒的戶外遊戲（B）輔導幼兒使用工具或器材的安全動作（C）減少戶外教學，多在室內活動（D）危險事件發生時，再隨時予以阻止。（85.保甄）

（D）167.老師引導幼兒進行團體討論，下列何者是適宜的說話？（A）我看誰最注意聽老師說（B）小芳坐得最好，我最喜歡他，請他說說看（C）那位小朋友動來動去，就不讓他說（D）我看到那位小朋友舉手，就請他說說他的想法。（84.保甄）

（C）168.幼稚園的作息時間是：（A）不必訂定的（B）固定不可改變（C）可彈性運用（D）僅供評鑑用的。（84.保甄）

（D）169.下列何者是開放式的遊戲材料？（A）穿珠（B）拼圖（C）嵌板（D）麵粉團。（83.84.保甄）

（D）170.幼兒走平均台，主要是發展哪一種動作能力？（A）協調性（B）

柔軟性（C）敏捷性（D）平衡性。（84.保甄）

（C）171.下列何者不是幼兒環境教育的主要內容？（A）清理教室（B）種植花木（C）多記誦各種花草樹木的名稱（D）飼養小動物。（84.保甄）

（A）172.下列哪一種教具，常具有自我糾正的功能？（A）拼圖（B）認字圖卡（C）迷宮圖卡（D）分類卡。（84.保甄）

（D）173.益智角的設備較難達成下列哪項教學目標？（A）促進手眼協調（B）增進視聽覺辨認能力（C）提升注意力（D）增進大肌肉功能。（84.保甄）

（C）174.幼兒的運動遊戲方式，下列何者為宜？（A）多採用競賽的方式（B）常排隊等待輪流進行團體遊戲（C）多利用戶外的體能器材，自由遊戲（D）重複練習身體的動作技能。（84.保甄）

（B）175.幼兒對於自己塗畫出來的東西，給予象徵性語言的說明，大約是在幾歲時？（A）3歲至5歲（B）2歲半至3歲（C）1歲至2歲半（D）1歲至1歲半。（84.保甄）

（A）176.幼兒在下列哪一個遊戲角玩時，常產生戲劇遊戲？（A）大積木角（B）美勞角（C）益智角（D）圖書角。（84.保甄）

（B）177.嬰兒約從幾個月開始，會不斷地發出一連串的聲音，稱之為呀語期？（A）一個月（B）三個月（C）六個月（D）九個月。（83.保甄）

（D）178.福祿貝爾主張幼稚園最重要的課程為：（A）語文（B）音樂（C）工作（D）遊戲。（83.保甄）

（C）179.幼兒經常好問問題，老師的啓發方式宜是：（A）告訴幼兒正確的答案（B）讓幼兒回家去問父母或兄姊（C）引導幼兒如何探詢答案（D）反問幼兒其他類似問題。（83.保甄）

（C）180.在幼教機構中，輔導幼兒最重要的項目是：（A）才藝教學（B）倫理教學（C）良好生活習慣（D）雙語教學。（83.保甄）

（D）181.添加嬰兒副食品的順序何者較佳？（A）果汁→豆漿→碎肉→蛋黃（B）豆漿→果汁→碎肉→蛋黃（C）碎肉→蛋黃→豆漿→果汁（D）果汁→豆漿→蛋黃→碎肉。（83.保甄）

（D）182.音感鐘是蒙特梭利教具中的哪一類？（A）生活練習（B）音樂教具（C）語文教具（D）感覺教具。（83.保甄）

（C）183.下列哪一項是不安全的玩具汽車？（A）木製汽車（B）塑膠汽車（C）油漆木製汽車（D）厚紙製汽車。（83.保甄）

（B）184.兩位幼兒遊戲時，彼此之間有互動，而沒有共同的目標，稱之為（A）平行遊戲（B）聯合遊戲（C）合作遊戲（D）共同遊戲。（83.保甄）

（C）185.3、4歲的小班幼兒，較會出現哪一類遊戲？（A）功能遊戲（B）建構遊戲（C）規則遊戲（D）象徵遊戲。（83.保甄）

（A）186.關於幼兒運動遊戲的實施，下列敘述何者正確？（A）不可超越幼兒的能力（B）由使用過該器材的幼兒示範用法（C）最好採比賽的方式（D）像小學的體育課一樣，在規定的時間內實施。（83.保甄）

（C）187.按照幼兒的動作發展方向，幼兒對於自身肌肉的控制，開始於：（A）頸部（B）肩部（C）頭部（D）腰部。（83.保甄）

（A）188.幼教學者主張幼兒不宜太早執筆寫字是因：（A）幼兒小肌肉尚未發展（B）幼兒大肌肉尚未發展（C）幼兒大小肌肉皆未發展（D）幼兒大小肌肉皆已發展。（83.保甄）

（A）189.幼兒相信故事書中動物和樹木可互相對話，此乃因幼兒的哪一種認知特徵？（A）萬物有靈論（B）自我中心觀（C）直接推理（D）心理意象。（83.保甄）

（A）190.幼兒繪畫的塗鴉期，通常是在哪個年齡階段？（A）1歲半至2歲半（B）1歲至3歲（C）2歲半至4歲（D）2歲至3歲半。（83.保甄）

（A）191.幼兒反覆地抓取東西或無目的地操弄玩具，是屬於哪一類遊戲？（A）功能遊戲（B）建構遊戲（C）象徵遊戲（D）規則遊戲。（83.保甄；82.幼師）

（C）192.幼兒的繪畫開始逐漸和現實相連，通常是在哪個年齡階段？（A）1歲半至3歲（B）2歲至3歲（C）3歲至5歲（D）5歲至7歲。（82.保甄）

（A）193.幼兒的保留概念隨著年齡增長而發展，通常最先呈現哪種概念？（A）數目（B）長度（C）容量（D）重量。（81.保甄）

（A）194.安排幼兒在幼稚園或托兒所的作息時間，下列哪個方式不宜？（A）活動時間要固定並控制好（B）動靜活動相間搭配（C）提供幼兒各種不同的經驗（D）包含各類型的活動。（81.保甄）

（D）195.二、三個幼兒同在小肌肉操作區玩，但各玩各的，彼此間沒有互動關係存在，是屬何種遊戲？（A）合作遊戲（B）聯合遊戲（C）獨自遊戲（D）平行遊戲。（82.幼師）

（D）196.幼兒在發展書寫技能之前，需先具備什麼能力？（A）仿繪圖形（B）知覺能力（C）手眼協調（D）以上皆是。（82.幼師）

（B）197.為鼓勵幼兒思考，下列何者做法最好？（A）規定習題作業（B）供給抉擇機會（C）給予正確答案（D）少讓幼兒爭論。（82.幼師）

（A）198.輔導幼兒數鈕扣時，點數到最後一個鈕扣，其數目即為這堆鈕扣的個數，此為計數的什麼原則？（A）基數原則（B）數序原則（C）序列原則（D）對應原則。（82.幼師）

（B）199.在同一時間內研究不同年齡之嬰幼兒的發展，是在運用哪一種方法？（A）縱貫法（B）橫斷法（C）診斷法（D）個案研究法。（82.幼師）

（B）200.下列哪一個敘述較符合當代「讀寫萌發」（Emergent Literacy）概念下之語文教學？（A）讓幼兒唸誦兒歌讀本並向其解釋文意（B）讓幼兒塗、寫出生活中各樣經驗並分享其作品（C）經常使用識字圖卡，讓幼兒反覆練習（D）以上皆非。（82.幼師）

（A）201.幼稚園遊戲情境的組織與運作要能自然地引發和延續幼兒的遊戲，稱為：（A）轉換性（B）自發性（C）多樣性（D）互惠性。（82.幼師）

（C）202.當幼兒在紙上畫出沒有軀幹的「蝌蚪人」，是屬於繪畫能力發展的什麼期？（A）圖示期（B）塗鴉期（C）前圖示期（D）以上皆非。（82.幼師）

（D）203.依照幼兒的動作發展情況，下列何種動作通常最後出現？（A）

踏步動作（B）扶物站立（C）獨自上下樓梯（D）獨自走。
（82.幼師）

（D）204.下列玩具何者較無法促進幼兒的語文發展？（A）識字圖卡（B）
玩偶（C）扮家家酒玩具（D）七巧板。（82.幼師）

（D）205.下列何者不是幼兒學習的特徵？（A）具好奇心（B）模仿力強
（C）富想像力（D）注意力持久。（80.幼師）

（A）206.下列何者不是營養不良造成的直接影響？（A）肥胖症（B）智
力發展遲緩（C）友伴關係欠佳（D）注意力不易集中。（80.幼
師）

（B）207.幼兒的保留概念隨年齡的增長而發展，其最初期呈現的保留概念
為：（A）容量（B）數量（C）重量（D）面積。（80.幼師）

（C）208.下列有關托兒所作息時間分配的敘述，何者最正確？（A）每節
最好設定為50分鐘（B）每節上課科目應該固定排好（C）不必
硬性劃分時間（D）每節下課時間最好設定為15分鐘。（80.幼
師）

（C）209.在下列認知層次中，何者最高？（A）知識（B）理解（C）綜合
（D）分析。（80.幼師）

（A）210.下列何者是3、4歲幼兒的認知發展特徵？（A）自我中心（B）
具有保留概念（C）能抽象思考（D）有序列概念。（80.幼師）

（D）211.下列何者不是幼兒口吃的原因？（A）缺乏安全感（B）模仿學
習（C）緊張害怕（D）自我中心。（80.幼師）

（C）212.幼兒的興趣大多具有什麼特性？（A）正確的（B）長久（C）短
暫的（D）長短不一定。（80.幼師）

（D）213.下列哪一動作不適宜於5歲以下的幼兒？（A）投球（B）踢球
（C）垂直向上跳（D）雙腳輪流跳。（80.幼師）

（A）214.根據中國幼兒語言發展的研究結果，下列敘述何者最為正確？
（A）起初喜歡用重疊字，如抱抱、飯飯（B）先擅用動詞，才會
用名詞（C）先會用情境描述的形容詞，才會用物體特徵的形容
詞（D）先會用代名詞，才會用感嘆詞。（80.幼師）

第四章

幼兒行為
觀察與記錄

一分鐘提示

　　此章的重點在於觀察者的基本原則、觀察的方法、觀察紀錄的內容、觀察紀錄應注意的事項、專業幼教師的輔導原則。身為幼教師，能透過觀察瞭解幼兒在自然情境下所發生的任何行為，進而輔導、改善幼兒可能會有的偏差行為。本章歷屆出題雖不多，但都有考題出現，請把握每一個得分的機會。

重點整理

模擬試題

歷屆試題

重點整理

壹、幼兒行為觀察

一、意義

幫助觀察者瞭解幼兒行為，才能進行適切的輔導，進而幫助教學的進行；其層面包括：幼兒的興趣、能力、社會關係、語言發展，乃致找出問題行為的癥結。

二、研究和教學上的功能

1.產生假設或學說。

2.為事件提供真實描述。

3.深入瞭解幼兒行為。

4.為特殊問題提供解答。

5.評量。

貳、觀察者的基本原則

1.不隨便給孩子刺激。如果孩子的反應不是在自然的情境下產生，觀察紀錄不準確。

2.儘量坐下觀察，必要時可移動觀察。

①觀察者較輕鬆。

②觀察者較不會引起孩子的注意。

3.兩人同時觀察時，須選擇不同地點，以便討論、交換不同的看法和意見。

4.保持安靜。避免教師和幼兒分心。

5.不要妨礙教師的注意力，有問題下課再問。

6.描述要客觀。不加入個人的印象、成見、解釋和評價。

7.觀察紀錄的資料，全部都要保密和尊重。

參、觀察前的準備

1.觀察前可與被觀察對象聯絡或建立感情。

2.觀察前要決定所要採取的觀察行為和目的，再進行客觀的記錄。

3.準備紙、筆、錄音機、錶。

肆、觀察活動的項目

一、適合個別觀察項目

例行活動	穿衣、進食、吃點心、休息、上廁所、自由活動等。
室內遊戲	畫圖、玩沙、黏土、積木、娃娃家等。
戶外活動	跑、跳、滾等大肌肉活動。
特殊項目	語言、人際關係、社會行為、動作發展、與大人關係等。

二、適合觀察教學活動項目

學習環境和設備	1.教室氣氛如何？ 2.教師與學生人數。 3.教室的設備和教具。 4.戶外活動的設備、盥洗及廚房的設備。
課程（教學活動）	1.課程活動的安排。 2.課程活動的內容。 3.教學狀況： （1）教師教學方式。 （2）幼兒情況。 （3）教師處理問題行為的態度與方法。

伍、觀察法的特性

一、開放性和閉鎖性

1.開放性：此特性的觀察紀錄法保留了原始資料。

2.閉鎖性：此特性的觀察紀錄法是指對行為和事件發生當時的描述，無所謂原始資料，舉例：如果將「小昀和小希在娃娃家一起玩。」這樣敘述性的描述簡化成在檢核表上作檢核，原始資料就不見了。

二、選擇性程度

1.選擇性程度越高，記錄下來的行為越少。有如漁網的疏密，漁網越疏，漁獲越少。

2.選擇性程度越低，記錄下來的行為越多。漁網越密，漁獲越多。

此特性在於觀察者所要觀察和記錄行為的多寡。

三、推論的必要性

此特性乃在於根據直接觀察到的資料去下結論，而非直接觀察本身。例如，小昀向小希打招呼，小希沒有反應。觀察者可能會作以下的推論或解釋：

1.小希心不在焉。

2.小希身體不舒服。

3.小希在生小昀的氣。

4.小希在生別人的氣。

5.小希故意捉弄小昀。

陸、觀察的方法

一、正式（控制）觀察法

結構性高的觀察法，其要素包括：範圍界定要審慎；紀錄表建立要詳盡；觀察員間的內在信度要建立；記錄分析、解釋資料的步驟要熟練。

時間取樣法、樣本描述法、事件取樣法皆為正式觀察法，其內容如下：

（一）時間取樣法

其特性如下：

1. 觀察者以規律性或隨機性間隔，觀察、記錄某一事先設定時間內所出現的特定行為。

2. 選擇性的程度很高。

3. 如果保有行為發生的原始資料，則可視為開放性紀錄法，否則為閉鎖性紀錄法。

（二）樣本描述法

又稱為「採樣紀錄法」、「描述性的敘述法」或「流動性的行為紀錄法」。其特性如下：

1. 在某一特定情況下記錄所發生的一切事件，完整、客觀、具永久性。

2. 毫無選擇性、最大開放性、不需作任何推論。

（三）事件取樣法

其特性如下：

1. 記錄某一特定行為的發生次數，沒有時間的限制。

2. 對要觀察的行為本身有足夠的瞭解，才能適時適地觀察。

3. 對所要研究的行為，清楚、明白。

4. 對所要記錄的資料，確認、清楚。

5. 觀察前，設計方便使用的紀錄表。

時間取樣法、樣本描述法、事件取樣法的優缺點，如下表：

時間取樣法	優點：1.省時省力，比自然紀錄法更有效率。 2.能提供與量有關的結果，對個人或群體資料均可統計分析。 3.在短時間內，能蒐集大量的觀察。 4.可以不必在事前與被觀察者建立關係。 缺點：1.缺乏連續性，無法保持完整的行為體系。 2.缺少背景的完整性，沒有行為發生時的環境或情境資料。 3.缺少取樣事件的自然性，會造成觀察者期待或尋找適合的行為發生。 4.只針對發生頻率較高的行為或問題（大約每15分鐘至少要發生一次）。 5.行為的品質、行為與行為之間的相互關係較無法從資料中得知。
樣本描述法	優點：1.觀察容易，隨時隨地可觀察記錄，觀察時間也可長可短。 2.記錄方法簡單，且有連續性。 3.不需要準備觀察表或符號紀錄表，也不需要特殊的語言或專門性的術語。 4.是一種開放性的觀察法。 缺點：耗時、耗人力、耗經費，所得資料均須經過轉換、分析。
事件取樣法	優點：1.適用於觀察記錄「不經常的行為」。 2.可供研究行為和環境之間的關係。 缺點：由於記錄時中斷了行為的連續性，無法從資料中獲知詳細且完整的行為及其背景資料。

二、非正式（自然式）觀察法

結構性比較弱的觀察法。適用於教學設計和每日課程的運作上，或針對在自然的情形下，對立即且直接性的狀況所做的觀察。日記法、軼事紀錄法、評量表法皆為非正式觀察法。

（一）日記法

日記法又稱傳記法。為培斯塔洛齊於1774年所創，稱為「寶寶

傳記法」。其特性如下：

1.研究的對象通常是嬰兒，也是研究幼兒發展最早採行的方法。

2.是以日記的方式對幼兒所做的一段長時間的研究。

3.屬與開放性的觀察，基本上沒有選擇性。

（二）軼事紀錄法

軼事紀錄法是教師們常用的非正式觀察法。其特性如下：

1.記錄觀察者認為值得記錄的行為，並不限於剛發生的行為。

2.如果此行為不是經常出現的行為，則要做進一步的推論或解釋。

3.屬於開放性的觀察，有高度的選擇性。

（三）評量表法

評量表法用途多，容易使用。可分為兩類：

1.靜態的描述項目：將要記錄的項目，諸如：年齡、性別、社經水準、物理環境的特性、時間等作分類。

2.活動式評量表法：在觀察時段內，鎖定特定行為記錄。其特性如下：

（1）此觀察法能顯示一些現象是否出現。採購單及出席紀錄表即屬此類。

（2）屬於閉鎖性的觀察法，有高度的選擇性，須作推論。

日記法、軼事紀錄法、評量表法的優缺點，如下表：

日記法	優點：1.細節提供翔實，資料永久。 　　　2.行為有連續性，故發展有其前後順序，不宜遺漏。 　　　3.較易獲得幼兒行為發展與環境之間的關係。 缺點：1.觀察者須與嬰兒保持長時間的接觸和親密的關係，時間和資源耗費太多。 　　　2.樣本太少，觀察會有偏見，難做有意義的推論。
軼事記錄法	優點：1.記錄最容易，不需特別安排時間，情境，沒有範圍限制。 　　　2.資料詳細。

軼事記錄法	缺點：1.容易使用，但卻不易撰寫。 2.易受個人偏見的影響，選擇所要記錄的行為。
評量表法	優點：1.研究範圍廣泛。 2.易於分析資料、個別差異比較。 3.使用方便，省時省錢。 缺點：1.被評量者可能被高（低）估。 2.為避免評量過於極端、選擇中間答案的結果，而有集中趨勢的現象。 3.會有近似、對比、邏輯上的錯誤。 4.會有月暈現象。當評量時，會受到不完全因素的影響，導致錯誤的判斷。例如：某人知其姊愛哭，便聯想其妹也愛哭。

柒、觀察記錄的內容

1.週遭人、事、物及環境的描述。

2.幼兒本身、幼兒與其他幼兒之間的互動、幼兒與老師們的互動，記錄其相處的情形、面對問題的處理、行為特質和情緒反應。

3.記下幼兒參與活動的種種，包括他的喜惡、表現和在團體中的地位。

4.記下所有要發生但沒有發生的事。

捌、觀察記錄時應注意事項

1.善用眼、耳、手、時間、地點，作觀察、作記錄。

2.觀察記錄要客觀，避免有自己的偏見和主觀的看法。

3.以幼兒的角度看問題，記錄才不會因受常模影響而偏失。

玖、幼兒園所常發生的困擾問題

一、園所可能發生的困擾問題

（一）問題❶幼兒不想上學，來到學校，只要媽媽一離開，就又哭又

鬧。

建議：

- 拍拍背、握握手、抱抱他，同時和他說說話，表示關心他。
- 幫助他與其他幼兒建立人際關係。
- 又哭又鬧時，轉移他的注意力。
- 教學活動要適合幼兒的能力和興趣。

（二）問題❷當幼兒不時地跟在老師後面寸步不離時。

建議：

- 先讓他跟著，找些事或給一些簡單的指示讓他做，如果做好了，就鼓勵他。
- 安排和鼓勵班上幾位較活潑的幼兒和他做朋友。
- 每隔一段時間，老師就和他說說話，讓他感受老師的關心，再鼓勵他參與活動。

（三）問題❸有的幼兒愛哭，別人不小心碰到他時，會哭；不想喝牛奶時，也哭；看到他時，眼中經常帶著淚。

建議：

- 找出原因。
- 讓他知道，哭是不能解決事情的，除非用口說出要做的事，老師是無法幫助他的。
- 每當他用口敘述或說明時，要鼓勵他。
- 注意他是在什麼情況下會哭，再教導他如何應付這樣的情況。

（四）問題❹有的幼兒愛說髒話。

建議：

- 追查髒話的來源，情況特殊時，也許需要個別輔導。
- 溫和且平靜的告訴幼兒：「這種話不好聽，老師和小朋友都不喜歡聽。」
- 不要顯出震驚或威脅他。
- 可以採取剝奪權益的方式，如：請他休息一下。

（五）問題❺「老師！阿昌打我！」「老師！小玲咬我！」有的幼兒

　　　攻擊性特別強。

　　建議：

　　・安排課程要緊湊有趣，隨時讓幼兒有事做。

　　・避免讓幼兒從攻擊活動中獲得鼓勵。

　　・教導他如何使用適當的言語來解決問題。

　　・教師以身作則，用合理、合作和非攻擊性的方式來處理幼兒的糾紛。

（六）問題❻有的幼兒喜歡模仿殘障者。

　　建議：

　　・若當面模仿，要求幼兒及時向對方道歉。

　　・找機會述說一些殘障者的故事，讓他們瞭解殘障的原因和困難。

　　・利用角色扮演，設計有關的活動或單元。

　　・拜訪孤兒院或育幼院。

（七）問題❼有的幼兒會把學校的玩具帶回家，或拿別人的東西。

　　建議：

　　・利用故事、語言或機會教育，教導幼兒「所有權」的概念。

　　・在幼兒的用品上寫上幼兒的名字，在公用物上則寫上幼稚園的名稱和編號。

　　・強調用完東西要放回原位。

二、課堂上可能發生的困擾行為

（一）行為❶上課時間到了，有些幼兒還在到處遊蕩。

　　建議：

　　・不強迫他，讓他有點時間認識老師、小朋友和周圍設備。

　　・安排動、靜活動要得宜，要有趣，以吸引幼兒的注意力。

（二）行為❷說故事的時間到了，有的幼兒會說：「我要玩玩具，我不要聽故事。」

　　建議：

　　・讓他知道你能瞭解他玩的興致正高，也接納他的感受。

‧強調現在要做的事，並告訴幼兒再玩玩具的時間。

（三）行為❸團體討論時，有的幼兒會舉手說：「老師！我要小便。」
　　　　「老師！我要喝水。」「我肚子疼，要上廁所。」

建議：

‧每次集合前，提醒幼兒上廁所、喝水。

‧注意討論時間是否太長、乏味。

‧仔細觀察幼兒，看看是否有不舒服的症狀。

‧如果發現是藉口，先可不理會，但若吵鬧不休，就請他忍耐
　一下。

（四）行為❹有的幼兒不肯安靜聽講，老是和鄰座的幼兒拉拉扯扯。

建議：

‧讓他坐在老師容易看到的地方，偶而以眼神、表情讓他知道
　老師在注意他。

‧讓他和比較安靜的幼兒坐在一起。

‧問他問題，請他為小朋友服公務，諸如：發東西等，讓他有
　機會發洩體力。

‧動靜活動安排要恰當，討論時間不宜太長，活動要有趣，能
　吸引幼兒。

（五）行為❺有的幼兒老是想拿老師要用的圖片或別的東西。

建議：

‧讓他知道在教室裡哪些東西可以自由使用，哪些東西使用前
　要得到老師的許可。

（六）行為❻有的幼兒只坐在一旁看別人唱歌表演，自己不唱也不
　　　　演。

建議：

‧瞭解原因。

‧鼓勵他小聲唱，適時地誇獎他。

‧看看教材是否富變化，時間安排是否合宜。

（七）行為❼有的幼兒玩具玩完了、工作做完了，卻不肯收拾玩具和
　　　　用具，就跑了。

建議：

‧應事先建立行為標準。

‧找他回來，溫和堅定地再把行為標準告知一次。

‧在他未收拾好以前，不准他玩任何玩具或設備。

‧讓他知道，如果不會收拾，下次就沒有資格玩。

（八）行為❽有的幼兒會拿工具敲、碰別的幼兒。

建議：

‧使用任何工具前，要說明使用的方法。

‧讓幼兒明白某些工具的危險性。

‧讓幼兒明白工具要愛惜，否則沒有資格使用，且要確實執行。

（九）行為❾有的幼兒在台下說話很大聲，在台上就變得很小聲。

建議：

‧藉故事或活動讓幼兒瞭解什麼時候該大聲說話，什麼時候該小聲說話。

‧平時多鼓勵幼兒改變其行為。

（十）行為❿有的幼兒看見別人在玩玩具，就去搶過來。

建議：

‧讓他學習與人溝通、協調的方法，例如：「我們一起玩好嗎？」或者「等一下借給我玩好嗎？」

‧教導幼兒學習輪流和等待，在等待時，可以玩其他的玩具，或者數一、二、三、四。

（十一）行為⓫有的幼兒常會問：「我媽媽什麼時候來？我什麼時候回家？」

建議：

‧告訴他，媽媽現在可能在做什麼。

‧向他保證，媽媽一定會來。

‧讓他知道在哪些活動結束後就可以回家。

拾、（非）專業幼教老師的行為反應

專業與非專業幼教老師行為差異請參考下表：

	行為差異
專業幼教師	1.遇到問題或困擾時，能運用專業知識及可靠的見解作判斷。 2.凡事以幼兒的長遠發展利益為著眼。
非專業幼教師	1.遇到問題或困擾時，以能在最短時間內解決為首要。 2.凡事並非以幼兒的長期發展利益為目標。

模擬試題

（　）1.小昀是個聰明可愛的孩子，他的弟弟一定會和他一樣，此種效應我們稱為：（A）月暈效應（B）增強效應（C）減弱效應（D）強化效應。

（　）2.作為觀察者應具備下列何種基本素養？（A）應將觀察所得資料公開（B）應將觀察所得所有資料保密（C）將觀察所得資料，到處與人協談，才能找到問題（D）得到第一手資料實屬難得，應趕快讓大家知道。

（　）3.下列哪一種觀察法需要與幼兒較長時間且持續性的接觸？（A）日記法（B）評量表法（C）事件取樣法（D）時間取樣法。

（　）4.當小云和小希吵架時，下列何者最符合專業幼師的行為？（A）追究吵架的原因（B）要二人到旁邊思過（C）教師在旁觀察，讓二人自行解決（D）喝止二人，停止吵架。

（　）5.幼兒的行為觀察記錄在下列哪方面較具功能？（A）教學、著作（B）著作、研究（C）研究、教學（D）以上皆是。

（　）6.下列何者為正確觀察記錄內容？（A）小平非常生氣的臭罵小華（B）小華罵了小平，小平哭了（C）小平故意踢小華，小華哭了

（D）小平好像不小心踢倒小華，小華哭了。

（　）7.下列哪一種觀察法較無法做有意義的推論？（A）日記法（B）時間取樣法（C）事件取樣法（D）樣本描述法。

（　）8.下列何者為觀察者的基本原則？（A）不妨礙教學，保持安靜（B）站著移動觀察（C）保持安靜、站著觀察（D）不要刺激被觀察者，一發現問題立即發問。

（　）9.當教師安排的活動沒有趣味、無法吸引幼兒時，幼兒可能會出現哪些行為？（A）坐立不安（B）和鄰座幼兒講話（C）到處遊蕩（D）以上皆是。

（　）10.哪一種觀察法比較有月暈效應？（A）時間取樣法（B）日記法（C）評量表法（D）樣本描述法。

（　）11.傳記法即所謂的（A）日記法（B）時間取樣法（C）樣本描述法（D）評量表法。

（　）12.下列何者為觀察時所須工具？（A）錶、紙、筆（B）紙、筆（C）紙、筆、錄音機（D）紙、筆、錄音機、錶。

（　）13.小希已經向小昀表明他想騎三輪車的慾望，但小昀還是不肯讓小希騎，下列處理方式何者錯誤？（A）請小希試著先玩別的玩具，等待時機再協調（B）請小希去搶回三輪車（C）請小希再嘗試用不同的方法去和小昀協調（D）老師以會話技巧扮演「溝通人」角色參與協調。

（　）14.觀察紀錄過程中，下列何者最為忌諱？（A）刺激幼兒讓其反應（B）記下問題課後發問（C）幼兒太乖沒有反應（D）坐下觀察時移動視線。

（　）15.又稱「寶寶傳記法」的日記法於1774年由誰所創？（A）福祿貝爾（B）盧梭（C）蒙特梭利（D）培斯塔洛齊。

（　）16.敘寫觀察記錄應包含下列何種內容？（A）引起動機的刺激（B）幼兒的反應（C）人、事、物（D）以上皆是。

（　）17.小昀有攻擊行為，當我們想瞭解其攻擊動機或原因時，採用下列哪一種觀察法最適當？（A）日記法（B）評量表法（C）樣本描述法（D）事件取樣法。

（　）18.進行觀察前，應先決定下列何者？（A）被觀察者人數（B）觀察行為（C）被觀察者（D）被觀察者、觀察行為、目的。

（　）19.有關專業幼教師的敘述，下列何者正確？（A）專業幼教師有原則，對不同幼兒以相同方式處理（B）專業幼教師能再最短時間內立即阻止幼兒行為，很具權威性（C）專業幼教師不能有彈性的處理幼兒行為（D）專業幼教師處理幼兒問題，較以幼兒長遠發展著眼，具彈性。

（　）20.屬於事實記錄的觀察記錄是何者？（A）小花不和小婷說話，小婷哭了（B）小花看起來不太高興（C）小花好像不喜歡小婷（D）小花因為討厭小婷，才不和小婷說話。

（　）21.下列何種觀察法在觀察記錄前不須與被觀察者先建立關係？（A）樣本描述法（B）時間取樣法（C）日記法（D）以上皆是。

（　）22.下列何種觀察法，其觀察所得資料適用於分析和研究？（A）樣本描述法（B）日記法（C）時間取樣法（D）以上皆是。

（　）23.下列何者最好不要在觀察記錄的內容裡？（A）固定模式、主觀偏見（B）觀察時的情境（C）幼兒當時生氣的表情、動作（D）事實的描述。

（　）24.下列何者為觀察前所應準備事項？（A）決定觀察的行為、目的（B）決定被觀察者（C）備妥觀察所須工具（D）以上皆是。

（　）25.想瞭解某一位幼兒在特定時間所發生的事及其次數，應採取下列哪一種觀察法？（A）時間取樣法（B）樣本描述法（C）日記法（D）事件取樣法。

（　）26.內容屬於推論的觀察記錄為下列何者？（A）小花可能故意打破花瓶，以引起老師注意（B）小希打小花，小花還手（C）小希跑進教室，打了小花（D）小希踢倒桌子，打破桌上的花瓶。

（　）27.觀察者觀察的基本原則為何？（A）觀察過程能保持安靜（B）觀察時能坐下觀察，不妨礙教師注意力（C）不隨便於觀察中刺激幼兒。

（　）28.下列哪一種觀察法最省時、省力，又比自然紀錄法更有效率？（A）日記法（B）評量表法（C）時間取樣法（D）事件取樣法。

（　）29.當幼兒每次以哭鬧來得到他想要的事物時，你認爲下列何項處理方式最正確？（A）告訴他哭不能解決事情，不要哭了（B）請他哭完後再來說他的需要（C）哭就給他想要的東西，他就不哭了（D）不要理他是最好的方法。

（　）30.觀察記錄應包含下列哪些事情的描述？（A）環境的描述（B）引起幼兒反應的刺激（C）與幼兒、老師的關係（D）以上皆是。

（　）31.哪一種觀察法較無法確立行爲與行爲間的相互關係？（A）時間取樣法（B）日記法（C）樣本描述法（D）以上皆是。

（　）32.小昀常在活動過程中，在活動室到處遊蕩，你認爲是下列何種因素造成？（A）小昀不知道自己喜歡什麼活動（B）小昀的專注力不夠（C）活動的內容不能吸引小昀（D）以上皆是。

（　）33.下列哪一種觀察法較適合由父母來做？（A）事件取樣法（B）日記法（C）樣本描述法（D）時間取樣法。

（　）34.新生剛入園，哭鬧不休，下列何項處理教恰當？（A）請媽媽陪他幾天，等其熟悉環境後，才讓他自己上學（B）請他自己到玩具室玩玩具（C）請他到外面，以免感染其他幼兒（D）請媽媽天天陪他上學。

（　）35.觀察者對一群屬性相同的人，使用相同的問卷，再將所得到的資料分析、比較其個別差異，此種觀察法爲：（A）時間取樣法（B）評量表法（C）樣本描述法（D）事件取樣法。

（　）36.小希每次畫圖時，都將圖案畫在紙的左下角，其他處皆空白，老師應以下列何種方式引導他將紙畫滿？（A）告訴小希：「你畫得眞好，只可惜太小了。」（B）請小希以後把圖案畫大一點（C）請小希在空白處加入其他的圖案（D）拿小一點的紙讓小希畫。

（　）37.觀察前要明確地界定所要研究的行爲是下列的哪一種觀察法？（A）傳記法（B）日記法（C）事件取樣法（D）樣本取樣法。

（　）38.時間取樣法與事件取樣法，最大的不同點是什麼？（A）時間限制（B）被觀察者的人數（C）記錄項目（D）量化。

（　）39.最容易因量化而達到研究目的的觀察法是下列何者？（A）事件取樣法（B）樣本描述法（C）日記法（D）以上皆是。

（　）40.當三歲的小昀把學校的玩具帶回家時，你覺得是什麼原因？（A）小昀想把玩具帶回家給弟弟看（B）小昀沒有物權觀念（C）因為小昀喜歡所以把玩具帶回家（D）以上皆是。

（　）41.觀察本身很容易，但所得的資料需要經過轉換、分析，耗費人力、金錢的觀察法為：（A）時間取樣法（B）評量表法（C）事件取樣法（D）樣本描述法。

（　）42.在團體討論時間，幼兒找藉口不參加討論時，下列何種方式處理較適宜？（A）請你到外面去，以免影響活動進行（B）這樣會讓老師不喜歡你（C）是否討論時間太長，太長則儘快結束（D）告訴他這是讓人討厭的行為。

（　）43.便於分析資料、比較個別差異的觀察法為：（A）評量表法（B）日記法（C）樣本描述法（D）時間取樣法。

（　）44.小希常淚眼汪汪地報告所受到的委屈，教師應如何改變他的這個習慣？（A）告訴他愛哭的小孩子沒人喜歡，最好不要再哭了，否則老師也不理你了（B）當小希眼淚汪汪時，暫且不理他，等他不哭了才理他（C）不要理，他自然就會改變（D）趕快安撫他。

（　）45.對於幼兒行為的反應，專業幼教師通常會採用下列哪一種方式？（A）馬上停止紛爭並立即處罰（B）迅速下判斷，馬上阻止幼兒紛爭（C）迅速下判斷，馬上解決幼兒紛爭（D）迅速下判斷，並協助幼兒學習相關技巧。

（　）46.為避免幼兒拿著工具亂敲，教師應以何種方式處理較恰當？（A）讓幼兒在教師的監視下使用該工具（B）示範工具的正確使用法（C）規定幼兒不准拿（D）將工具放在幼兒拿不到的地方。

（　）47.小昀的成績全校排名第一，因此我們推斷小昀的弟弟成績也一定很好，此乃何效應（A）比較效應（B）類推效應（C）連鎖效應（D）月暈效應。

（　）48.研究範圍層面最廣的觀察法為下列何者？（A）評量表法（B）樣本描述法（C）日記法（D）以上皆非。

（　）49.如果你聽到老師對幼兒說：「如果你幫忙搬椅子，就送你一張貼

紙」此種行爲稱爲（A）增強（B）威脅（C）賄賂（D）獎勵。

（　）50.讓幼兒從遊戲中學習輪流、克服困難等技巧，可增進幼兒哪一方面的能力？（A）領導（B）氣質（C）社交（D）語言。

（　）51.時間取樣法會受到哪些因素而影響記錄的結果？（A）觀察記錄用格式（B）行爲發生頻率（C）觀察者特質（D）觀察者與被觀察者的熟悉度。

（　）52.當小明、小華正爲騎扭扭車爭吵時，教師應如何處理較恰當？（A）剝奪小明、小華騎扭扭車的權益（B）先瞭解爭吵的經過，再協調小明、小華（C）請年齡較大的讓年齡較小的騎（D）請小明、小華到旁邊思過。

解答

1.（A）2.（B）3.（C）4.（C）5.（C）6.（B）7.（A）8.（A）9.（D）
10.（C）11.（A）12.（D）13.（B）14.（A）15.（A）16.（D）17.（A）
18.（D）19.（D）20.（A）21.（B）22.（C）23.（A）24.（A）25.（A）
26.（A）27.（A）28.（C）29.（B）30.（A）31.（A）32.（A）33.（B）
34.（A）35.（B）36.（C）37.（C）38.（A）39.（A）40.（D）41.（D）
42.（C）43.（A）44.（B）45.（D）46.（B）47.（D）48.（A）49.（C）
50.（C）51.（B）52.（B）

歷屆試題

（B）1.當家長連續多日未將幼兒接回，又無法連絡其他親友時，下列何種處理方式最爲適宜？（A）基於愛心原則，繼續收托幼兒（B）立即向警方報案，請求協助（C）直接將幼兒送往育幼院（D）宜公開徵求愛心家長，以收養幼兒。（90.日專）

（A）2.某位小朋友早上進園，對教保人員微微一笑，沒有說話，此時教保人員應採的適當反應爲：（A）對小朋友微笑，並說：「×××，早。」（B）對小朋友微笑，並說：「×××，你忘了說早安囉！」

（C）對小朋友點頭，並說：「×××，你應該說什麼呀！」（D）
對小朋友扮鬼臉，並說：「×××，我是誰？」。（89.四技商專）

（D）3.幼兒爭搶玩具時，教保人員最適宜的處理方式為：（A）「猜拳，
贏的人先玩，這樣最公平」（B）「不要搶，排隊輪流玩」（C）
「唉！真傷腦筋，又要我來當裁判分配」（D）「想一想，有啥好方
法大家都玩得到玩具」。（89.四技商專）

（C）4.想瞭解某一幼兒在早上角落操作時間內所發生的攻擊行為情況，應
採哪一種觀察法？（A）軼事紀錄法（B）樣本描述法（C）時間取
樣法（D）事件取樣法。（89.四技商專）

（C）5.當妳聽到「老師，強強把我的積木踢倒了！」這樣的申訴時，妳應
該做怎樣的思考比較有建設性？（A）孩子的常規不佳，該讓他們
學會互相包容（B）強強的家教不好，我要跟他父母談談（C）為
什麼會踢到積木？是我設計、規劃的環境出了問題嗎？（D）我要
告訴申訴者打小報告是不適宜的。（88.四技商專）

（C）6.專業的教保人員在對幼兒說話時，不會出現什麼肢體語言？（A）
蹲下身子，與幼兒視線平行（B）肯定、溫柔的表情（C）雙手交
叉胸前（D）平靜、自然的聲音。（88.四技商專）

（D）7.甲童個性溫順、斯文且敏感；乙童生性好動、莽撞。兩者經常因乙
童的行為而有爭執，致使甲童於夜間睡夢中會做惡夢驚醒，經家長
反應，保育員該如何處置較妥當？（A）明白聲明，禁止乙童接近
甲童（B）不予理會，幼兒自會有其解決之道（C）先訓示乙童，
在任其進行遊戲（D）暗中注意兩者的互動，並適時介入指導。
（88.四技商專）

（A）8.主角：小班的甲、乙童；場景及過程：角落時間，此兩童在益智角
玩同一種玩具，因數量分配不均，而致互相以口語責難，繼而相互
抓扯衣服、頭髮。若你是該班保育員，哪一種化解衝突的方法是你
不會採取的？（A）從旁觀察，暫不介入（B）先拉開兩人，避免
雙方再受到傷害（C）引導孩子說出當時的情緒感覺（D）提供可
令他倆均滿意的適當解決方式。（88.四技商專）

（A）9.客觀、翔實的觀察記錄，其功能在：①作為改善教學活動的參考；

②作爲改變環境設計的參考；③瞭解幼兒各方面的發展；④與幼兒父母溝通時使用。以上敘述，何者正確？（A）①②③④（B）①③④（C）②③④（D）①②④（88.四技商專）

（C）10.對學習活動中游離幼兒的輔導，下列何者不適當（A）讓他選擇是否回座位，若不願回座位，就把椅子收起來（B）讓他知道如果不回來，就會失去好玩的機會（C）強制要求回座位，否則將處罰他（D）不理他，但儘量使活動有趣吸引他。（86.四技商專）

（B）11.下列關於幼兒行爲觀察的記錄，何者最適宜？（A）瑋瑋在說故事時，表達能力不太好（B）瑋瑋在積木角，用腳踢倒了小珊的作品（C）瑋瑋在娃娃家玩戲劇遊戲時，故意攻擊祥祥（D）瑋瑋是個問題小孩，常常造成老師的困擾。（84.四技商專）

（A）12.小新搶了小涵正在玩的玩具車，二人因而打起來，教保人員的處理方式，下列何者最不宜？（A）暫時沒收玩具車（B）建議小新先玩別的玩具（C）和二人共同討論解決辦法（D）建議二人輪流使用。（84.四技商專）

（C）13.下列何種輔導策略，較容易讓幼兒學習爲自己的行爲負責？（A）積極演練（B）獎賞（C）合理行爲後果（D）代幣制。（84.四技商專）

（A）14.進行兒童行爲觀察時，下列敘述何者不合宜？（A）遇有問題或疑問時，應立即請教班級教師（B）二人同時觀察時，須選擇不同的地點（C）不主動引起孩子的注意或逗孩子（D）儘量坐下觀察，必要時可移動觀察。（83.四技商專）

（B）15.下列測驗學前幼兒的注意事項，何者錯誤？（A）舉行測驗時應謝絕參觀（B）主試者事先不應與幼兒接觸（C）幼兒測驗約需30～40分鐘（D）計分時須避免「月暈」效果。（83.四技商專）

（C）16.下列何者不是幼兒教師所須扮演的角色？（A）問題行爲的輔導者（B）課程規劃的設計者（C）特殊兒童的診斷者（D）幼兒糾紛的協調者。（83.四技商專）

（B）17.關於幼兒常規的指導，下列哪一句話不是良好的指導語？（A）「玩具大家輪流玩，不可以用搶的。」（B）「你難道不知道搶別人

的玩具是壞孩子嗎？」（C）「玩具搶壞了，大家都沒得玩了。」（D）「你搶了他的玩具，他會很傷心的，你可以向他借啊！」（82.四技商專）

（C）18.輔導幼兒學習一種動作技能時，父母要：（A）安排進度表，以便督促和要求（B）與其他幼兒比較，來要求自己的孩子（C）先讓幼兒練習一段時間，等幼兒需要旁人輔導時，才幫助他（D）不斷的糾正。（82.四技商專）

（C）19.下述何種作法會妨礙學校爲幼兒營造一個健康的心理環境？（A）有愛心的關懷及耐心的指導（B）尊重幼兒的想法（C）以成人的標準去要求幼兒（D）提供有利於幼兒自動自發學習的環境。（82.四技商專）

（A）20.2～3歲三的孩子喜歡問「爲什麼」，教師對幼兒的發問應如何處裡？（A）細心地傾聽，認眞地回答，並可以反問（B）重複幼兒的問話，並以兒語回答（C）幼兒明知故問，教師可不予理會（D）教導幼兒應該「多聽話，少發問」。（82.四技商專）

（D）21.輔導幼兒動作的發展，下述哪一種作法不適當？（A）注意幼兒健康狀況（B）提供豐富的遊戲器材（C）激發幼兒活動的動機（D）幫幼兒做好幼兒做起來不靈活的事情。（82.四技商專）

（A）22.對於進餐中好動、頑皮的幼兒，如何處理較好？（A）隔離座位（B）立即罰站（C）大聲指責（D）這餐不准再吃。（82.四技商專）

（C）23.語言發展過程中，幼兒獲得母語的文法規則是經由（A）父母耐心的教導文法（B）工具式制約學習（C）自己先建構暫時性文法，再自行修正（D）古典式制約學習。（82.四技商專）

（A）24.當父母或教師發現幼兒有錯誤的語句時，應該（A）就幼兒所要傳達的訊息內容加以回答（B）認眞地矯正幼兒的語句、語法（C）等幼兒說出正確語句時再予以反應（D）告訴他以後不可以再犯同樣的錯誤。（82.四技商專）

（B）25.輔導幼兒繪畫的發展，下述哪一種作法不適當？（A）供給紙、筆以滿足塗鴉的欲望（B）告訴幼兒「畫得很像」或「畫得不像」

（C）提供豐富的視覺刺激（D）介紹不同的繪畫方法以引發畫圖的興趣。（82.四技商專）

（D）26.當幼兒興緻正濃的在騎木馬，而母親要催促他趕快上床睡覺，此時應如何處理較好？（A）讓孩子繼續玩到他不想玩（B）告訴孩子如果立刻下來，就給與餅乾（C）強迫孩子立刻停止騎木馬（D）告訴孩子再玩3分鐘就要下來準備睡覺。（82.四技商專）

（B）27.以日記法研究幼兒的生長及行為發展係屬何種觀察法？（A）控制觀察法（B）自然觀察法（C）參與觀察法（D）間接觀察法。（81.四技商專）

（D）28.近日兒虐事件頻傳，在托育機構中，若有孩子曾受到性虐待，其行為指標，下列何者描述較不適當？（A）極端不願參與體能活動（B）呈現奇特、複雜或不尋常的性知識或性行為（C）強烈拒絕前往照顧者家中（D）有嬰幼兒成長衰竭症候群。（88.嘉南、高屏夜專）

（B）29.對於「結構式的觀察」方式，下列描述何者較不適當？（A）有明確的觀察項目（B）多以描述的方式寫觀察記錄（C）所得資料可量化（D）對觀察的時間和進行的程序計畫清楚。（88.嘉南、高屏夜專）

（C）30.在「幼小銜接」的親職教育座談會上，應宣導予家長的觀念，以下何者不正確？（A）須注意孩子的心理變化，聽其心情，並分享新環境的故事（B）第一天可與孩子一起去，減少分離焦慮（C）要先送禮物給小學老師，請他多注意自己的孩子（D）對於新環境的變化，要給予孩子事先的心理建設。（88.嘉南、高屏夜專）

（A）31.在「電視節目分級收視」規定中，下列描述何者最為正確？（A）普級：一般觀眾皆可欣賞（B）護級：6～12歲需成人陪伴觀賞（C）輔級：12歲以下不得觀賞（D）限級：未滿20歲不得觀賞。（88.嘉南、高屏夜專）

（D）32.假如觀察者知道小光具攻擊性，在觀察小光弟弟時，也聯想認定他有攻擊性；這樣的情況稱為：（A）畢馬龍效應（B）羅斯陶效應（C）霍桑效應（D）月暈效應。（88.嘉南、高屏夜專）

（C）33.在托兒所中，對於「幼兒飲食」保育員所持的態度，下列描述何者較為正確？（A）吃是人生大事，可以用飢餓來處罰小朋友，不讓小朋友吃（B）為求管理方便，強迫幼兒在一定時間內吃完（C）應給予幼兒適當且充足的時間吃東西及聊天（D）怕孩子吃不完浪費，沒吃完的孩子不准離開。（88.嘉南、高屏夜專）

（D）34.行為觀察中，檢核表的使用，其缺點不包括？（A）欠缺「質」的資料，無法瞭解行為的原因（B）掌握不到整體行為（C）對行為只能做部分或重點的瞭解（D）其運用之用途較少，且浪費時間。（88.嘉南、高屏夜專）

（A）35.小光和小未兩人因為搶玩具車而互相爭吵，二人因而打起來，此時您的處理方式何者較不適當？（A）沒收玩具車，二人都不准玩，並到一旁罰站（B）建議當中某人先玩別的玩具或做別的事（C）建議二人輪流玩（D）和二人共同討論解決的辦法。（88.嘉南、高屏夜專）

（B）36.若發現有疑似（或）虐待兒童狀況，可以打以下哪支24小時兒童保護專線？（A）080-119-995（B）080-422-110（C）080-885-995（D）080-110-885。（88.嘉南、高屏夜專）

（A）37.下列何者非「不被期望兒童」（Unwanted Child）之描述？（A）兒童福利需求降低（B）可用家庭計畫的功能，使生子女的時間和家庭經濟預算相契合而改善之（C）私生子、殘障兒童可算是不被期望兒童（D）自願結紮也是減少不被期望兒童出生的途徑之一。（88.嘉南、高屏夜專）

（A）38.當您在進行幼兒行為觀察的過程中，被觀察的幼兒知道自己正處於被視察的情境，而去表現順應觀察者所欲觀察的行為，這種情形稱之為：（A）霍桑效應（B）防衛機制（C）正向回饋（D）月暈效應。（87.嘉南、高屏夜專）

（B）39.下列何者非時間取樣觀察的特性？（A）適用於外顯可觀察到的行為（B）適用於幼兒精神層面的行為（C）適用於幼兒經常發生的行為（D）必須在很短的時間內判斷行為並劃記在表格中。（87.嘉南、高屏夜專）

（B）40.①打碎玻璃時應指導幼兒細心將碎片包好丟棄；②質地堅硬的玩具不可讓幼兒玩耍；③嚴禁幼兒自行拿水果刀；④手拿刀片、剪刀等利器不可跑步嬉戲，請由以上四項中選出預防幼兒受利器傷害的適當原則：（A）①②③④（B）①②④（C）②③④（D）①③④。（85.嘉南、高屏夜專）

（D）41.進行幼兒行為觀察與記錄時，以下何者不是觀察者應有的基本原則：（A）坐下觀察（B）不妨礙教師注意力（C）二人同時觀察選不同地點（D）有問題立刻發問澄清。（85.嘉南、高屏夜專）

（B）42.最省時方便的幼兒觀察記錄方式是：（A）日記式紀錄法（B）時間取樣法（C）軼事紀錄法（D）檢核表法。（85.嘉南、高屏夜專）

（C）43.下列何者為適宜的觀察記錄？（A）小華具攻擊性，不時踢鄰座的幼兒（B）小華坐立不安，無法專心畫完一幅畫（C）小華不說一句話，走到小美旁邊，搶走小美手上的黃色蠟筆（D）小華早上來園心情不好，不願意參加任何活動。（86.北夜專）

（D）44.父母採取忽略法處理孩子故意尖聲怪叫的行為時，以下實施要點何者不正確？（A）轉移對孩子的注意力（B）把頭轉開，並避開目光接觸（C）孩子一旦停止尖聲怪叫，則給予關愛（D）清楚指出孩子的錯誤目標。（85.北夜專）

（C）45.下列鼓勵孩子的用語，何者最適當？（A）「你好乖，真是我好孩子」（B）「你真棒，了不起」（C）「我很高興看到你能把桌子擦乾淨」（D）「很不錯，你還可以做得更好」。（85.北夜專）

（C）46.下列有關幼兒行為的觀察記錄內容，何者最適合？（A）元元很安靜的玩，看起來十分投入（B）元元心情很不錯，笑得很開心（C）元元拿了一塊三角形積木給達達（D）元元是個負責任的小孩，總會把玩具收拾好。（85.北夜專）

（B）47.老師為瞭解班上幼兒的攻擊行為，宜採何種觀察法？（A）時間取樣法（B）事件取樣法（C）日記法（D）軼事紀錄法。（85.北夜專）

（D）48.若你在活動室內觀察幼兒行為時，下列何種方式最為合宜？（A）

隨時請教該帶班教師（B）刺激幼兒看其會如何反應（C）參與當時活動，並積極發言（D）儘量坐著觀察，必要時可移動。（86.中夜專）

（D）49.幼教教師觀察幼兒行為時，不應有下列哪一種情形？（A）決定適當的位置，以不干擾幼兒的遊戲（B）儘速撰寫（C）記下開始和結束的時間（D）觀察時和幼兒玩、逗弄幼兒。（85.中夜專）

（A）50.在托兒所中的保育員最常使用的觀察紀錄法為：（A）軼事紀錄法（B）事件取樣法（C）時間取樣法（D）樣本描述法。（88.中夜專）

（C）51.咪咪最近有明顯的攻擊及打人行為發生，老師百思不得其解，宜採何種觀察法來進行瞭解，進而分析其原因？（A）時間取樣法（B）日記法（C）事件取樣法（D）實驗法。（88.中夜專）

（A）52.當老師結束一室內活動，即將轉換到戶外遊樂場，下列方法何者較適當？（A）只要準備好的幼兒在助教的陪同下，即可先行到遊樂場（B）男幼生排一排，女幼生排一排，比賽看哪一排秩序好，就先到遊樂場（C）要全班幼生皆鴉雀無聲，才可到遊樂場（D）全班分四組，看哪一組秩序最好，就先到遊樂場。（88.中夜專）

（C）53.有關幼兒行為觀察與記錄之敘述，下列何者錯誤？（A）須避免主觀的判斷（B）宜描述觀察當時的情境（C）須將記錄內容告知他班教師以及其他家長，以利輔導（D）儘快將所觀察內容整理起來。（87.中夜專）

（B）54.小明今天在學校上課一直搶著發言，老師不但不理會，反而稱讚其他守秩序的小朋友，老師這樣對待小明的做法，是屬於行為改變技術中的（A）正增強（B）消弱（C）負增強（D）逐步養成。（86.中夜專）

（D）55.對於因為情緒因素造成的口吃，教師在輔導時，應該（A）藉助醫療技術（B）讓他和發音正確的幼兒做朋友（C）時常糾正他錯誤的發音（D）施予更多的愛和關懷。（86.中夜專）

（D）56.教師在兩幼兒為了一個玩具爭執不下時，教理想的處理方式應為

（A）大聲制止（B）沒收玩具（C）處罰這兩個幼兒（D）鼓勵幼兒輪流使用。（84.中夜專）

（C）57.下列何者不是輔導幼兒破壞性行為的正確方式？（A）阻擾破壞行動的繼續執行（B）協助孩子整理「災後」現場（C）破壞他心愛的東西，以培養其同理心（D）立即帶孩子去「暫停」區域，使他冷靜下來。（83.中夜專）

（A）58.教師在指導幼兒說話時，下列何者是正確的？（A）老師只要聽得懂幼兒所說的即可，不要學他說話（B）要求幼兒說的每一句話都要清晰正確，以免養成不良習慣（C）老師要多使用封閉式的問話（D）幼兒問問題時，老師回答的越詳盡越好。（83.中夜專）

（C）59.教師在輔導幼兒時，下列何種方式是不合宜的？（A）給予幼兒有選擇的機會（B）耐心地傾聽幼兒的想法（C）限制幼兒的願望，但不限制幼兒的行為（D）讓孩子自然地從遊戲中認識老師和朋友。（83.中夜專）

（C）60.下列輔導幼兒尿床的方法，何者不當？（A）檢查幼兒泌尿系統的生理狀況（B）延長幼兒白天如廁間隔的時間（C）在嬰兒期即要提早開始訓練（D）晚餐後，不要給孩子喝太多水。（83.中夜專）

（D）61.下列何者不是具體性的敘述？（A）東西吃多了，會吃壞肚子（B）風把紙吹跑了（C）石頭比木頭還要硬（D）屈原的愛國情操令人敬佩。（83.中夜專）

（B）62.小明討厭做家事、吃飯又慢，媽媽說如果小明能很快的把飯吃完，就可以不用做家事，請問小明的媽媽使用了哪一種行為改變技術？（A）正增強（B）負增強（C）逐步養成（D）消弱。（83.中夜專）

（B）63.下面哪一種方式不能幫助幼兒適應新的環境？（A）安排一個豐富又好玩的環境（B）請家長不要留在幼兒園，以免造成孩子的依賴（C）和幼兒建立良好的關係（D）讓孩子自然地從遊戲中認識老師和朋友。（83.中夜專）

（C）64.如果問一個幼兒：「你有沒有哥哥？」，他回答說：「有。」，你再問他：「你哥哥有沒有弟弟？」，他即無法回答，表示此幼兒的

思考尚未具有（A）具體概念（B）自我中心觀（C）可逆性（D）泛靈觀。（83.中夜專）

（C）65.一位專業的教保人員，在教室中呈現出來角色，不應包括？（A）輔導者（B）觀察者（C）管理者（D）環境準備者。（88.保甄）

（C）66.對於剛上幼稚園而不適應的幼兒，輔導的方式以何者為宜？（A）加強生活常規訓練（B）嚴格施行幼稚園的作息時間（C）先讓他輕鬆自在地玩（D）經常告訴他：來上學，才是長大了。（84.保甄）

（B）67.老師看到幼兒拿球丟人，對幼兒說：「球要丟向籃子裡，不可以拿來丟人。」是運用哪一種引導行為的方式？（A）限制行為和願望（B）限制行為，不限制願望（C）限制願望，不限制行為（D）不限制行為和願望。（84.保甄）

（C）68.讓幼兒獲得成就感的方式，下列何者為宜？（A）常給予獎品鼓勵（B）常給予有挑戰性的作業（C）提供符合幼兒興趣和能力的活動（D）常當眾給予拍手表揚（84.保甄）

（A）69.教師與幼兒說話的方式，下列何者不適宜？（A）誇張地變換音調，以吸引幼兒注意（B）配合適當的表情或動作（C）以幼兒能懂得口語說話（D）蹲下來，面對幼兒的視線。（83.保甄）

（B）70.引導幼兒想一想：「如果你拿沙丟人，別人會怎麼樣？」這是著重於輔導幼兒發展什麼能力？（A）道德判斷（B）角色取替（C）社會技巧（D）超自我。（83.保甄）

（C）71.幾位幼兒在爭奪一個玩具，老師介入輔導的語言，以下列何者為宜？（A）猜拳看看，贏的人先玩，這樣最公平。」（B）「不要搶，要不然就都不要玩。」（C）「想想看怎麼辦，讓每個人都能玩到這個玩具？」（D）「輪流玩，老師來分配。」（83.保甄）

（A）72.用日記法記錄幼兒的行為發展是屬何種研究方法？（A）直接觀察法（B）控制觀察法（C）橫斷法（D）實驗法。（83.保甄）

（C）73.幼兒拿蠟筆在牆壁上畫畫，老師的反應宜是：（A）告訴幼兒：「不要隨便畫牆壁。」（B）將蠟筆收起來（C）在牆壁上貼上大張紙，讓幼兒在其紙上畫畫（D）讓幼兒將牆壁擦乾淨。（83.保甄）

（A）74.幼兒將整張圖畫紙塗成黑色，見此情形，老師的回饋話語宜是：（A）「你把整張紙塗成了黑色」（B）「這樣黑黑的，好看嗎」（C）「你在畫些什麼」（D）「怎麼畫得這樣黑」。（83.保甄）

（B）75.對幼兒行為的輔導，為免引起幼兒的反抗行為，最好是：（A）限制願望（B）限制其行為不限制願望（C）不限制行為（D）限制行為也限制願望。（83.保甄）

（D）76.下列何者是教師輔導幼兒發展創造力的適宜方式？（A）設計每一種教具都有一定的玩法（B）先做好美勞的樣本，讓幼兒照著做（C）不斷地提醒幼兒該做什麼，加強幼兒的注意力（D）提供材料，讓幼兒盡興塗抹和表現。（81.保甄）

（C）77.下列何者是輔導幼兒建立良好自我概念的方式？（A）多幫忙幼兒，以避免其受挫折（B）將尖銳的工具收起來，以保障幼兒的安全（C）配合幼兒的才能，提供幼兒成功的機會（D）多安排競爭性的活動，以激發幼兒的興趣和榮譽感。（81.保甄）

（C）78.幼兒在弟妹出生時，有些養成的習慣或能力會失去，此種自衛機能屬於：（A）潛抑作用（B）否定作用（C）退化作用（D）反向作用。（82.幼師）

（B）79.當幼兒在戶外玩翹翹板時，莉芳老是被國強翹到上方，莉芳大喊：「老師！不公平，我每次都在上面，我要把國強翹到上面。」，身為一位專業幼教老師，你應如何處裡？（A）好！老師用力壓你這邊，把國強翹到上面去。（B）想想看，你為什麼老是在上面？現在該怎麼辦？（C）國強！你這麼重，你走開！下次莉芳玩時，你不要也過來湊熱鬧。（D）小珍！過來，你坐到莉芳這邊，一起把國強翹上去。（82.幼師）

（C）80.在固定的時間間隔內，觀察預先選定的行為，這種觀察法稱為：（A）軼事紀錄法（B）事件樣本法（C）時間樣本法（D）行為描述法。82.幼師）

（B）81.下列何者用語在指導幼兒畫圖時，較為適當？（A）你畫的人怎麼只有頭，沒有身體？這裡要加上身體，才像人。（B）告訴老師你畫的是什麼？（C）世界上沒有綠色的花，只有綠色的葉子，下次

要注意。（D）這些地方怎麼沒有塗色？來！我替你塗！（82.幼師）

（A）82.幼稚園幼兒的攻擊行為，以下列哪一種行為表現較多？（A）身體的攻擊（B）語言的攻擊C）敵意的攻擊（D）侮辱的攻擊。（82.幼師）

（D）83.在各種恐懼害怕中，何者是最普遍的，且持續的間也最長，從2歲半以後產生，會持續至14、15歲？（A）怕火（B）怕水（C）怕狗（D）怕黑。（82.幼師）

（D）84.若有兩位3歲幼兒在爭論二加二等於多少，老師的角色如何？（A）指責答案錯誤的一方，要他多做練習（B）指出誰對誰錯並告訴其原因（C）老師不加理會，讓幼兒持續爭吵（D）老師建議雙方用實物操作點算，驗證答案孰對孰錯。（82.幼師）

（B）85.下列有關幼兒行為的觀察記錄，何者最正確？（A）芳如似乎很生氣，把立平的黏土丟到地上（B）芳如用力地把立平的黏土丟到地上，黏土變成扁平狀（C）芳如是個容易生氣的女孩，她氣呼呼地把立平的黏土丟到地上（D）芳如非常生氣，故意地把立平的黏土丟到地上，黏土變成扁平狀（82.幼師）

（B）86.按照行為學習理論，幼兒學習穿衣、穿鞋，常是一個步驟接一個步驟地逐步學習，這種過程稱為：（A）增強（B）塑造（C）適應（D）組織。（82.幼師）

（D）87.輔導幼兒想一想「如果他拿沙丟人，別人會怎麼樣？」，這是著重於輔導幼兒發展什麼能力？（A）道德判斷（B）超自我（C）社會技巧（D）角色取替。（82.幼師）

（C）88.「社會計量法」（Sociometry）可用來瞭解幼兒的哪一種行為發展？（A）社會認知（B）道德判斷（C）社會技巧（D）性別角色。（82.幼師）

（D）89.當幼兒鈴玲抱著玩具娃娃〔貝貝〕對老師說：「貝貝餓了，要吃點心。」，下列老師的語言反應，何者最正確？（A）「貝貝是玩具，不會肚子餓。」（B）「我想是鈴鈴肚子餓了，想吃點心。」（C）「小孩子不可以騙大人。」（D）「真的？你打算怎麼辦呢？」

（80.幼師）

（C）90.下列有關幼兒行為的觀察記錄，何者最正確？（A）小平心情不好，喜歡破壞小朋友的作品（B）小平故意踢倒小朋友的積木。（C）小平快步走到積木旁，用右腳踢倒積木。（D）小平怒氣沖沖的把地上的積木踢倒了。（80.幼獅）

（D）91.老師指導幼兒畫圖時，下列何種指導的話最恰當？（A）「嗯！畫的很好。」（B）「為什麼不把背景塗滿呢？」（C）「人不應該畫倒過來哦！」（D）「這個機器人的臉畫得真有趣。」

附錄

附錄一：92年四技二專專業科目（二）試題詳解

附錄二：92年二技專業科目（二）試題詳解

附錄三：91年四技二專專業科目（二）試題詳解

附錄四：91年二技專業科目（二）試題詳解

附錄五：90年四技二專專業科目（二）試題詳解

附錄六：90年二技專業科目（二）試題詳解

附錄一

92年四技二專
專業科目（二）試題詳解

（B）1.下列敘述，何者最適宜作為幼兒教保活動的目的？（A）啟發第二外語能力（B）養成良好生活習慣（C）訓練特殊才藝技能（D）增進寫字作業練習。

（D）2.下列有關課程內容與單元主題的安排，何者最適當？（A）「真空包裝」的單元主題適合小班（B）「捷運之旅」的單元主題適合在花蓮（C）「蠶寶寶」的單元主題適合在十一月（D）「好玩的水」的單元主題適合在夏天。

（A）3.實習生向參觀機構提問時的注意事項，下列敘述何者較不適宜？（A）詢問教保人員薪資待遇（B）事先擬定主要問題內容（C）可用自己慣用言詞表達（D）不要怕問錯問題。

（D）4.在進行「螢火蟲」的單元主題時，下列活動與教學原則，何者最適當？（A）實際觀察螢火蟲生態是類化原則（B）討論保護螢火蟲的方法是熟練原則（C）進行螢火蟲兒歌律動是個性適應原則（D）合作畫出螢火蟲的家是社會化原則。

（C）5.下列有關「方案教學」的敘述，何者正確？（A）方案教學中，教師是處於主動的地位（B）方案教學最早的提倡者是盧梭（Rousseau）（C）方案教學過程，注重個體與環境中人、事、物互動（D）方案教學結束時的發表會，是為了評鑑學習成果好壞。

（A）6.下列有關見習生工作範圍的敘述，何者最不適合？（A）將見習時間都用來製做教具（B）布置環境前先諮詢帶班教保人員（C）在一旁觀摩教學或協助家庭訪問（D）從旁觀察並記錄幼兒發展學習。

（B）7.進行「花花世界」單元主題活動時，下列活動何者較適當？（A）帶幼兒在校園摘花，用花瓣做造型（B）帶幼兒開闢種植區，觀察紀錄（C）帶幼兒到夾竹桃園，採集標本（D）帶幼兒參觀農田，觀看農藥噴灑過程。

（B）8.下列敘述，何者較符合開放教育的理念？（A）規劃出學習活動時間表（B）幼兒自己可調整座位（C）重在評量幼兒的學習成果（D）教保人員依坊間教案教學。

（C）9.小英比其他幼兒早吃完點心，請問教保人員可以為小英安排下列哪

些活動？①聽音樂；②畫圖；③掃地；④看圖畫書；⑤跳繩。（A）①②⑤（B）③④⑤（C）①②④（D）①③⑤。

（A）10.下列有關教材組織方法的敘述，何者正確？（A）托兒所教保活動宜偏重在心理組織法（B）心理組織法的教材組織嚴謹，系統井然（C）論理組織法以幼兒爲主，注重幼兒經驗（D）大單元活動設計組織是屬於論理組織法。

（A）11.有關機構參觀內容，下列何者最重要？（A）觀察並記錄教保人員保育方式與態度（B）向教保人員索取活動室的環境布置圖（C）抄寫公布欄內的作息表及行事曆（D）準備相機並拍下教保人員與幼兒互動方式。

（C）12.下列活動，何者是屬於自由活動的型態？（A）中班幼兒以麵團、樹脂土和陶土，分三組做烏龜（B）全體大班幼兒，一起參觀美術館名畫展覽（C）大中小班幼兒，每天的戶外遊戲場活動（D）教保人員和小班幼兒分享「魯魯米奇幻記」故事。

（A）13.下列有關托兒所常用教學法的敘述，何者正確？（A）杜威（Dewey）的理念影響大單元設計教學法（B）陶行知的理念影響張雪門的五指教學法（C）艾力克遜（Erikson）的理論影響發現教學法（D）皮亞傑（Piaget）影響蒙特梭利（Montessori）的理論。

（D）14.當參觀機構時，下列行爲何者最適當？（A）隨時提問，追根究底（B）保持微笑，隨意走動（C）親近幼兒，主動交談（D）遵守規範，整組活動。

（D）15.「形狀與顏色」單元主題的活動有：①三種形狀及三種顏色的大、中、小圖形變化遊戲；②三種顏色的辨識；③三種形狀大、中、小的辨識；④三種形狀及三種顏色的拼貼與組合造型；遊戲；⑤三種形狀的辨識。以活動的程序性，下列何者正確？（A）⑤①③（B）③⑤④（C）①③②（D）②③①。

（B）16.當排隊上廁所時，幼兒搶著排第一而產生推擠打架行爲，實習生的回應，下列何者最爲適宜？（A）讓幼兒統統回教室，再排一次（B）詢問爭執原因與協調排隊規則（C）暫時忽視，等幼兒告狀

後處理（D）處罰爭執的幼兒，不准上廁所。

（C）17.教保人員將製做卡片的材料事先分爲三組：第一組是以撕貼畫方式製作；第二組是以彩色樹脂土製做；第三組是以滾珠畫方式製做，之後幼兒依個人興趣選組。請問上述的情境，是屬於下列哪一種分組活動的方式？（A）指定分組（B）團體分組（C）自由分組（D）輪流分組。

（C）18.當幼兒在活動室大聲吵鬧，而干擾活動進行時，下列教保人員處理方式，何者最爲適宜？（A）「再吵，全班到教室外罰站」（B）「小朋友不要說話了」（大聲喊叫）（C）「小手拍3下，數數1.2.3.」（D）「再大聲說話的小朋友，到幼幼班上課」。

（B）19.當一位已經在托兒所就讀一年的4歲幼兒，每天仍攜帶著裝著牛奶的奶瓶到園所喝奶。請問教保人員爲輔導幼兒此行爲，最適宜進行下列哪一個課程領域的教學？（A）創造課程領域（B）健康課程領域（C）語文課程領域（D）探索課程領域。

（D）20.當在進行樹脂土的教學活動時，有家長向教保人員反應，樹脂土和紙黏土一樣都有毒。下列教保人員的處理方式，何者較爲適宜？（A）告訴家長，本所用的材料都是最貴的（B）未經諮詢，告訴家長可以安心使用（C）告訴家長，本所用的材料有CIS標誌（D）打電話詢問相關單位，並送去化驗。

（A）21.托兒所實施節奏課程時，下列方法何者較爲適當？（A）從傾聽各種聲音開始（B）練習時間需40分鐘以上（C）一開始即要注意技巧表現（D）每次都給幼兒相同的樂器。

（B）22.實習時，如在活動室發現幼兒流鼻血，實習生回應的方式，下列何者較爲適宜？（A）大聲疾呼，並急忙問帶班教保人員：「怎麼辦？」（B）協助幼兒止血，並馬上向帶班教保人員報告（C）被驚嚇到不知所措，而呆站在一旁觀看（D）呼叫帶班教保人員，等待並不做任何處理。

（A）23.有關遊戲化教保活動設計特點的敘述，下列何者最適當？（A）必須準備豐富且多樣的教材（B）以團體活動爲主要學習型態（C）經常將幼兒的活動時段固定（D）只注重幼兒認知學習的統整。

（C）24.下列有關「全語言」（whole language）理論的敘述，何者正確？
（A）全語言是一種語言教學法，強調口說與書寫語言（B）全語言的學習，可以被劃分為內容和技巧兩部分（C）全語言的學習，是從周遭真實環境中使用而獲得（D）全語言的學習，教保人員只是一個示範者角色。

（A）25.下列有關幼兒午休靜臥的敘述，何者不適當？（A）所有幼兒都要同時睡著（B）時間約1小時至2小時（C）可以放一盞柔和的檯燈（D）協助幼兒自己摺被、穿衣。

（D）26.下列有關見習後檢討會的敘述，何者最適宜？（A）見習後檢討會，不可邀請園所長參加（B）見習後檢討會，見習生不用參加（C）見習後檢討會討論內容，僅限於教學活動（D）見習後檢討會，可與他人分享見習心得。

（A）27.一位越南籍的媽媽每天來園所接送幼兒，另一名大班幼兒問：「她是誰？怎麼和我們不一樣？」：教保人員如何回應最為適宜？（A）帶入「世界真奇妙」的社會活動主題（B）加強外語活動，請外語老師進行帶動唱（C）討論外籍勞工對台灣政治經濟的影響（D）視此為個案情況，教保人員不予回應。

（B）28.大班幼兒即將進入小學，下列有關數概念的評量，何者最適當？（A）會背九九乘法表（B）會辨認左右手（C）會做三位數的減法（D）會目測比較兩物體輕重。

（C）29.下列有關幼兒教保情境布置的敘述，何者最適當？（A）教保情境布置需固定不變（B）為了省錢省事，多使用塑膠植物（C）依活動主題、幼兒年齡適時調整（D）布置物品高度，以成人視線為考量。

（D）30.下列有關幼兒學習活動的觀察與紀錄事項，何者最重要？（A）幼兒父母的姓名（B）幼兒的繳費紀錄（C）幼兒的午睡時間（D）幼兒的溝通方式。

（C）31.下列有關實習生試教注意事項的敘述，何者最適宜？（A）試教時必須肢體語言誇張（B）試教時只針對自己專長作安排（C）試教時要觀察幼兒個別差異情形（D）試教時不需注重活動秩序的維

持。

（B）32.實習時，為了要讓幼兒的學習有效果，下列方式何者最適當？（A）每天都穿奇裝異服，以吸引幼兒注意（B）隨時做活動評量，並彈性調整活動（C）要用麥克風說話，讓幼兒都注意聽到（D）嚴格控制教室秩序，不讓幼兒交談。

（C）33.下列有關實習生實習態度的表現，何者較為適當？（A）經常坐在一旁，等待帶班教保人員來指定工作（B）與其他人員討論教學內容及技巧時，堅持己見（C）試教活動進行前，將教案交給帶班教保人員審視（D）試教次數依實習規定進行，拒絕其他額外次數的要求。

（D）34.下列有關統整性課程的敘述，何者最不適宜？（A）要以幼兒的興趣做為課程的開始（B）統整教學的活動室，情境生活化（C）主題概念需涵蓋各學習領域（D）畫出主題網後，一定要依照進行。

（A）35.集中實習時，帶班教保人員經常要求實習生去畫海報、做教具、整理環境，而使實習生無法觀察教學活動，以至於不知如何準備試教。請問上述的情境描述，是屬於下列哪一種實習生常見的困擾？（A）角色定界問題（B）理論與實務差異（C）專業知識不足（D）教學經驗不夠。

（D）36.下列有關「閱讀」活動的教保方法，何者較不適宜？（A）讓幼兒有機會發表自編故事（B）選擇語文流暢的故事書（C）指導幼兒適當的閱讀方法（D）利用閱讀材料教幼兒寫字。

（B）37.當教保人員進行幼兒繪畫活動時，下列指導方式何者較為適當？（A）不斷叮嚀要如何畫，才會畫得好看（B）讓幼兒嘗試作畫，並肯定幼兒表現（C）告訴幼兒，不可畫得比別班幼兒差（D）畫錯的時候，請幼兒重新再畫一張。

（D）38.下列有關托兒所常見的評量方式，何者正確？（A）將幼兒作品排出名次後，掛在展示牆展示（B）計算評量測驗卷寫錯幾題，並打上分數（C）口頭評量問幼兒：「你會不會走平衡木？」（D）實際觀察記錄幼兒學習態度、興趣等。

（C）39.因爲從電視上看到嚴重急性呼吸道症候群（SARS）的新聞報導，幼兒提出問題：「爲什麼現在大家都要戴口罩？」；教保人員最適宜進行下列何種討論？（A）鼻子的形狀（B）口罩的價錢（C）保健的重要（D）裝扮的變化。

（C）40.下列敘述何者是實習生的實習內容之一？（A）批改家庭聯絡本，並填寫幼兒發展紀錄本（B）自行翻閱幼兒資料，以瞭解幼兒的學習狀況（C）參加實習機構所舉辦的研習活動，以利教學（D）規劃並採買幼兒圖書及餐點，以增加經驗。

（B）41.有關工作課程教學活動的敘述，下列何者正確？（A）捏塑用的黏土以多種顏色爲最適宜（B）捏麵、雕塑與木工是屬於空間創作（C）粗鬆的硬木較適合幼兒黏合與釘木（D）捏塑造型設計適合3歲幼兒的活動。

（B）42.有關托兒所教保活動設計與編寫的敘述，下列何者正確？（A）敘寫行爲目標常用的動詞有「培養」、「認識」（B）每次活動進行時間設定在20～30分鐘（C）活動設計的程序性是指學習方式的遊戲化（D）設計活動一定要全班統一內容與進度。

（A）43.有關教保實習的敘述，下列何者正確？（A）集中實習是要驗證教保學理（B）參觀時未依規定逐行編組（C）見習期間可主動與幼兒家長聯絡（D）實習分組以一人一組最適宜。

（D）44.托兒所進行繪畫活動時，下列敘述何者最適當？（A）提供的紙張以B5爲主（B）每天只用彩色筆進行線畫（C）提供蠟筆顏色要24色以上（D）提供的材料不限定於圖畫紙。

（B）45.下列敘述，何者是集中實習時應該有的表現？（A）和他人高聲談論幼兒及其家庭私事（B）不取代帶班教保人員的角色與職務（C）手機隨時待機，方便隨時接聽來電（D）批評抱怨實習機構，不聽他人解釋。

（A）46.教保人員在「高矮大集合」單元活動後，請幼兒在評量單上將較矮的那個人圈出來，下列有關該評量方法的敘述何者正確？（A）此評量法比較適合大班幼兒（B）此評量法是屬於實作評量法（C）此評量法適合發展遲緩幼兒（D）此評量法是屬於觀察評量法。

（D）47.當實習生發現，帶班教保人員向家長描述當天的教學活動內容，與實際實施不一致時，下列處理方式何者最適當？（A）保持沉默（B）立即報告所長（C）偷偷告訴家長（D）和學校老師討論。

（C）48.當教保人員和幼兒進行「說話」活動時，下列敘述何者正確？（A）隨時嚴厲矯正幼兒錯誤的詞句，下次才不會說錯（B）爲了鼓勵幼兒說話，多提問幼兒生活經驗外的事物（C）與幼兒說話，要在幼兒集中注意力時（D）儘量鼓勵讓幼兒發表，不必綜合整理。

（D）49.某園所的大、中、小班同時進行「好玩的麵粉」單元主題時，下列教學目標的敘寫何者正確？（A）小班動作技能領域的教學目標是「學習製做色漿」（B）大班認知領域的教學目標是「喜歡吃麵類食品」（C）中班情意領域的教學目標是「知道饅頭的製做過程」（D）小班認知領域的教學目標是「認識麵類食品」。

（C）50.有關教保人員在創造性戲劇活動中的角色敘述，下列何者最適當？（A）主導戲劇活動，分配幼兒角色（B）指導幼兒背誦台詞，熟悉劇情（C）加入不同劇情，讓幼兒思考（D）製做所有道具，使情境逼真。

92年二技
專業科目（二）試題詳解

（A）1.未婚媽媽及其子女的福利服務，是屬於哪一種兒童福利服務？（A）支持性兒童福利服務（B）補充性兒童福利服務（C）替代性兒童福利服務（D）救濟性兒童福利服務。

（C）2.下列說法哪一項是正確的？（A）廣義的來說，在台灣嬰幼兒教育是指提供給0～6歲孩子的幼稚園或托兒所的教育（B）孟母三遷說明了人性本惡的兒童觀（C）提早就學方案（head start program，或稱啓蒙方案）是由美國政府經費補助提供給低收入家庭孩子入學服務的方案（D）教師本位的幼教工作者重視孩子學習的過程，而不強調學習成果。

（A）3.下列何者認爲孩子像一塊蠟板或一張白紙，孩子的學習主要受到外在環境的影響，因此師資和學校對孩子的學習非常重要？（A）洛克（Locke）（B）盧梭（Rousseau）（C）皮亞傑（Piaget）（D）杜威（Dewey）。

（D）4.下列敘述何者正確？甲、盧梭（Rousseau）大力呼籲兒童本位以及高唱自然主義；乙、蒙特梭利（Montessori）爲孩子設計可以自我學習、訓練生活技能的課程與教具；丙、柯美紐斯（Comenius）認爲幼兒教育內容應以感官爲主；丁、杜威（Dewey）是進步主義的代表人物，主張直觀教學。（A）甲、乙、丁（B）乙、丙、丁（C）甲、丙、丁（D）甲、乙、丙。

（D）5.下列哪一項與蒙特梭利（Montessori）的教學實施不符？（A）統整的課程（B）幼兒主動學習（C）合宜的觀察評量（D）遊戲中學習。

（D）6.下列有關雷吉歐（Reggio Emilia）教育模式的說法哪一項是不正確的？（A）主張要安排一個鼓勵孩子學習的教育環境（B）學習活動過程中孩子可就一個主題進行深入的探索（C）學校裡到處可見孩子的繪畫與雕刻等各項作品（D）有一套維持學習環境規律的原則可供依循。

（D）7.運用獎賞和懲罰鼓勵孩子遵守規定，是出自哪一位學者所主張的理論？（A）維高斯基（Lev Vygotsky）（B）皮亞傑（Jean Piaget）（C）馬斯洛（Abraham Maslow）（D）史金納（B. F. Skinner）。

（B）8.下列措施何者符合尊重兒童個別差異的理念？甲、允許孩子按照自己的學習速度進行學習；乙、將身心有障礙的孩子安置在資源班裡接受特殊的教育；丙、要求每個孩子達成老師預先設定的課程目標；丁、認定每個孩子是獨特的，各有其不同的能力（A）甲和丙（B）甲和丁（C）乙和丙（D）乙和丁。

（D）9.下列對幼兒適性發展課程實施（developmentally appropriate practice）的敘述，何者正確？甲、課程內容應適合幼兒的年齡；乙、課程內容應考慮幼兒的身心發展；丙、課程內容應顧及幼兒所屬的文化；丁、課程內容應符合幼兒家庭的需求（A）甲、乙、丁（B）甲、丙、丁（C）乙、丙、丁（D）甲、乙、丙。

（B）10.平平在教室跑來跑去，干擾教室內活動進行；老師請他坐在角落休息。因他安靜坐在角落，表現良好，所以老師請他再回到活動現場。這種做法符合下列哪一項原則？（A）正增強（B）負增強（C）消弱（D）逐步養成。

（C）11.小吃店中販售的熱包子、超級市場中的鮮奶及冷凍貢丸，必須分別儲存於一定的溫度範圍，才符合衛生署訂定的良好衛生規範。下列哪一項是熱包子、鮮奶與冷凍貢丸的適合溫度順序？（A）攝氏100度以上，攝氏0度以下，攝氏-18度以下（B）攝氏80度以上，攝氏7度以下，攝氏0度以下（C）攝氏60度以上，攝氏7度以下，攝氏-18度以下（D）攝氏40度以上，攝氏4度以下，攝氏0度以下。

（A）12.以下哪一選項的食物儲存不良時，容易產生黃麴毒素？（A）花生、玉米、稻米（B）橘子、蕃茄、柳丁（C）魚、蝦、蟹（D）高麗菜、花菜、山東白菜。

（D）13.下列何者是成功的親師座談會須留意的工作與原則？甲、事先做好計畫；乙、以家長能理解的方式與家長溝通；丙、老師與家長都要專心傾聽；丁、老師主導座談會以達預期目標。（A）只有乙（B）甲、丙、丁（C）乙、丙、丁（D）甲、乙、丙。

（A）14.下列有關兒童行為觀察的敘述，哪一項不正確？（A）觀察法是針對幼兒的外顯行為，無法推測其內在原因或特質（B）從幼兒在

娃娃家學習區的扮演活動，可觀察幼兒的社會性發展、認知發展和創造力（C）結構式觀察是一種有明確的目的和程序，並且有事先設計好的工具的一種觀察方式（D）硬體環境設備、觀察者和被觀察者的個性和特質都會影響觀察的結果。

（D）15. 下列何者不是用檢核表來作為行為觀察紀錄的優點？（A）使用時簡便、快速、有效率（B）可現場記錄，也可事後作記錄（C）可由數位觀察員蒐集相同資料，以增加可信度（D）不會錯失某些重要行為。

（C）16. 下列哪些表現符合幼兒教師專業道德？甲、教學決策以幼兒的福祉為優先考慮；乙、每個幼兒有同等機會得到老師的關注；丙、在幼兒面前告訴家長有關幼兒的表現，請家長配合回家後給予獎懲；丁、教學期間與其他老師或家長分享自己的心事，增進彼此的瞭解；戊、閒暇時跟三五好友分享幼兒家庭的事。（A）甲、丙、丁（B）乙、丁、戊（C）甲和乙（D）甲和戊。

（B）17. 依據「兒童福利專業人員資格要點」規定，下列哪些符合托兒所保育員的資格？甲、大學以上畢業，有在托兒所工作的經驗者；乙、專科以上學校幼兒保育相關科系畢業者；丙、高中（職）學校幼兒保育科畢業，並經兒童福利保育人員專業訓練及格者；丁、公務人員普通考試或丙等考試及格者。（A）甲和乙（B）乙和丙（C）甲和丙（D）丙和丁。

（A）18. 下列敘述何者正確？（A）盧梭（Rousseau）是杜威所謂的「教育史上的哥白尼」（B）柯美紐斯（Comenius）是最早提倡母語教學的人（C）張雪門提出五指教學法（D）裴斯塔洛齊（Pestalozzi）被後世人稱為「幼稚教育之父」。

（D）19. 下列與兒童本位教育方式有關的敘述，哪一項不正確？（A）教保專業人員重視孩子的需求（B）鼓勵孩子自我學習，以增進其知識和智能（C）重視孩子學習的過程，而不強調學習成果（D）讓孩子自行學習，教保人員不介入。

（B）20. 老師在幼兒的學習環境中安排多個不同的學習區，以豐富幼兒學習的內涵，激勵幼兒學習的興趣。這樣的做法符合了環境規劃與

設計的哪一項原則？（A）探索性（B）多樣性（C）舒適性（D）參與性。

(C) 21.下列何者爲家長參與幼兒園所活動的意義？甲、瞭解其他家長的職業；乙、增進親職效能；丙、增加幼兒園所的資源；丁、瞭解幼兒園所。（A）只有乙（B）甲、乙、丁（C）乙、丙、丁（D）甲、丙、丁。

(A) 22.老師在進行「春天來了」的主題教學活動前，先放了一個有許多美麗花朵和蝴蝶的影片給孩子看，以引起孩子的興趣和學習動機，這是符合了教學的哪一項原則？（A）準備原則（B）類化原則（C）同化原則（D）強化原則。

(A) 23.教師在擬定單元活動教學計畫時，最好依循下列哪個程序？（A）決定單元名稱→考量幼兒能力和經驗背景→決定單元目標→決定行爲目標→設計教學活動（B）決定行爲目標→決定單元名稱→決定單元目標→考量幼兒能力和經驗背景→設計教學活動（C）決定單元名稱→決定單元目標→考量幼兒能力和經驗背景→決定行爲目標→設計教學活動（D）考量幼兒能力和經驗背景→決定單元目標→決定單元名稱→決定行爲目標→設計教學活動。

(C) 24.根據台灣省托兒所設置標準與設立辦法，有關托兒所的設置，下列敘述何者不正確？（A）托兒所可由政府、公司、機關、或私人設立（B）托兒所可收托2～4歲的幼兒（C）托兒所可提供半日托、日托、和全托服務，但不得辦理臨時托育服務（D）托兒所之收費標準，由當地主管機關訂定。

(C) 25.下列有關高廣度（或稱高瞻，High／Scope）幼教模式的說法，那一個是不正確的？（A）配合幼兒的興趣規劃各個角落活動（B）在各個學習區域裡有豐富多樣的學習材料（C）安排優美的學習環境，課程著重藝術與創作的表現（D）老師根據幼兒的發展與對幼兒的觀察設計課程活動。

(D) 26.先生的血型是B型，他的父親是AB型，母親是B型；王太太是A型，她的父親是AB型，母親是A型。王先生與王太太所生的兒子，有可能是哪種血型？（A）只可能是AB型，不可能是O型、B

型或A型（B）可能是B型或A型，不可能是O型或AB型（C）可能
是B型、A型或AB型，不可能是O型（D）可能是B型、A型、AB
型或是O型。

（B）27.以下哪一項不是自主神經系統中交感與副交感神經的作用？（A）
交感神經使支氣管擴張，副交感神經使支氣管收縮（B）交感神經
使子宮放鬆，副交感神經使子宮收縮（C）交感神經使瞳孔擴大，
副交感神經使瞳孔縮小（D）交感神經使心跳率增加，副交感神經
使心跳率減少。

（B）28.當你在原地轉圈旋轉後，你感覺頭暈，是因為你身上哪一項器官
將旋轉訊息傳入腦中，腦部產生不適的感覺來提醒你頭部的位
置？（A）小腦中的半規管（B）內耳中的半規管（C）小腦中的
柯氏器（D）內耳中的柯氏器。

（A）29.恆齒與乳齒的數目相比較，發現：（A）恆齒的門齒數目比乳齒
的門齒數目多（B）恆齒的犬齒數目比乳齒的犬齒數目多（C）恆
齒的臼齒數目比乳齒的臼齒數目多（D）恆齒的門、犬、臼齒數
目都比乳齒的門、犬、臼齒數目多。

（C）30.以下哪一選項因素可以促進人體對於鈣質的吸收？（A）腸胃中的
酸性環境（B）高磷飲食、多運動（C）多臥床休息、高蛋白質飲
食（D）壓力大、飢餓。

（A）31.托兒所李老師將小明（4歲）的身高標於健保手冊中的兒童生長發
育曲線圖，發現小明身高位於25百分位時，表示小明的身高與其
他同年齡100個幼兒相比的結果為：（A）比24個幼兒矮（B）比
24個幼兒高（C）比74個幼兒矮（D）比74個幼兒高。

（D）32.母奶與牛奶相比較，發現：（A）母奶和牛奶中都含有乳鐵蛋白
可抑制腸內細菌生長（B）母奶中的乳清比例比牛奶低，因此比牛
奶容易消化（C）母奶中所含的鐵質量比牛奶多（D）母奶中所含
的脂肪與牛奶中含量相近。

（C）33.經常用於泡麵及沙拉油中作為抗氧化劑的營養素為：（A）維生素
A（B）維生素D（C）維生素E（D）維生素K。

（D）34.以下有關氣喘的敘述，哪一項不正確？（A）是一種慢性或急性

呼吸失調（B）有氣喘的兒童中，男孩比女孩多（C）從孩子的環境中移開過敏原，是重要的治療方法之一（D）不可以參加任何體育活動。

（D）35.以下有關威爾遜氏病的敘述，哪一項不正確？（A）是一種銅代謝異常的遺傳性疾病（B）眼角膜上有棕綠色圈（C）有細部動作功能障礙（D）可多吃肝臟、洋菇及乾果來預防。

（C）36.以下哪一項不是登革熱的預防方法？（A）將患病者隔離（B）清除戶內、外可能積水的容器（C）注射預防針（D）防止蚊蟲叮咬。

（B）37.正確診斷腦膜炎程度和肇病細菌種類的主要檢查方法是：（A）血液檢驗（B）脊髓液檢查（C）超音波掃描（D）尿液檢驗。

（B）38.根據優生保健法，懷孕超過幾週後，若要實行人工流產，必須前往有施行人工流產醫師的醫院住院施行？（A）八週（B）十二週（C）十六週（D）二十週。

（A）39.對輕度智能不足的學齡前幼兒訓練課程，重點為：（A）生活自理能力（B）職業陶冶（C）職業訓練（D）基本學術技能。

（D）40.當老師聽到小英將「ㄔ」飯說成ㄔㄨ」飯，一「ㄍㄜ」同學說成 -「ㄍㄨㄛ」同學，此時他是構音異常中的哪一類異常？（A）省略音（B）替代音（C）歪音（D）贅加音。

（A）41.對於視覺障礙兒童的閱讀是採用點字觸讀，我國的點字是採用：（A）注音符號（B）象形文字（C）羅馬拼音（D）簡體文字。

（B）42.根據兒童福利專業人員資格要點，以下哪一位參加兒童福利專業人員戊類所長訓練班結業後，馬上可具有托兒所所長的資格？（A）萍萍二專幼保科畢業，並有四年家庭保母經驗（B）琳琳四技幼保系畢業，並於社會局登記合格保育員任滿二年（C）青青高職幼保科畢業，並於社會局登記合格保育員任滿四年（D）婷婷大學畢業，並於社會局登記合格保育員任滿二年。

（D）43.莉莉老師使用緩降機時示範了以下步驟：①將安全索套在腋下，束環束至胸口；②調節器至胸口不超過一臂長；③雙手拉緊調節器下一條繩索，攀出窗外，面向牆壁；④放開雙手，雙手保持高

舉；⑤下降後立刻拿開安全索；⑥順勢拉繩索到頂，以便下一位使用。以上哪些步驟是不正確的？（A）第1、2項（B）第1、3項（C）第2、4項（D）第3、4項。

（A）44.當3歲的小丁跌倒，小腿出現瘀傷時，以下哪一項是老師適當的處理方式？（A）24小時內重複用冰布敷傷處3至4次，每次15分鐘，24小時後改用溫濕布敷傷處（B）24小時內重複用溫濕布敷傷處3至4次，每次15分鐘，24小時後改用冰布敷傷處（C）48小時內重複用冰布敷傷處3至4次，每次15分鐘，48小時後改用溫濕布敷傷處（D）48小時內重複用溫濕布敷傷處3至4次，每次15分鐘，48小時後改用冰布敷傷處。

（A）45.當3歲的小民摔倒，右手臂骨折且割傷大量出血時，老師檢查傷口沒有異物後，最適合立即施行的方法是：（A）直接加壓止血法（B）手臂抬高止血法（C）止血點止血法（D）止血帶止血法。

（C）46.青青托兒所的娃娃車的外觀具有以下特徵：①車窗玻璃貼有黑色紙，避免幼兒行動被偷窺；②車窗設有護網以防幼兒掉落；③安全門上貼有每個字10公分大的紅色「安全門」標誌；④車子出入口階梯的每一階高度都為30公分。根據90年3月新訂幼童專用車車身各部規格，以上外觀中有哪些項目不符規定？（A）第2、3、4項（B）第1、2、3項（C）第1、2、4項（D）第1、3、4項。

（A）47.根據我國「兒童寄養辦法」第4條規定，受寄養父母應具備以下哪一選項的條件？（A）年齡均在30歲至55歲之間，國中以上教育程度，結婚3年以上和諧相處（B）年齡均在30歲至50歲之間，國中以上教育程度，結婚2年以上和諧相處（C）年齡均在25歲至45歲之間，國中以上教育程度，結婚5年以上和諧相處（D）年齡均在35歲至60歲之間，國中以上教育程度，結婚2年以上和諧相處。

（C）48.托兒所保育員王老師發現班上5歲幼兒小青自有繼母之後，身體常見明顯傷痕，精神恍惚，神色驚慌，拒絕與別人交談。經王老師向鄰居打聽後知道：小青常遭繼母虐待，鄰居勸阻無效。依照兒童福利法第18條規定，王老師應如何處理？（A）約談小青的父親，請父親管制繼母的行為，否則報警處理（B）約談小青的繼

母，請她能將小青視為自己的孩子，並教她教導幼兒的方法（C）於知悉實情24小時內向當地家暴中心報告（D）這是別人家內事，不要多管，只要在托兒所內好好照顧小青。

（D）49.1989年聯合國通過「兒童權利公約」，並訂定每年哪一天為國際兒童人權日？（A）2月28日（B）5月4日（C）8月27日（D）11月20日。

（B）50.以下哪一種輔具是說話和肢體活動有困擾的人常用的溝通方式？（A）助聽器（B）溝通板（C）語言主機（D）聲語合成器。

附錄三

91年四技二專
專業科目（二）試題詳解

（C）1.選擇單元主題時，下列何者爲最適宜的考慮原則？（A）範圍廣泛，涵蓋知識越多越好（B）比照過去的經驗，沿用前例（C）包含多項課程領域爲佳（D）考慮家長的需求，儘量配合。

（C）2.假如你是一位沒有實習經驗的實習生，請問應如何配合實習班級老師的帶領？（A）被動地跟隨老師（B）坐在一旁等待老師（C）多聽多看多學（D）積極主動展現才華。

（A）3.在「我們都是一家人」單元教學活動中，老師的教學活動依序爲：「我的家人」、「好鄰居」、「台灣大家庭」，請問老師是運用下列何種教材排列原則？（A）由近到遠（B）由易到難（C）由事實到概念（D）由具體到抽象。

（B）4.下列有關學習區規劃的敘述，何者正確？（A）益智區宜靠近水源（B）語文區可放置錄音機（C）美勞區應鋪設地毯（D）積木區宜設在門口旁邊。

（D）5.老師播放「垃圾處理」的影片給幼兒觀賞，並和幼兒討論垃圾處理的方法來進行教學活動，下列有關此教學活動行爲目標的敘寫，何者最爲適宜？（A）認識垃圾處理的方法（B）介紹垃圾處理的方法（C）能使用回收餐具製作童玩（D）能說出垃圾處理的方法。

（B）6.當你向幼兒發問時，下列做法何者較爲適當？（A）請某位幼兒立即回答（B）預留時間讓幼兒思考（C）幼兒答錯時即刻糾正（D）幼兒未回答不得坐下。

（C）7.下列有關保育員的工作範圍，何者最不適合？（A）鼓勵幼兒（B）指導父母（C）負責招生（D）清潔工作

（A）8.當進行「好吃的水果」單元時，下列何種方式較不適合作爲引起動機的方式？（A）請幼兒進行水果名稱字卡與圖片配對活動（B）利用神秘袋，請幼兒觸摸水果實物（C）請幼兒品嚐各種水果，分享其味道、口感（D）帶幼兒參觀附近的果園，實地摘採水果。

（B）9.當幼兒一直逗留在遊戲場而不進教室時，下列老師與幼兒的對話，何者最爲適宜？（A）再不進來，就留在外面！（B）進來吧！要吃點心了！（C）你要不要進來？（D）該進來了，好不好？

（D）10.老師在教學前，事先布置學習區情境，並放置相關教具提供幼兒操作，請問老師是運用下列哪些教學原則？（A）類化原則、社會化原則（B）個性適應原則、完形學原則（C）熟練原則、同時學習原則（D）準備原則、自動原則。

（A）11.下列行為：①經常抬起頭來看幼兒；②選一個能綜觀教室的位置看幼兒；③常坐在教室正中央看幼兒；④坐在老師旁邊，視情況移動看幼兒。何者能改變實習生常一次只能注意到一位幼兒的習慣？（A）①②④（B）①③④（C）②③④（D）①②③。

（D）12.下列敘述，何者是運用創造思考的「類推」發問技巧？（A）假如有一天你變成外星人，你會長什麼樣子？（B）想想看瓶子除了裝水以外，還可以用來做什麼？（C）如果家裡停電的時候，可能會發生什麼事情？（D）腳踏車和摩托車有什麼相同點？和汽車又有何相同點？

（B）13.如果你是實習生，在試教時發生錯誤，請問應該採取下列何種方式處理最為適宜？（A）隨即請教老師，正確示範方法（B）向幼兒道歉，並重新示範一次（C）繼續教學活動，完成預定進度（D）暫停教學活動，等老師糾正。

（A）14.當進行「郵局」主題時，下列活動進行的順序何者最為適宜？①請幼兒分享去郵局的經驗；②請幼兒展示自行繪製的郵票；③參觀郵局，和幼兒討論郵局所提供的服務。（A）①③②（B）①②③（C）③②①（D）③①②。

（C）15.下列關於各種實驗性教學法的敘述，何者正確？（A）行為課程教學法的每日活動順序為：計畫→工作→回顧時間（B）五指教學法是將課程分成健康、社會、科學、戲劇、語文五項（C）發現教學法的實施最具體可見的就是「學習區」的規劃與運用（D）蒙特梭利教學課程的教材是以單元方式組織，在一定時間完成。

（A）16.如果某幼兒在園所發燒高達38℃，請問下列處理方式何者最為適當？（A）讓幼兒在保健室休息，並聯絡父母（B）給幼兒服用退燒藥，再聯絡父母（C）立即請老師開車將幼兒載回家（D）幫幼兒洗澡以降低體溫，並留校觀察。

（C）17.下列有關實習生到校外集中實習須知的敘述，何者正確？（A）編寫教學計畫可由他人代勞（B）配合原就讀學校，可機動調整園所規定（C）宜服從帶班老師的指正與教導（D）僅協助教學活動，其他由老師負責。

（C）18.下列敘述何者是屬於赫爾巴特（J. F. Herbart）四段教學法中的「系統」方法？（A）幼兒曾在戶外看過或觀察過蝴蝶（B）老師介紹蛾，蛾與蝴蝶外形類似，但構造不同（C）幼兒認識到蛾與蝴蝶同屬昆蟲（D）幼兒看到蛾，能叫出正確名稱並能與蝴蝶區別。

（B）19.在「小小音樂會」單元教學活動的最後，老師計畫舉辦一場自製樂器的演奏表演會，請問此活動是屬於大單元教學活動中的哪一階段？（A）發展活動（B）綜合活動（C）準備活動（D）轉換活動。

（D）20.當老師問幼兒：「筷子可以用來做什麼？」在同一時間內，甲畫出五種用途，乙畫出十種用途，請問乙在下列哪一方面的創造力表現比甲好？（A）獨創性（B）精進性（C）變通性（D）流暢性。

（A）21.下列有關見習生見習態度的敘述，何者正確？（A）主動打招呼，向人說好（B）面帶恐懼，深怕犯錯（C）事事好奇，見人就問（D）利用空閒，交談聊天。

（A）22.下列何者最適宜用來作為三歲幼兒的教學主題？（A）蘋果（B）蔬果大集合（C）植物（D）好吃的水果。

（C）23.下列有關幼兒學習評量的敘述，何者正確？（A）最好使用單一工具進行評量（B）評量結果可公開宣布，供他人參考（C）進行方式亦可由幼兒自我評量（D）評量結果可和其他幼兒進步做比較。

（D）24.如果帶班老師要求見習生隔日進行實際教學活動，請問見習生應如何處理較為適當？（A）遵照老師指示，實際帶領教學（B）拖延老師要求，答應日後再教（C）不動聲色，向他班老師抱怨（D）請就讀學校實習輔導老師出面處理。

（D）25.老師在「小小種子」單元教學活動結束後，請幼兒剪下種子發芽

過程圖片依序黏貼，右圖是某位幼兒黏貼的結果，下列有關評量
方式與結果的敘述何者正確？

（A）此最適合小班幼兒。

（B）此屬於口頭評量法。

（C）此圖黏貼順序正確。

（D）此屬於總結性評量。

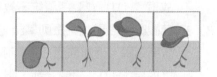

（B）26.老師請幼兒們分享其繪畫作品，並展示於布告欄，請問上述老師
的目的是屬於馬斯洛（Maslow）人類需求層次中的哪一部分？
（A）生理的需求（B）審美的需求（C）安全的需求（D）愛及隸
屬的需求。

（C）27.果見習生無法回答家長所提的問題，請問見習應如何處理較為
適當？（A）懇請家長，勿再提問（B）虛應一番，答非所問（C）
轉介給該班老師處理（D）拒絕回答任何問題。

（D）28.下列單元主題：①「認識身體」；②「夏令衛生」；③「美麗的
蝴蝶」；④「情緒面具」，何者屬於健康課程領域？（A）②③
（B）①③（C）②③④（D）①②④。

（D）29.如果某老師看見工人，以遊戲場玩沙區內的海沙拌水泥鋪設遊戲
設備，請問下列處理方式何者較不適當？（A）立即向工人說
明，並停止施工（B）向所長報告，並出面處理（C）請負責廠商
說明後續處理方式（D）當作不知情，讓工人繼續施工。

（A）30.下列有關見習生在活動室內觀察幼兒的敘述，何者正確？（A）
儘量坐著觀察，必要時才移動（B）刺激幼兒，看其反應如何（C）
頻頻提問，請教該班老師（D）參與教學活動，並積極發問。

（D）31.下列有關參觀教保機構的態度，何者正確？（A）可隨意進入園
所的教室（B）有問題立即向園所提出（C）和幼兒坐在一起以協
助教學（D）遵守園所參觀流程的安排。

（C）32.老師想瞭解幼兒是否知道正確的洗手步驟，請問下列何者為較適
當的評量方法？①請幼兒說出洗手的步驟；②在幼兒洗手時進行
觀察；③請幼兒模擬表演洗手的情境；④請幼兒寫下洗手的步
驟。（A）①②④（B）③④（C）①②③（D）①②③④。

（A）33.在語文課程領域中，下列教學方式何者較為適當？（A）用手指在沙盤上畫字（B）利用簿本大量練習寫字（C）閱讀文字繁多的故事書（D）齊聲朗讀統一教材。

（B）34.參觀時如遇到幼兒主動攀談，下列處理方式何者最為適宜？（A）微笑以對，不加回應（B）耐心傾聽，適時回應（C）主動帶離，單獨交談（D）報告老師，制止幼兒。

（C）35.下列有關參觀園所前準備的敘述，何者正確？（A）參觀當天，告知學生園所概況（B）參觀目標可以當天決定，以免忘記（C）參觀要點宜先畫成表格，以便填寫（D）參觀前一天，以電話通知園所即可。

（B）36.老師播放流水的音樂聲，請幼兒隨樂聲模擬各種水中生物的姿態，請問上述教學包含了音樂活動內容中的哪幾項？①唱歌；②韻律；③欣賞；④節奏樂。（A）①②（B）②③（C）③④（D）①④。

（C）37.老師看到幼兒的圖畫中，畫有綠色頭髮的人物，下列老師的回應，何者較為適當？（A）告知幼兒頭髮的適當顏色（B）要求幼兒重畫（C）鼓勵幼兒和他人分享創作（D）請其他幼兒勿模仿。

（D）38.下列有關教學法起源地的敘述，何者正確？（A）五指教學法起源於澳洲（B）大單元設計教學法起源於德國（C）蒙特梭利教學法起源於荷蘭（D）發現學習教學法起源於英國。

（D）39.幼兒甲：「小明住在小美樓上」、幼兒乙：「爸爸跑得比我快」、幼兒丙：「麗麗喜歡唱歌」、幼兒丁：「奇奇身高是120公分」，以上哪些幼兒的敘述具有數的概念？（A）乙丙丁（B）乙丙（C）甲丙丁（D）甲乙丁。

（A）40.下列有關「水」的教學活動敘述，何者正確？（A）介紹水的特性是屬於自然領域活動（B）討論水的功用是屬於音樂領域活動（C）說明水的循環是屬於美術領域活動（D）參觀自來水廠是屬於語文領域活動。

（B）41.下列托兒所的工作，何者為助理保育員最適合擔任的工作？（A）預算的編制（B）協助教保工作（C）聘任工作人員（D）駕駛幼

童專用車。

（D）42.老師如果看到廚房媽媽將托兒所購買的新鮮蔬菜私自帶回，請問老師應如何處理較爲適當？（A）向警方報案，請求協助（B）基於愛心，直接饋贈（C）共同隱瞞，互相包庇（D）秉持正義，向所長報告。

（B）43.老師在進行數概念的教學活動時，下列教具的使用順序爲何？

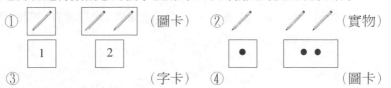

（A）①②④③（B）②①④③（C）②①③④（D）②④①③。

（A）44.下列有關托兒所戶外遊戲場的布置原則，何者正確？（A）玩沙區設置遮陽棚以防日曬（B）緊鄰鞦韆設置桌椅，讓幼兒休息（C）花草樹木應多栽種，以配合教學（D）腳踏車行走的水泥道應有90°的轉彎。

（D）45.下列有關幼兒搭乘幼童專用車的敘述，何者正確？（A）幼兒在接送途中，可增加幼兒戶外教學機會（B）幼童專用車可穿梭大街小巷，以節省幼兒回家時間（C）父母雖不能親自接送，無礙其瞭解幼兒在所的表現（D）幼兒長時間搭乘幼童專用車，限制其身體活動權利。

（A）46.有關托兒所員額的編制，是屬於下列哪一項的工作範圍？（A）人事管理（B）教保工作（C）庶務工作（D）環境規劃。

（B）47.下列有關托兒所設備維護的敘述，何者正確？（A）室外設備不因任何因素搬移，以方便使用（B）設備損壞雖仍可使用，也應即刻設法修理（C）設備的使用方法，老師不必隨機指導幼兒（D）設備的檢查，可依園所的需求執行之。

（B）48.如果所長氣沖沖的告訴甲老師說：「乙老師爲什麼站在遊戲場內的涼亭這麼久，在和誰說話？」請問甲老師應如何回應較爲適當？（A）請乙老師過來，即刻向所長認錯（B）安撫所長情緒，並代爲問明原因（C）添油加醋，加深所長對乙老師的誤解（D）

遵照所長指示，將乙老師記過處分。

（C）49.下列有關幼童專用車隨車人員行為的敘述，何者正確？（A）按門鈴後，讓幼兒一人獨自上樓（B）行車中和幼兒玩遊戲，讓司機專心開車（C）協助幼兒上下車，並能親自接送（D）如遇幼兒親戚，可請其將幼兒順便接走。

（B）50.下列敘述，何者不屬於試教前的準備工作？（A）提早到所，做好準備工作（B）商請幼兒回答問題（C）熟悉教具材料的使用方式（D）配戴手錶，以利控制時間。

91年二技
專業科目（二）試題詳解

（D）1.托兒所提供的托育服務是屬於哪一類服務？（A）替代性服務（B）支持性服務（C）救濟性服（D）補充性服務。

（A）2.小明在戶外活動時，有皮膚乾燥、泛紅、頭痛、噁心、體升溫高、呼吸快而弱的現象。小明可能是甚麼問題？（A）中暑（B）熱衰竭（C）壞血病（D）貧血。

（C）3.依據行政院衛生署的建議，以下哪一項是一般嬰兒添加副食品的適當時間？（A）菠菜泥最適合成為嬰兒第一個添加的副食品（B）為嬰兒添加第一項副食品最適合的時間為嬰兒二個月大時（C）十個月大時可以開始添加蛋白（D）添加水果泥宜從四個月大時開始。

（A）4.下列哪一種食物組合能達到蛋白質互補作用，提升蛋白質的營養價值？（A）牛奶麥片粥（B）檸檬愛玉冰（C）燒餅油條（D）桂圓紅棗茶。

（D）5.下列有關營養素的來源敘述，哪一項不正確？（A）牛奶可提供豐富的維生素B_2（B）木瓜可提供豐富的維生素A（C）番石榴可提供豐富的維生素C（D）胚芽米可提供豐富的維生素B_{12}。

（A）6.嬰兒喝奶後，吐出像豆花一般的物質，主要是因為哪一種酵素對牛奶中酪蛋白的作用？（A）胃凝乳酵素（B）胰凝乳酵素（C）小腸凝乳酵素（D）肝凝乳酵素。

（D）7.5歲幼兒帶小動物到托兒所與其他幼兒分享時，以幼兒安全的觀點而言，哪一項是適當的做法？（A）烏龜屬於安全動物，放出與幼兒一起玩（B）讓幼兒觸摸擁抱動物，以減少對動物的畏懼（C）幼兒自家的寵物是安全的，可放出與其他幼兒一起玩（D）小鳥是某些人類傳染病帶原著，不適合放出來與幼童玩。

（A）8.嬰幼兒缺乏甲狀腺素會導致下列哪一種問題？（A）呆小症（B）紫斑症（C）苯酮尿症（D）蠶豆症。

（B）9.有關嬰幼兒熱性痙攣（febrile convulsion）敘述，下列何者正確？（A）常見於初生一個月嬰兒發燒所引起的肌肉痙攣症狀（B）發作時常伴隨全身性抽筋（C）是一種致死率高的嬰兒急症（D）大部分是遺傳性基因異常所引起。

（A）10.當發現幼兒有癲癇發作時，下列何者是適合的處理方式？（A）應注意頭部傷害（B）俯臥，臉部朝下可有效防止嘔吐物倒吸入肺部（C）癲癇發作時立即以湯匙掀開緊閉的牙關以暢通呼吸（D）發作後立即給予少許飲料補充體力。

（C）11.根據89年衛生統計資料顯示，1～4歲兒童死亡原因第一位是什麼？（A）肺炎（B）惡性腫瘤（C）事故傷害（D）先天性畸形。

（D）12.下列有關兒童弱視的敘述，哪一項不正確？（A）患者常有複視的現象（B）越早治療效果越好（C）戴眼罩是治療的一種方法（D）視網膜不平衡所造成。

（B）13.下列哪一種情形，胎兒最可能產生溶血現象？（A）孕婦血型為Rh陽性，配偶為Rh陰性（B）孕婦血型為Rh陰性，配偶為Rh陽性（C）孕婦與配偶血型均為Rh陰性（D）孕婦與配偶血型均為Rh陽性。

（C）14.產前檢查中，羊膜穿刺術適當的施行時間為懷孕的哪個時期？（A）5週至6週（B）9週至10週（C）15週至16週（D）29週至30週。

（B）15.對一般出生第一個月的嬰兒而言，下列哪一項是正常的生理特徵？（A）脈搏不均60～80次／分（B）呼吸平均30～50次／分（C）血色素11公克／100c.c.（D）舒張壓80～90㎜Hg。

（C）16.下列哪一項是有關腦性麻痺的正確敘述？（A）又稱為唐氏症（B）大部分是遺傳基因異常引起（C）是一種神經肌肉失調的病症（D）患者都有智力嚴重受損的現象。

（A）17.父母雙方皆為地中海性貧血帶原者，每次懷孕其胎兒會完全正常（沒有帶原，也不是患者）的機率有多少？（A）25%（B）50%（C）75%（D）100%。

（B）18.小雅早上到托兒所上學時身體一切正常，午睡醒來突然發燒，保育員適宜的處理方式為何？（A）通知家長並到藥店買退燒藥給小雅服用（B）通知家長並餵食稀釋的果汁（C）通知家長並以冷水浸泡身體（D）通知家長並增加保暖衣物使幼兒多流汗。

（D）19.為預防幼兒近視，看電視時應該注意什麼？（A）保持與電視畫

面寬度六倍的距離（B）夜間看電視不要開燈，避免刺眼（C）每看2小時電視休息20分鐘（D）電視畫面高度比兩眼平視略低15度。

（A）20.下列有關血液運送氧氣及二氧化碳的敘述，哪一項正確？（A）肺動脈攜帶二氧化碳，大靜脈攜帶二氧化碳（B）主動脈攜帶氧氣，肺靜脈攜帶二氧化碳（C）肺動脈攜帶氧氣，肺靜脈攜帶二氧化碳（D）主動脈攜帶氧氣，肺靜脈攜帶氧氣。

（C）21.6歲以下幼兒有哪一種症狀時最可能是自閉症？（A）愛哭（B）常常要求被抱著（C）喜歡重複同一動作模式（D）進行的活動受到干擾時常以暴怒動作抗議。

（B）22.4歲幼童小咪將土司和豆腐歸於同一類，他認為土司和豆腐的共同屬性為白色，這顯示小咪的智力發展上具有哪一種特徵？（A）質量保留概念（B）注意力局部集中（C）自我中心思考（D）思考具可逆性。

（B）23.團體活動時，小明不遵守保育員規定之規則，並且到處捉弄同學，保育員提示規定內容無效時，保育員最適宜的處置為何？（A）告訴他「再捉弄同學，就沒有點心」（B）請她暫停活動，並告訴他「請學習遵守規定」（C）不理他（D）請家長帶回家。

（D）24.王老師挑選三位幼兒，觀察記錄每位幼兒30分鐘，詳細記錄情緒行為的表現及伴隨產生的身體與社會行為，最後比較三位幼兒情緒表達的範圍、強度及引起情緒的原因。請問王老師所用的觀察紀錄法是什麼？（A）時間取樣法（B）次數統計法（C）日記法（D）採樣記錄法。

（D）25.目前全國幼托整合是由哪兩個部會共同協商？（A）教育部與衛生署（B）總統府與教育部（C）衛生署與內政部（D）教育部與內政部。

（B）26.小英吃糖果時，含在舌頭的哪一部位對甜味感受最強烈？（A）舌頭邊緣（B）舌尖（C）舌根（D）舌頭中間。

（C）27.社工員發現小英（4歲）遭受父母親的虐待，要求托兒所王老師提供資料以便瞭解虐待期間相關問題，但老師因怕麻煩而拒絕合

作。依照我國現行兒童福利法規定，兒童福利主管機關對於這類配合不當事件應如何處理？（A）無法硬性規定王老師提供資料（B）通知王老師接受親職教育講座4小時（C）對老師處予罰鍰，若老師仍不提供資料，可繼續施予處分直到提供資料（D）對老師處予罰鍰，若老師願意接受處分，卻堅拒提供資料，主管機關沒其他辦法。

（B）28.依據我國現行兒童福利法規定，以下哪一項是正確的？（A）發展遲緩之特殊兒童是指需接受早期療育之未滿8歲之特殊兒童（B）7歲以上兒童被收養時，應尊重兒童的意願（C）兒童福利法適用對象為18歲以下兒童（D）12歲以下幼兒不可獨處於家中。

（C）29.5歲幼童阿娟遭父親打成重傷，有生命危險，依據我國現行兒童福利法規定，當地社會局於90年5月1日上午十點緊急安置阿娟，最多可安置到何時？（A）90年5月4日上午十點（B）90年8月4日上午十點（C）90年11月4日上午十點（D）90年8月1日上午十點。

（B）30.依據我國兩性平等法的規定，多少人以上的機構需為員工設置托育場所？（A）50人（B）250人（C）350人（D）450人。

（C）31.與幼兒溝通時，以下哪一項是不適當的溝通技巧？（A）澄清（B）尊重（C）命令（D）傾聽。

（B）32.以下哪一項是最適當的「同理心」技巧？（A）儘量多提問題（B）表達自己對於對方的感覺與瞭解（C）替對方將陳述的內容分析出問題的癥結（D）替對方將陳述的問題提出解決方案。

（D）33.在一般情況下，下列何者不適合成為語文區進行之活動？（A）翻閱書報（B）演手偶戲（C）聽故事錄音帶（D）樂器演奏。

（A）34.根據我國幼稚園課程標準，有關水、火、電的安全教育屬於下列哪一領域？（A）健康（B）工作（C）社會（D）自然。

（D）35.關於兩歲幼兒「數」概念的學習，下列何者不適當？（A）應使用教具或實物（B）幼兒會數數，並不表示已瞭解數和數量的關係（C）幼兒會認數字，並不表示已瞭解數量的意義（D）教導幼兒「數」概念時，應由 "0" 開始。

（A）36.下列有關安排幼兒參觀或郊遊活動的原則，何者不適當？（A）

同行照顧幼兒的成人，應以教師與保育員爲限（B）事前應先與幼兒討論相關事宜（C）教師應事先察看目的地（D）應向校方報備。

（B）37.下列有關美勞區空間設計的敘述，哪一項不適合？（A）美勞區設置地點應靠近水臺或洗手間，以利清洗（B）爲避免幼兒浪費，不宜提供多種紙質或工具（C）地面以利於清理之塑膠地板爲佳（D）提供寬廣的操作桌面。

（A）38.有關積木區的設計，下列敘述何者最適當？（A）在教室內，遠離通道，以免妨礙其他幼兒通行（B）採封閉式設計，以免干擾其他角落（C）爲了避免整理上的困難，最好不提供幼兒較大之積木（D）不要提供配件，以免幼兒在本區產生扮演遊戲，而與扮演區功能混淆。

（D）39.下列何者不適合作爲四歲幼兒自然科學活動？（A）記錄動物長大的過程（B）在校園內栽種植物（C）製造吹泡泡的材料（D）酸鹼融合的實驗。

（C）40.教師正與幼兒進行光和影的團體討論，下列哪一敘述屬於開放式的問題？（A）有沒有看過影子？（B）黑暗中有影子嗎？（C）你看過哪種影子？（D）現在教室內有沒有光線？

（B）41.下列關於幼兒玩沙的注意事項，何者不適當？（A）幼兒手上有傷口時，最好不要玩沙（B）沙坑最好遠離洗手檯，以免幼兒弄濕沙坑（C）教師須經常查看沙質是否乾淨（D）須和幼兒討論玩沙的安全事項，再行開放。

（D）42.爲了培養幼兒的同理心，下列做法何者不適宜？（A）透過角色扮演的方式，促進幼兒角色取替的能力（B）喚起幼兒類似經驗的記憶，回想自己當時的感受（C）說一個故事，仔細敘述故事中角色在不同情境下的感受（D）讓幼兒經驗燙傷的歷程，協助幼兒瞭解燙傷之疼痛感覺。

（C）43.下列有關優良戶外遊戲場的要件之敘述，以教育的觀點而言，何者不適當？（A）具不同程度的挑戰性（B）可提供多樣化的經驗（C）遊戲器具零星分布於遊戲場（D）可促進各種不同的遊戲型

態。

（D）44.當幼兒指著正在滾動的球說「球」，照顧者應如何回應較能增進幼兒的語言發展？（A）對（B）對，球（C）一顆球（D）是啊，一顆球滾過來了。

（A）45.教師在教室中無意間發現一段幼兒之間有趣的對話，便隨手記了下來。此種紀錄法稱為什麼？（A）軼事紀錄法（B）事件紀錄法（C）採樣紀錄法（D）檢核表法。

（A）46.以一個幼兒感興趣的主題為中心延伸出許多與主題相關的子題，並形成一非線性的網絡圖，這種設計方法通常被稱為什麼？（A）主題網課程設計（B）五指教學活動設計（C）情意課程設計（D）認知課程設計。

（B）47.王老師在做觀察紀錄時，記下了實際上未曾出現的行為或語言，王老師犯了何種錯誤？（A）遺漏的錯誤（B）權限的錯誤（C）控制的錯誤（D）傳達的錯誤。

（C）48.王老師使用時間取樣法觀察幼兒甲50次之後，發現幼兒甲共出現目標行為20次。根據次數統計法，請問幼兒甲目標行為的出現頻率為多少？（A）10%（B）20%（C）40%（D）50%。

（C）49.兩個觀察員的觀察結果一致，或在不同時空情境下觀察結果一樣，表示此種觀察方法具有哪一種性質？（A）效度（B）精細度（C）信度（D）敏感度。

（A）50.王教授為研究幼兒間的攻擊行為，進入愛愛托兒所觀察，幼兒因為察覺自己正處於被觀察的情境，因此造成影響改變行為。此時的觀察紀錄最容易產生以下哪一種問題？（A）霍桑效應（B）月暈現象（C）逾越權限（D）自我中心現象。

90年四技二專
專業科目（二）試題詳解

（C）1.下列有關幼兒學習活動的敘述，何者正確？（A）團體活動的形式較能減少幼兒適應上的挫折（B）所謂的個別活動，指的就是自由活動（C）當教師輔導幼兒某種技能時，常選用個別活動（D）當教師人數不足時，最適合進行小組活動。

（B）2.下列有關角落的布置，下列較適當？（A）積木角近鄰通道（B）娃娃家設置在角落處（C）圖書角與音樂角爲鄰（D）科學角擺放賓果遊戲。

（D）3.下列何種教學方法對「幼兒主動閱讀習慣的養成」可能會有反效果？（A）讓幼兒隨時有機會拿取圖書（B）不限制幼兒閱讀時間（C）鼓勵幼兒講述故事（D）多教幼兒認識國字。

（A）4.媽媽看到芳芳爲她所畫的畫像，下列媽媽的回應，何者最能培養芳芳的自信心？（A）你畫媽媽在做什麼？（B）這個眞的是我嗎？（C）我那有那麼醜？（D）我的嘴巴怎麼這麼大。

（D）5.下列有關參觀保育機構的態度，何者正確？（A）多主動翻閱各種資料，才有更多收穫（B）多拍照以蒐集更多資料（C）主動找幼兒談話，建立良好關係（D）若有問題最好在意見交流會再提出討論。

（B）6.下列工作：①發文至參觀機構；②瞭解欲參觀園所的福利待遇；③確定參觀人數；④調查參觀園所遊樂設備；⑤召開參觀行前說明會，何者必須在參觀前準備？（A）①②⑤（B）①③⑤（C）②④⑤（D）①②③⑤。

（C）7.下列同學：甲.穿貼身牛仔褲；乙.綁根馬尾、著運動服；丙.長髮披肩、穿Ｔ恤長褲；丁.梳辮，穿連身工作服。上述何者的衣著打扮較適合至保育機構實習？（A）甲、乙、丙（B）乙、丙、丁（C）乙、丁（D）丙、丁。

（B）8.導護教師遇到一位自稱是小明表姐的女孩，欲將小明接回時，下列的處理方式，何者可能有安全上的顧慮？（A）教師以電話和家長確認後，同意讓她接回（B）教師與小明確認後，同意讓她接回（C）家長若曾以電話和教師聯繫，則同意讓她接回（D）表姐出示接送卡並與家長確認後，同意讓她接回。

（D）9.甲說：「大單元教學法主張從幼兒生活經驗中取材。」；乙說：「發現學習法注重完整的教材學習活動。」；丙說：「蒙特梭利教學就是教具操作。」；丁說：「方案課程強調由幼兒主動發展課程。」上述四人，誰的看法正確？（A）甲、乙（B）乙、丙（C）丙、丁（D）甲、丁。

（A）10.下列何者不屬於蒙特梭利的算術教具？（A）長棒（B）塞根板（C）紡錘棒（D）郵票遊戲。

（D）11.幼兒對老師說：「我最討厭你了！」，下列何者回答最能表達教師的傾聽與接納？（A）你怎麼可以這麼說！（B）為什麼你討厭我？（C）我做什麼事讓你這麼討厭我（D）你好像對我很生氣！

（B）12.教師讓幼兒以討論的方式表決班級常規，是運用下列何種理論？（A）人文理論（B）民主理論（C）行為理論（D）心理動力論。

（C）13.行為課程教學是出下列哪一個學者所提倡的？（A）史金納（Skinner）（B）陳鶴琴（C）張雪門（D）杜威（Dewey）。

（B）14.某托兒所的四位保育員：甲.重視幼兒的學習成果表現；乙.喜歡做幼兒的好朋友；丙.努力積極進修；丁.強調一致的學習，以上四位工作表現，何者最能符合幼兒需求？（A）甲（B）乙（C）丙（D）丁。

（D）15.下列有關參觀見習的敘述，何者較為適當？（A）參觀和見習可以同時進行（B）見習就是指試教活動（C）參觀時，最好在活動中進入活動室（D）見習生可參與編寫教案的工作。

（B）16.當學生學到方案教學法後，即前往相關機構參觀以驗證其所學，這種情況最有可能為下列何種參觀方式？（A）普通參觀（B）平時參觀（C）特殊參觀（D）定期參觀。

（A）17.下列人員：甲.私立托兒所所長；乙.私立托兒所保育員；丙.公立托兒所所長；丁.公立托兒所保育員，何者為「勞動基準法」的適用對象？（A）甲、乙（B）乙、丁（C）甲、丙（D）丙、丁。

（C）18.選擇具ST標誌的玩具，乃依據下列何種設備設置原則？（A）適合原則（B）經濟原則（C）安全衛生原則（D）實用原則。

（C）19.下列有關托嬰部室內環境安全規劃的規則，何者較不適當？（A）

托嬰人數少時，可考慮將遊戲空間與嬰兒床並存於嬰兒室（B）學步兒的室內地板需有彈性，以避免跌撞（C）嬰兒床宜儘量彼此緊靠，以方便留出遊戲空間（D）調奶台最好設在嬰兒室內。

（B）20.下列敘述，何者最適合被選為設立托兒所的教保目標？（A）能說出五種顏色名稱（B）培育幼兒創造思考與問題解決能力（C）能遵守規則，不亂丟垃圾（D）明白常見物體的數目及其單位。

（B）21.下列托兒所的設立位置，何者最適宜？（A）毗鄰工廠，以利招生（B）座落住宅區，方便幼兒上學（C）鄰近郊區，有利戶外教學（D）緊臨馬路，方便接送。

（A）22.下列有關所舍建築的敘述，何者最為適宜？（A）所舍位置方向，以南北向為佳（B）緊鄰教室的多寡與走廊的寬度無關（C）樓梯梯面愈光滑愈好（D）廁所應集中一處，以方便幼兒如廁。

（A）23.依黃昆輝所主張的行政歷程分類，「依據職責任用合適人員」的工作項目，是屬於下列哪一個行政歷程？（A）組織（B）計畫（C）溝通（D）協調。

（C）24.高職幼保科畢業生，通過社會局乙類保育人員專業訓練後，在家扶中心工作過五年，她將可以取得下列何種資格？（A）托兒所所長（B）兒童福利機構主任（C）保育員（D）社工人員。

（B）25.依據我國托兒所設置相關法規規定，下列何者正確？（A）托兒所收托出生滿六個月至未滿六歲幼兒（B）托兒所可分為：托兒部與托嬰部兩類（C）托嬰部可收托滿六個月至未滿二歲的幼兒（D）托兒所可收托滿三歲至未滿六歲的幼兒。

（D）26.下列敘述，何者不屬於開放式幼兒活動設計所強調的理念？（A）保育員引導幼兒主動學習（B）學習環境隨主題更換（C）課程內容注重生活化（D）教學強調學習成果表現。

（C）27.下列項目：①實際帶領教學活動；②觀察教師課室管理技巧；③認識幼兒並觀察其行為；④協助教學情境的布置，以上何者為見習生參與教學活動的範圍？（A）①②③（B）②③（C）②③④（D）①③④。

（B）28.如果見習生的班級教師，要求其看守躲在棉被櫃嬉戲的幼兒，不

讓他出來，請問見習生應如何處理最適當？（A）遵照老師指示看守幼兒（B）請幼兒跟老師認錯並為他求情（C）秉持正義規勸教師（D）說明理由，並拒絕老師之要求。

（A）29.下列有關教學原則的敘述，何者有誤？（A）赫爾巴特（J. F. Herbart）的四段教學法依據完形學習原則（B）教師以圖片喚起幼兒的經驗，乃運用類化原則（C）當幼兒有興趣時，要善於把握，為準備原則（D）個性適應原則是指教育要依幼兒的個別差異因材施教。

（C）30.下列有關「警察局」單元目標的敘述，何者較適宜列為副學習？（A）培養幼兒熱心服務的態度（B）知道警察局與我們日常生活的關係（C）知道有關警察英雄的故事（D）瞭解警察局是如何運作。

（B）31.下列有關「奇妙音樂」單元主題的教材教具，何者較適合放置在語文角？（A）五線譜與數字配對卡（B）樂器名稱配對卡（C）響板、沙鈴、木鳥的製作材料（D）錄音帶、打擊樂器。

（D）32.下列有關實施幼兒身體發展課程的敘述，何者正確？（A）餐點時間最好以上午九時，下午二時半為宜（B）幼兒撞傷瘀血時，宜馬上熱敷並輕輕按壓（C）劇烈運動後，應即刻補充幼兒水分（D）無須立即糾正幼兒不良習慣，可伺機以角色扮演輔導。

（B）33.依據幼稚園設備標準規定，若收托140位幼兒的園所，其大便器應設幾套？（A）7套（B）10套（C）12套（D）14套。

（D）34.有關以發現教學法為特色的室內環境布置的敘述：①環境布置的高度應合乎幼兒身高；②大積木放在櫃子的最高處，便利幼兒搬運；③布置的主題應力求固定，不須配合教學內容；④採用較高的櫃子區隔空間，避免相互干擾；⑤布置物品應堅固不易破碎，以上何者較為適宜？（A）①③④（B）②④（C）①④⑤（D）①⑤。

（D）35.下列有關室外環境安全的敘述，何者正確？（A）固定運動器材區宜設在場地中央，方便幼兒使用（B）幼兒在水泥地上奔跑最安全（C）攀登架設在舖有柏油的戶外活動場（D）在舖有沙質的戶

外活動場地，幼兒跌倒時較安全。

（C）36.依據87年台灣省托兒所設標準與設立辦法規定，托兒所使用建築物地面樓層以幾樓為限？（A）一樓（B）二樓（C）三樓（D）四樓。

（B）37.當家長連續多日未將幼兒接回，又無法聯絡其他親友時，下列何種處理方式最為適宜？（A）基於愛心原則，繼續收托幼兒（B）立即向警方報案，請求協助（C）直接將幼兒送往育幼院（D）宜公開徵求愛心家長，以收養幼兒。

（C）38.下列有關保育實習的敘述，何者最為正確？（A）實習期間應常向家長解說幼兒的學習狀況（B）教保實習實施的程序通常為實習→參觀→見習（C）實習時，應配合所方輪值導護老師（D）實習生只需負責教學活動。

（D）39.下列課程組織型態：①核心課程；②科目課程；③活動課程；④主題課程，何者較適用於幼兒教學活動？（A）①②（B）①③（C）②④（D）③④。

（A）40.教師教學時，先讓幼兒看、摸、聞、吃蘋果，再讓幼兒畫下蘋果，最後讓幼兒表達對蘋果的認識，是運用何種教材排列原則？（A）由具體到抽象（B）由近到遠（C）由簡至繁（D）由舊經驗到新經驗。

（C）41.下列有關保育行政的敘述，何者正確？（A）兩歲以下的幼兒只需要保育的照顧（B）托兒所的主管機關是教育局（C）核備保育人員資格是所長的工作職責（D）保育行政就是指管理所務。

（A）42.下列哪一項評量內容是屬於情意領域？（A）小明可以大方的和同伴分享自己的故事書（B）小英會向大家介紹家中所養的寵物（C）小華能說出班上最高與最矮的小朋友（D）小美會辨認1～5的阿拉伯數字。

（D）43.下列有關選擇幼兒讀物的原則，何者正確？（A）圖書與文字比率大約是1：4（B）讀物印刷紙張愈光亮愈好（C）2～3歲的幼兒讀物故事情節要曲折（D）讀物色彩要鮮明活潑，大小合宜。

（A）44.依據民國87年台灣省托兒所設置標準與設立辦法規定，托嬰業務

每班收托人數不得超過幾人？（A）5人（B）10人（C）15人（D）30人。

（B）45.下列有關幼童專用車的敘述，何者正確？（A）每年應至合格汽車修理廠實施三級以上保養（B）車子應檢附縣、市政府社會局同意書，向當地監理所申領牌照（C）車齡超過10年以上者，在安全無虞之下，仍可以繼續使用（D）駕駛人必須領有職業駕駛執照，且三年內無肇事記錄。

（B）46.下列有關活動室設備的敘述，何者有誤？（A）每個活動室至少要有兩個門（B）地面地板應該經常打臘，以增加使用年限（C）用具設備色彩宜與室內環境調和（D）室內溫度調節，應以幼兒感覺為標準。

（D）47.下列有關遊戲器材設施的敘述，何者最適宜？（A）體能器材的選購優先考慮經濟因素（B）室外遊戲場地儘量少栽種花木，以免引來蚊蟲（C）滑梯頂點最好設置平臺，以作為緩衝處（D）戶外遊戲器材的設置，宜考慮多元化原則。

（C）48.如果問幼兒：「空罐子可以做什麼用？」，幼兒回答：「裝水、裝彈珠、種花、做成踩高蹺。」請問他的創造思考測試的變通力應為幾分？（A）1分（B）2分（C）3分（D）4分。

（A）49.有關幼兒教保活動實施敘述：①考慮幼兒的身心發展狀況；②當多數幼兒不感興趣時，宜轉換活動；③按擬定之活動項目計畫，確實執行；④因應國際需求，安排多語教學，上述何者較為正確？（A）①②（B）②③（C）③④（D）①④。

（A）50.帶領幼兒音樂教學活動，應避免下列何種情況？（A）分句教唱歌曲，有助幼兒的學習（B）宜注重氣氛的掌握，無需太注重錯誤糾正（C）鼓勵幼兒發揮想像力，自行編創動作（D）幼兒歌曲長度選擇以八至十六小節為宜。

附錄六

90年二技
專業科目（二）試題詳解

（A）1.測量頭圍可觀察評估嬰幼兒腦組織發育情形，請評估頭圍約44公分的正常孩童之年齡爲何？（A）六個月（B）1歲（C）1歲半（D）2歲。

（A）2.考量幼兒脊柱發育及支撐身體重量能力，普遍而言，幾個月之前不宜坐學步車？（A）六個月（B）八個月（C）十個月（D）十二個月。

（C）3.下列何者爲替嬰幼兒包裹尿布的正確方法？（A）以兩指寬鬆爲宜，並應蓋過肚臍（B）以兩指寬鬆爲宜，不應蓋過肚臍（C）以一指寬鬆爲宜，不應蓋過肚臍（D）以一指寬鬆爲宜，並應蓋過肚臍。

（B）4.依據88年衛生署統計，嬰幼兒期間最需要也最容易缺乏的礦物質爲何？（A）鈣與鎂（B）鈣與鐵（C）鎂與鐵（D）鈣與磷。

（C）5.新生兒餵食後應採取何種姿勢，以減輕反胃和腹脹？（A）半坐臥並抬高頭部45度（B）俯臥並抬高頭部45度（C）右側臥並抬高頭部15度（D）左側臥並抬高頭部15度。

（A）6.1歲以內的嬰兒不鼓勵餵食蜂蜜的主要原因爲何？（A）蜂蜜含有肉毒桿菌孢子（B）蜂蜜含有輪狀病毒孢子（C）蜂蜜含有沙門氏桿菌（D）蜂蜜含有志賀氏菌孢子。

（A）7.幼兒平躺著喝牛奶，除了容易嗆到之外，尚會產生何種生理問題？（A）中耳炎（B）支氣管炎（C）咽喉炎（D）扁桃腺炎。

（A）8.全脂牛奶含脂肪、膽固醇及維生素E，是寶寶大腦與神經發育所需成分。因此，幾歲以前不可餵食低脂或脫脂牛奶？（A）2歲（B）3歲（C）4歲（D）6歲。

（D）9.關於嬰兒排便之敘述，下列何者錯誤？（A）喝母奶與喝牛奶的嬰兒相較，通常喝母奶者其排便的次數較多，糞便較軟（B）嬰兒五天排便一次，若硬度適中，排便沒有困難，不需以便秘方式處理（C）嬰兒奶粉中鈣磷比例不平衡，高量的鈣排於糞便，將會造成便秘（D）發展較快的嬰兒，在母體懷孕末期的胎兒階段，會在母體內解出胎便。

（D）10.下列敘述，何者不是評估幼兒可以進行小便訓練的徵兆？（A）

手摸生殖器表示有尿意（B）能平穩站立且自行穿脫褲子（C）有尿意能夠短暫的憋尿（D）能忍受濕尿布3～5分鐘以上。

（A）11.5歲的小群，因發燒嘴破而食慾不振，下列何者為最適合小群食用的點心？（A）布丁果凍（B）肉鬆稀飯（C）新鮮鳳梨（D）細小餅乾。

（D）12.小蓮在托兒所突然全身痙攣，此時保育員最合適的處理方法為何？（A）撬開小蓮嘴巴，以免影響呼吸順暢（B）防咬器塞嘴，以防止痙攣咬到舌頭（C）按摩小蓮四肢，以緩和痙攣的四肢（D）讓小蓮躺下，枕個軟的衣物在頭下。

（A）13.兒童於戶外活動時，不慎被蜜蜂螫傷，傷口應可以塗何種液體？（A）肥皂水（B）醋酸水（C）檸檬水（D）來舒水。

（B）14.托兒所於保存膳食樣品以供備查時，除覆以PE保鮮膜、標示日期，並應：（A）放至冰箱冷凍保存48小時（B）放至冰箱冷藏保存48小時（C）放至冰箱冷凍保存72小時（D）放至冰箱冷藏保存72小時。

（B）15.有關我國全民健康保險為兒童提供免費的健康檢查，下列描述何者正確？（A）6歲以下六次免費的健康檢查（B）6歲以下六次免費的健康檢查（C）6歲以下三次免費的健康檢查（D）4歲以下六次免費的健康檢查。

（C）16.保育員發現兒童身上衣服著火時，最合適的緊急處理方式為何？（A）以濕毛巾遮住口鼻，快速打開窗戶（B）以滅火器，快速往兒童身上噴灑（C）讓兒童儘速臥倒，並翻滾壓熄火焰（D）防火勢擴大，應先通知消防單位。

（D）17.若兒童經誤食而中毒時，下列何種狀況可考慮催吐處理？（A）嘴唇有灼傷痕跡（B）呼吸有汽油異味（C）昏迷不醒或痙攣（D）誤食不明藥物。

（D）18.中央主管全國兒童福利業務的是哪一個單位？（A）社會司（B）社會局（C）教育部（D）兒童局。

（C）19.內政部於90年公布的婦幼保護專線的電話號碼為何？（A）111（B）112（C）113（D）114。

（B）20.下列哪一種理論模式認為發生虐待行為的主因為父母親的人格不成熟？（A）心理動力模式（B）人格特質模式（C）環境壓力模式（D）心理疾病模式。

（D）21.若研究者要進行非參與性之兒童行為觀察時，下列有關觀察員的敘述，何者最不適當？（A）先瞭解在教室中可做與不可做的事（B）觀察中儘量避免向老師詢問問題（C）先徵詢家長與老師的同意（D）站在高椅子上觀察避免引起幼兒注意。

（A）22.下列是一位研究者的記錄內容摘要，請問研究者是採取哪一種觀察紀錄法？「2／22德今天上學顯得相當自信愉快，進班後先觀察同學再進入小組，他選擇美勞角與其他幼生一起塗鴉。2／24德與母親道別後坐下脫鞋，一直看著母親離去。今天進班動作較慢，直到實習教師請他進圖書角他才跟著老師進圖書角看書。2／25……」（A）日記法（B）時間取樣法（C）軼事紀錄法（D）查核表。

（A）23.下列有關成人與2歲幼兒分享圖書的敘述，何者最不適當？（A）將看書視為每天必做作業以養成習慣（B）選擇題材需考量其年齡興趣與發展（C）需接受幼兒「玩書」的行為（D）需有耐心讓幼兒充分表達他們的意見。

（D）24.下列有關培養幼兒「分享」行為的描述，何者不正確？（A）同理孩子想要擁有喜歡東西的心（B）父母常常對幼兒表示慷慨的行為（C）不要動不動就罵幼兒自私小器（D）家中有新生兒時，是要求幼兒分享的時機。

（B）25.下列有關輔導視覺障礙的幼兒遊戲的描述，何者不正確？（A）需事先與幼兒討論玩具、器材、活動、及同儕等各種選擇方案（B）扮演遊戲對於盲童而言相當容易（C）成人應多提供可讓他們把玩的真實玩具如鑰匙、瓶罐（D）盲童應學會通過觸摸和瞭解外觀來選擇玩具。

（D）26.87年公布實施的臺灣省托兒所設置標準與設立辦法，規定托兒所應提供之服務有哪些？①充實兒童生活經驗；②兒童健康管理；③培養兒童合群習性；④幼兒教保服務；⑤親子活動、親職教育

及家庭輔導；⑥良好生活習性之養成；⑦其他有益幼兒身心發展的服務 （A）①③④⑤⑦ （B）①②③⑥⑦ （C）①②④⑤⑦ （D）②④⑤⑥⑦。

（D）27.下列有關保育員與家長談話的描述，何者較適當？ （A）「小華在皮亞傑認知發展階段的任務中發展得很好。」（B）「你的孩子小明跟林太太家的小華比起來，小明眞是畫得漂亮多了。」（C）「小眞不是一個友善的孩子。」（D）「小玲常常在教室的角落自己玩。」

（C）28.下列敘述，哪一個應用了溝通技巧中「我──訊息」的原則？ （A）「你敢這麼做的話，我就給你好看！」（B）「你的舉動怎麼那麼沒有禮貌，難道我沒有教你嗎？」（C）「你把十個大饅頭都吃光了，我很擔心你吃這麼多會肚子痛。」（D）「我覺得你眞是一個壞孩子，我很擔心。」

（C）29.下列有關保育員與幼兒及其父母接觸的敘述，哪一個不適當？（A）家長與保育員第一次的交談，幼兒最好不要在現場（B）保育員需向父母說明園所保育理念、常規以及父母權利和參與等訊息（C）開學第一天，保育員應讓家長與幼兒一起在教室一整天，不要介入（D）家長可於開學前讓幼兒與老師有機會做簡短地見面與談話。

（A）30.下列有關高瞻幼兒教育課程中成人角色的敘述，何者錯誤？ （A）爲尊重幼兒，布置教室的工作全都由幼兒做（B）營造一個支持性的人際氣氛（C）鼓勵幼兒學習的企圖心以及嘗試去解決問題的努力（D）有計畫的爲孩子塑造學習經驗。

（D）31.下列有關幼兒小學可能面臨困擾的敘述，何者不正確？（A）生活步調及方式的改變（B）必須解決課業壓力與困難（C）必須建立新的人際關係（D）對設備與環境具有熟悉感。

（D）32.下列哪一項活動主要目標不屬於音樂課程中「音的辨識」活動？（A）敲打樂器，讓幼兒閉著眼睛聽，然後猜是哪一個樂器所發出的聲音（B）讓幼兒隨高低音做相關的動作反應，高音一手舉高、低音一手放低（C）裝一桶水丟入不同的材料如：石頭、沙或用樹枝打水等，說出有何不同（D）依歌曲旋律的快慢輕重或學鐘擺

的節奏，左右擺動身體。

（D）33.下列嬰幼兒飲食技能的表現，何者較早出現？（A）用湯匙舀湯不會灑出來（B）能用筷子夾菜（C）能剝較軟的食物外皮（D）以單手抓握小杯子喝水。

（D）34.將物品依照高矮加以排列，是屬於下列何種活動？（A）配對（B）分類（C）比較（D）序列。

（C）35.下列對幼兒進行扮演遊戲的描述，何者錯誤？（A）促進幼兒保留概念的發展（B）增進幼兒觀點取智的能力（C）提高性別刻板化遊戲的表現（D）協助幼兒發展減少自我中心（decentration）。

（D）36.下列體能活動中，何者最可瞭解幼兒「肌持久力」的發展？（A）跳遠（B）25公尺快跑（C）5公尺往返跑（D）懸吊單桿。

（B）37.下列幼兒數能力之表現，何者較早出現？（A）依照平面幾何圖樣搭出立體造型（B）瞭解今天、明天、昨天的意（C）區辨東西南北（D）使用碼錶計時。

（B）38.對學前特殊幼兒進行早期療育的目的，何者為非？（A）避免錯失早期學習關鍵期（B）提高特殊資優兒的發現率（C）減輕次障礙發生的機率（D）減低未來教育成本。

（A）39.保育員面對教室內的過動兒，在課室的安排上，何者不宜？（A）安排遠離保育員的座位，減少壓迫感（B）教室裝設吸音地毯，減少噪音（C）採取結構式教學法，降低分心（D）在學習上給予較多緩衝時間。

（C）40.內政部為建構全方位的兒童照顧服務體系，所提出的「兒童照顧方案」措施，不包含下列何者？（A）建立社區保母支持系統（B）整合托兒與學前教育（C）推動全方位兒童閱讀運動（D）設置全國連線兒童保護通報系統。

（D）41.交通部於90年新修正之「道路交通安全規則」中，對娃娃車之規格要求，何者為非？（A）幼童座椅應面向前方（B）不可裝設行李架（C）安全門應設有防止孩童誤啟裝置（D）座椅空間每位寬度至少20公分。

（B）42.下列敘述何者不屬於多元智慧論（multiple intelligence）的觀點？

（A）多數人具備完整的智慧光譜（B）語文與數學智能是其中較重要的兩種智慧（C）教師應在教學上創造智慧平等（intelligence fair）的環境（D）雕塑家通常需具備良好的空間智慧與肢體——動覺智慧。

（C）43.在角落教室中，為避免班級經營問題的產生，在教具設備的擺放方式上，下列何者合宜？（A）封閉式陳列教具（B）不透明容器盛裝材料（C）活動式的角落櫃（D）積木角設置於走道上。

（B）44.5歲的小美很容易因事而焦慮，下列輔導方式何者不宜？（A）多鼓勵她表達感覺（B）忽視其焦慮行為（C）降低其挫折感（D）教導她放鬆技巧。

（D）45.園所內有關父母參與的型式中，下列何者參與的層次最高？（A）親師會議（B）家庭訪視（C）義工父母（D）父母參與決策。

（D）46.認為「幼兒在與他人互動時，會比獨自一人時有更佳能力處理問題，特別是幼兒間的同儕學習」，是支持誰的學說？（A）皮亞傑（Piaget）（B）佛洛伊德（Freud）（C）布魯姆（Bloom）（D）維高斯基（Vygotsky）。

（B）47.下列對傳統遊戲場的描述，何者錯誤？（A）通常不需太多保護設施多為集中設置之鐵製器材（B）設施多為集中設置之鐵製器材（C）常因其堅硬地面造成意外（D）多鼓勵低層次遊戲如功能遊戲。

（A）48.就眼科觀點，幼兒每天接觸電腦的時間，何者正確？（A）不超過60分鐘為限，且每隔30分鐘就應休息一下（B）不超過60分鐘為限，且每隔45分鐘就應休息一下（C）不超過90分鐘為限，且每隔30分鐘就應休息一下（D）不超過90分鐘為限，且每隔45分鐘就應休息一下。

（D）49.小清習慣以哭鬧方式來達到目的，父母因不耐其煩便會答應。一天，他故計重施，父母決定不予理會。多次經驗後，小清哭鬧行為逐漸消失。請問此為下列哪一種行為改變技術？（A）正增強（B）行為塑造（C）代幣制（D）消弱。

（C）50.下列有關全語言（whole language）教育觀的敘述，何者正確？（A）學習語言應把注意力放在語言技巧本身（B）全語言教學應

使用特定材料（C）對幼兒而言，語言必須是完整的，而且應與生活經驗相關（D）保育員應以所謂的語言標準性或合宜性來要求幼兒。

幼兒教保活動設計與實務

編 著 者☞ 王心慈

出 版 者☞ 揚智文化事業股份有限公司

發 行 人☞ 葉忠賢

總 編 輯☞ 林新倫

地　　　址☞ 台北市新生南路三段 88 號 5 樓之 6

電　　　話☞ (02)23660309

傳　　　真☞ (02)23660310

郵政帳號☞ 19735365　戶名：葉忠賢

登 記 證☞ 局版北市業字第 1117 號

印　　　刷☞ 鼎易印刷事業股份有限公司

法律顧問☞ 北辰著作權事務所　蕭雄淋律師

初版一刷☞ 2004 年 4 月

定　　　價☞ 新台幣 450 元

I S B N ☞ 957-818-618-5

網　　　址☞ http://www.ycrc.com.tw

E - m a i l ／ service@ycrc.com.tw

國家圖書館出版品預行編目資料

幼兒教保活動設計與實務 / 王心慈編著.
初版. -- 臺北市 : 揚智文化,
2004[民 93]面 ;公分

ISBN 957-818-618-5(平裝)

1.學前教育 - 教學法

523.23   93004637